COORDENAÇÃO EDITORIAL
Deborah Kerches

Autismo
ao longo da vida

© LITERARE BOOKS INTERNATIONAL LTDA, 2022.
Todos os direitos desta edição são reservados à Literare Books International Ltda.

PRESIDENTE
Mauricio Sita

VICE-PRESIDENTE
Alessandra Ksenhuck

DIRETORA EXECUTIVA
Julyana Rosa

DIRETORA DE PROJETOS
Gleide Santos

RELACIONAMENTO COM O CLIENTE
Claudia Pires

EDITOR
Enrico Giglio de Oliveira

ASSISTENTE EDITORIAL
Luis Gustavo da Silva Barboza

REVISORES
Ivani Rezende

CAPA
Victor Prado

DESIGNER EDITORIAL
Lucas Yamauchi

IMPRESSÃO
Gráfica Paym

Dados Internacionais de Catalogação na Publicação (CIP)
(eDOC BRASIL, Belo Horizonte/MG)

A939 Autismo ao longo da vida / Coordenadora Deborah Kerches. – São Paulo, SP: Literare Books International, 2022.
344 p. : il. ; 16 x 23 cm

Inclui bibliografia
ISBN 978-65-5922-350-3

1. Autismo. I. Kerches, Deborah. II. Título.
CDD 618.92

Elaborado por Maurício Amormino Júnior – CRB6/2422

LITERARE BOOKS INTERNATIONAL LTDA.
Rua Antônio Augusto Covello, 472
Vila Mariana — São Paulo, SP. CEP 01550-060
+55 11 2659-0968 | www.literarebooks.com.br
contato@literarebooks.com.br

SUMÁRIO

7	AGRADECIMENTOS	Deborah Kerches
9	PREFÁCIO	Deborah Kerches
11	CRITÉRIOS DIAGNÓSTICOS PARA O TRANSTORNO DO ESPECTRO AUTISTA	Deborah Kerches
19	DESAFIOS NO DIAGNÓSTICO DO TRANSTORNO DO ESPECTRO AUTISTA FEMININO	Deborah Kerches
27	ALTERAÇÕES MOTORAS NO TRANSTORNO DO ESPECTRO AUTISTA	Carolina Lourenço Reis Quedas
35	DESEMPENHO MOTOR E SEU IMPACTO NAS HABILIDADES SOCIAIS	Cibele Kátia Faria Calza
41	DESENVOLVIMENTO DA LINGUAGEM TÍPICA E SINAIS DE ALERTA NO TRANSTORNO DO ESPECTRO AUTISTA	Karla Andrea Corrente de França
49	A RELEVÂNCIA DA PERSONALIDADE NA DEFINIÇÃO DA PESSOA AUTISTA	Fatima de Kwant e Kenya Diehl
57	A CONTRIBUIÇÃO DA GENÉTICA NO TRANSTORNO NO ESPECTRO AUTISTA	Graciela Pignatari
67	SÍNDROMES GENÉTICAS RELACIONADAS AO TRANSTORNO DO ESPECTRO AUTISTA (TEA)	Fabiele Russo
75	FUNÇÕES EXECUTIVAS	Carolina Yoshida Scotini e Keli Costa dos Santos

83	INTEGRAÇÃO SENSORIAL DE AYRES EM CRIANÇAS COM TRANSTORNO DO ESPECTRO AUTISTA **Fernanda Carneiro**
91	DIETA SENSORIAL: O DESEMPENHO OCUPACIONAL E A REGULAÇÃO DO COMPORTAMENTO **Alessandra Peres**
101	ALIMENTAÇÃO SELETIVA NO AUTISMO **Helenise H. Vieira**
109	AUTISMO E SEXUALIDADE: O PROTAGONISMO DO AUTORRELATO **Aída Teresa dos Santos Brito**
117	COMORBIDADES NO TRANSTORNO DO ESPECTRO AUTISTA **Mirella Senise**
125	AUTISMO E EPILEPSIA: COMO EXPLICAR ESSA RELAÇÃO? **Ellen Balielo Manfrim**
133	FARMACOTERAPIA NO TRANSTORNO DO ESPECTRO AUTISTA **Carlos Gadia**
143	TRANSTORNO DO ESPECTRO AUTISTA E OBESIDADE: UMA DIFÍCIL RELAÇÃO **Ruth Rocha Franco**
151	ESTEREOTIPIAS: DEFINIÇÕES E MANEJOS COMPORTAMENTAIS **Samanta Tiele**
159	IMITAÇÃO: IMPORTANTE HABILIDADE NO PROCESSO DE APRENDIZAGEM **Lidiane Ferreira**
165	MATURIDADE SIMBÓLICA **Mariane Richetto da S. Antoniaci**
171	COMO ENCONTRAR REFORÇADORES PARA A PESSOA COM AUTISMO **Natalia Silva**
179	BRINCAR É O CAMINHO, PRÁTICAS BASEADAS NO MODELO DENVER DE INTERVENÇÃO PRECOCE **Nataly Oliveira S. Correia**
187	TREINO PARENTAL: A IMPORTÂNCIA DOS CUIDADORES NO ENSINO DE CRIANÇAS COM TRANSTORNO DO ESPECTRO AUTISTA **Celeste Barra e Milena Silva**

197	DISCUTINDO SOBRE CONDUTAS DE COMPORTAMENTOS INADEQUADOS **Jéssica Coelho**
207	A IMPORTÂNCIA DA PRÁTICA DE HABILIDADES SOCIAIS NA INFÂNCIA **Reinaldo de Souza Araújo**
215	DESENVOLVIMENTO DAS HABILIDADES SOCIAIS EM ADOLESCENTES COM TRANSTORNO DO ESPECTRO AUTISTA **Thiago Gusmão**
221	PARTICIPAÇÃO E DESEMPENHO OCUPACIONAL NAS ATIVIDADES DE VIDA DIÁRIA **Aline Rodrigues Sorcinelli**
231	USO DE INTERVENÇÕES BASEADAS EM ANTECEDENTES NA INFÂNCIA E ADOLESCÊNCIA **Daniela D. P. Landim e Izaniele Marquetti**
239	EDUCAÇÃO AO LONGO DA VIDA E A ADOLESCÊNCIA NO AUTISMO **Lucelmo Lacerda**
249	HABILIDADES PRÉ-ACADÊMICAS: COMO E QUANDO DESENVOLVÊ-LAS **Mariana Fenta**
259	ACOMPANHANTE TERAPÊUTICO ESCOLAR E AS CONTRIBUIÇÕES DA ANÁLISE DO COMPORTAMENTO APLICADA **Elaine Miranda**
267	COMO VIABILIZAR UM TRATAMENTO DE QUALIDADE A BAIXO CUSTO **Kaká do Autistólogos (Karine Koerich)**
279	COMUNICAÇÃO SUPLEMENTAR OU ALTERNATIVA PARA PESSOAS COM A CONDIÇÃO DO ESPECTRO AUTISTA **Letícia da Silva Sena**
287	USO DE PALAVRAS ESSENCIAIS NA COMUNICAÇÃO ALTERNATIVA **Valéria Gonzaga Santos**
293	A IMPORTÂNCIA DA AMBIENTOTERAPIA NO AUTISMO **Sinara Paniagua Pinto**
301	MUSICOTERAPIA, UMA INTERVENÇÃO BASEADA EM EVIDÊNCIAS PARA O TRANSTORNO DO ESPECTRO AUTISTA **Ulisses Lopes**

311   O PEDIATRA E O AUTISMO
           Thiago Castro

319   TELEATENDIMENTO NO AUTISMO
           Paloma Urcia Prat Sacolito

327   DIREITOS DO AUTISTA
           Carla Bertin

337   SONHAR, AGIR E TRANSFORMAR; CAPACITAR PARA CUIDAR
           Indihara Horta

AGRADECIMENTOS

À minha família, especialmente minhas filhas, Gabriella e Manuella, que, mesmo diante das minhas ausências físicas e de uma rotina intensa, se mantêm sempre por perto, apoiam e vibram com cada conquista minha.

À minha mãe, que é meu porto seguro; e ao meu pai, minha eterna inspiração como homem e médico.

A todas as famílias que confiam em meu trabalho, me escolhem e me permitem participar de suas vidas de forma tão próxima, com as quais aprendo e me fortaleço diariamente.

A cada autor, pelo seu "sim", pela sua dedicação neste projeto e atuação nessa causa. Experiências e conhecimentos compartilhados são conhecimentos ampliados e com potencial ainda mais transformador!

À querida Letice Martins Santiago, pela sua linda arte que ilustra a nossa contracapa e à sua mãe, Adelle, por apoiá-la nesse grande talento.

Agradeço a Deus, sobretudo, por me permitir trabalhar com o que amo, por manter viva dentro de mim a vontade de fazer sempre mais, e, agora especialmente, coordenar este projeto tão rico.

Deborah Kerches

PREFÁCIO

Uma das características mais fascinantes do cérebro é a neuroplasticidade, que é a capacidade de moldar-se, adaptar-se em nível estrutural e funcional ao longo da vida mediante estímulos recebidos e experiências vividas. É especialmente importante nos primeiros anos de vida, quando o cérebro é ainda mais plástico, maleável, com maior capacidade para desenvolver novas habilidades e competências.

Como neurologista da infância e adolescência, essa capacidade é, para mim, motivo de encantamento e, também, de alerta constante, pois evidencia a importância de intervenções precoces quando há atrasos no desenvolvimento neuropsicomotor e déficits e/ou excessos comportamentais.

Trabalhar com crianças, adolescentes e jovens com alguma condição do neurodesenvolvimento e, de forma especial, com o Transtorno do Espectro Autista (TEA), me posiciona de forma muito próxima na vida de várias famílias e faz crescer em mim essa vontade de me capacitar cada vez mais, para realmente poder fazer a diferença na vida de cada um, bem como de orientar, acolher essas famílias, ciente do impacto positivo que pais/responsáveis empoderados exercem na vida da criança com TEA.

Falamos muito sobre esse período mais sensível à aprendizagem da primeira infância, porém, é importante deixar claro que podemos aprender ao longo de toda nossa vida, evidenciando que nunca é tarde para adquirirmos novas habilidades, para conquistarmos maior autonomia, independência e qualidade de vida.

Sabemos que as crianças com TEA crescem, tornam-se adolescentes, jovens, adultas... E, independentemente de terem tido diagnóstico e intervenções precoces, novos desafios surgem. É nesse momento que muitos se sentem "invisíveis" na sociedade e que se evidenciam, entre outras, necessidades relacionadas à acessibilidade e inclusão social, além da realidade de termos atualmente poucos profissionais capacitados, tanto para o diagnóstico (no caso de diagnósticos tardios), quanto para intervenções.

Levando em conta esse cenário, o livro Autismo ao longo da vida apresenta os principais desafios enfrentados por pessoas que estão no espectro em diferentes etapas de suas vidas, ressaltando o que nem sempre está claro: que o autismo não fica restrito à infância.

A obra foi abrilhantada pela arte da Letice, uma adolescente com TEA, sob orientação da artista plástica Graziela Gadia. Foi idealizada para trazer um olhar amplo, realista e responsável, escolhendo como autores autistas e profissionais experientes da área, a fim de ser instrumento de apoio e acolhimento àqueles que vivem a realidade do TEA, e de maior conscientização a todos.

Deborah Kerches

1

CRITÉRIOS DIAGNÓSTICOS PARA O TRANSTORNO DO ESPECTRO AUTISTA

Este capítulo objetiva trazer ferramentas para auxiliar na identificação e no diagnóstico precoce do Transtorno do Espectro Autista (com base nos critérios do Manual Diagnóstico e Estatístico de Transtornos Mentais 5ª edição – DSM-5), a fim de exaltar a importância das intervenções precoces para melhor desenvolvimento e qualidade de vida de indivíduos com Transtorno do Espectro Autista e de suas famílias.

DEBORAH KERCHES

Deborah Kerches

Contatos
www.dradeborahkerches.com.br
deborahkerches@gmail.com
Instagram: @dradeborahkerches
19 99223.3828

Neuropediatra especialista em Transtorno do Espectro Autista (TEA). Autora do *best-seller Compreender e acolher Transtorno do Espectro Autista na infância e adolescência*. Conselheira profissional da Rede Unificada Nacional e Internacional pelos Direitos dos Autistas (Reunida). Mestranda em Análise do Comportamento pela Pontifícia Universidade Católica de São Paulo. Coordenadora e professora de pós-graduações do CBI of Miami. Madrinha do projeto social Capacitar para Cuidar em Angola. Membro da Sociedade Brasileira de Neuropediatria, da Associação Brasileira de Neurologia e Psiquiatria Infantil e Profissões Afins (Abenepi), da Academia Brasileira de Neurologia, da associação francesa La Cause des Bébés e da Sociedade Brasileira de Cefaleia.

O Transtorno do Espectro Autista (TEA) é uma condição do neurodesenvolvimento, de início precoce, caracterizado por déficits persistentes na comunicação e interação social associados a padrões restritos e repetitivos de comportamentos, interesses e atividades (APA, 2013). Embora não seja critério diagnóstico, observam-se alterações motoras em cerca de 83% das crianças com TEA, podendo somar prejuízos ao desenvolvimento (QUEDAS *et al,*. 2020).

O cérebro no TEA apresenta funcionamento atípico. As alterações cerebrais podem se desenvolver ainda intraútero e ocorrer em níveis estrutural e funcional, especialmente relacionadas ao excesso e desorganização de neurônios e conexões cerebrais. Ao nascimento, o cérebro no TEA já costuma ser hiperexcitado e mais imaturo, com prejuízos em habilidades como imitação, prejudicando oportunidades de aprendizado desde cedo e a especialização neuronal. Um desequilíbrio entre os sistemas excitatório e inibitório, com predomínio do primeiro, também se relaciona aos mecanismos neurobiológicos do TEA. A agitação e o comportamento em "excesso" frequentemente observados podem estar relacionados com essa hiperexcitabilidade cerebral, associada, por vezes, a alterações sensoriais.

Uma a cada 44 crianças é diagnosticada com TEA e a prevalência é de 4,2 meninos para 1 menina, de acordo com a pesquisa mais recente do Centers for Disease Control (CDC), órgão americano, divulgada em dezembro de 2021 (MAENNER *et al.*, 2021). Porém, a comunidade científica estuda a necessidade de critérios mais específicos para o diagnóstico do TEA em meninas, uma vez que o cérebro feminino apresenta maior capacidade para imitação, habilidades sociais e empatia, além de menor tendência a comportamentos externalizantes, como agitação e agressividade. Características mais sutis do TEA podem ser mascaradas especialmente em meninas.

Algumas crianças já apresentarão características nos primeiros meses de vida, enquanto outras podem ter um período de desenvolvimento típico ou próximo do esperado, e após perder habilidades. Em casos mais funcionais, as características podem ser sutis ou mascaradas por estratégias sociais aprendidas tornando-se mais claras com o aumento das demandas sociais. Em todos os casos, as características devem estar presentes na primeira infância, antes dos 3 anos (ainda que o diagnóstico seja tardio) e deve existir prejuízo social. Segundo Pierce *et al.* (2019), o diagnóstico estável do TEA pode ser realizado a partir dos 14 meses.

Diagnóstico

O diagnóstico do TEA é clínico, realizado por meio da observação dos comportamentos e desenvolvimento nos mais diversos contextos sociais associada a informações de pais e cuidadores (HYMAN, LEVY & MYERS, 2020).

Ainda não há marcadores biológicos que confirmem o diagnóstico. Há escalas padronizadas para o rastreio de comportamentos de risco para o TEA, das quais podemos citar a M-CHAT (*Modified Checklist for Autism in Toddlers*) e a CARS (*Childhood Autism Rating Scale*), recomendadas em consultas pediátricas de rotina, porém essas não confirmam ou excluem o diagnóstico.

Atualmente são utilizados como referência os critérios diagnósticos para Transtorno do Espectro Autista do Manual Diagnóstico e Estatístico de Transtornos Mentais (DSM-5), da Associação Americana de Psiquiatria (APA, 2013):

A) *Déficits persistentes na comunicação social e na interação social*

Presentes atualmente ou em história prévia.
1) Déficits na reciprocidade socioemocional:

• Observados em relação a dificuldades em compartilhar brincadeiras, interesses, emoções e afeto; em iniciar, compreender ou responder a interações sociais.

2) Déficits nos comportamentos comunicativos não verbais para interação social que envolvem:

• Déficits na comunicação não verbal como prejuízos na qualidade do contato visual (importante via para a comunicação, relações sociais e interpessoais, experiências e aprendizados); em compreender e usar gestos e expressões com função comunicativa; ausência de expressões faciais e dificuldade em compreendê-las no outro.
• Déficits na comunicação verbal como atraso na aquisição da fala (maior motivo pelo qual os pais procuram um especialista); fala com particularidades como repertório extenso sobre assuntos de interesse; alteração na prosódia; vocabulário rebuscado e/ou repetitivo e monótono; inversão pronominal; uso de palavras ou frases pouco usuais e/ou fora do contexto; déficits na intenção, iniciativa e intercâmbio comunicativo. Algumas crianças iniciam seu repertório vocal, mas por volta dos 15 a 36 meses perdem essa habi-

lidade. A dificuldade em contextualizar a fala dificulta a compreensão do sentido figurado e de piadas, habilidades importantes em contextos sociais.

3) Déficits para desenvolver, manter e compreender relacionamentos, como:

• Dificuldade em adequar comportamentos em diferentes contextos sociais; em compartilhar brincadeiras, emoções e afetos; pouco interesse pelos pares e/ou dificuldade em demonstrar. A habilidade de se comunicar e interagir socialmente leva em consideração várias competências que estão comprometidas no TEA, como:

- **Teoria da Mente:** capacidade em considerar os próprios estados mentais e dos outros, com a finalidade de compreender e predizer comportamentos, emoções e pensamentos do outro, por meio de suas expressões, ações e fala. É pré-requisito para padrões de interação social, desenvolvimento de jogo simbólico, entre outros.
- **Teoria da Coerência Central:** capacidade de processar informações de partes integrando-as em um contexto com significado. Prejuízos dificultam, por exemplo, a compreensão da função de um objeto ou brinquedo diante de um contexto.
- **Funções executivas:** déficits atencionais, no controle inibitório, planejamento de tarefas, em monitorar ações, encontrar caminhos diferentes para a resolução de problemas imediatos e na flexibilidade cognitiva estão presentes no TEA.
- **Linguagem receptiva:** capacidade de compreender o que se ouve e lê para se comunicar em resposta, de maneira verbal ou não verbal.
- **Linguagem expressiva:** habilidade de se expressar, verbalmente ou não, após adquirir a capacidade de compreender o que se ouve associado a contextos sociais.

No TEA, a compreensão e a linguagem pragmática (uso da linguagem em diferentes contextos sociais) estão comprometidas, em maior ou menor grau.

B) *Padrões restritos e repetitivos de comportamentos, interesses ou atividades*

Manifestos por pelo menos dois dos seguintes, atualmente ou em história prévia.

1) Movimentos motores, uso de objeto e/ou fala de forma repetitiva ou estereotipada, como: alinhar, categorizar ou girar brinquedos/objetos; ecolalia (repetição de sílabas, palavras ou frases de maneira imediata ou tardia); estereotipias (ações repetitivas e frequentemente ritmadas, podendo ser vocais ou motoras).

As estereotipias no TEA costumam se apresentar em situações de ociosidade, excitação, frustração; sobrecarga sensorial; mudanças de rotina, como autorregulação ou autoestimulação.

2) Insistência na mesmice, adesão inflexível a rotinas, padrões rígidos e roteirizados de comportamentos como ingerir os mesmos alimentos, vestir as mesmas roupas, não alterar o caminho; dificuldade em variar brincadeiras, aceitar novas demandas, o "não" e lidar com o novo.

3) Interesses fixos e restritos anormais em intensidade ou foco, como apego excessivo a objetos ou pessoas; hiperfoco (concentração sustentada em algo que seja um interesse restrito).

4) Hiper ou hiporresponsividade a estímulos sensoriais ou interesse incomum por aspectos sensoriais do ambiente (incluídos a partir do DSM-5). No TEA, pode haver alterações na resposta aos estímulos do ambiente relacionados à audição, ao olfato, à visão, ao tato, ao paladar, à propriocepção e/ou ao sistema vestibular, e essas podem ser observadas já com meses de vida. Exemplos: indiferença ou hiperresponsividade à dor; aversão ou necessidade de toque mais profundo; aversão a determinados odores, texturas, paladar; percepção visual alterada; necessidade de cheirar, tocar, levar à boca ou ficar em movimento; alteração de equilíbrio. Seletividade alimentar e marcha na ponta dos pés podem ser consequentes a alterações sensoriais.

Níveis de gravidade do TEA (APA, 2013)

Nível 1 de suporte: bom funcionamento na presença de apoio. Sem apoio, desafios comportamentais, na comunicação e interação social podem causar prejuízos. Não há atrasos cognitivos/intelectuais e de aquisição de fala significativos.

Nível 2 de suporte: exige apoio substancial e, ainda assim, são observados prejuízos sociais.

Nível 3 de suporte: exige apoio muito substancial e são observados prejuízos muito expressivos no funcionamento associado, com frequência, a Transtorno do Desenvolvimento Intelectual, comorbidades (outras condições associadas) e dificuldades para vida independente.

O espectro é amplo e os indivíduos com TEA podem transitar entre os níveis na dependência da idade do diagnóstico, suporte/intervenções recebidas, resposta individual e condições associadas.

Nem todas as características estarão presentes e de maneira clara. Na suspeita, a criança deve ser avaliada por especialista e encaminhada para intervenção precoce mesmo antes do diagnóstico fechado.

Sinais de alerta

A identificação precoce dos sinais permite intervenções também precoces.

Alguns sinais de alerta para o TEA podem ser notados já nos dois primeiros anos de vida (HYMAN, LEVY & MYERS, 2020):

- Prejuízos no contato visual podendo ser observados já nos primeiros meses (exemplo: mãe amamentando e o bebê não olha em seus olhos);
- Ausência do sorriso social com 2 a 4 meses;
- Ausência de reação antecipatória (levantar os braços para ser carregado) aos 4 meses;
- Poucas expressões faciais, não balbuciar, não responder ao ser chamado pelo nome ou demonstrar afeto por pessoas familiares aos 6 meses;
- Não fazer trocas de turno comunicativas, apresentar imitação pobre, não olhar para onde apontam ou quando chamado, não responder às interações aos 9 meses;
- Não falar ao menos 2 palavras com função, déficits na atenção compartilhada e nos comportamentos não verbais (como dar tchau, apontar ou mandar beijos), não brincar funcional, não seguir comandos aos 12 meses;
- Não falar ao menos 6 palavras com função, não saber partes do corpo, não responder em reciprocidade aos 18 meses;
- Não falar frases simples de 2 palavras ou apresentar repertório vocal com cerca de 150 palavras, não brincar simbólico aos 2 anos;

Em qualquer idade, perder habilidade adquiridas, comportamentos rígidos, restritos e repetitivos e prejuízos sociais são sinais de alerta.

A intervenção precoce, especializada e intensiva, é determinante para o desenvolvimento pleno de capacidades, autonomia, independência e qualidade de vida.

O que temos com maior embasamento científico para o tratamento no TEA são técnicas comportamentais baseadas na Análise do Comportamento Aplicada (ABA) associadas a outras multidisciplinares, de acordo com a necessidade e potencialidade de cada um. Vale atentar à presença de comorbidades que podem somar prejuízos e devem ser tratadas (Steinbrenner *et al.*, 2020).

É fundamental a capacitação de pais e professores objetivando potencializar o desenvolvimento das crianças.

Referências

AMERICAN PSYCHIATRIC ASSOCIATION. *Diagnostic and statistical manual of mental disorders* (DSM-5). 5th ed. Washington, DC: American Psychiatric Association, 2013.

AYRES, A. J. *Sensory integration and the child.* Los Angeles, CA: Western Psychological Services, 2013.

FATEMI, S. H.; HALT, A. R.; STARY, J. M.; KANODIA, R.; SCHULZ, S. C.; REALMUTO, G. R. (2002). Glutamic acid decarboxylase 65 and 67 kDa proteins are reduced in autistic parietal and cerebellar cortices. *Biological psychiatry*, 52(8), 805-810.

GRANDIN, T.; PANEK, R. *O cérebro autista pensando através do espectro.* Rio de Janeiro: Record, 2015.

HYMAN, S. L.; LEVY, S. E.; MYERS, S. M. (2020). Identification, evaluation, and management of children with autism spectrum disorder. *Pediatrics*, 145(1).

MAENNER, M. J.; SHAW, K. A.; BAKIAN, A. V.; BILDER, D. A.; DURKIN, M. S.; ESLER, A.; COGSWELL, M. E. (2021). Prevalence and Characteristics of Autism Spectrum Disorder Among Children Aged 8 Years-Autism and Developmental Disabilities Monitoring Network, 11 Sites, United States, 2018. *Morbidity and Mortality Weekly Report. Surveillance Summaries* (Washington, DC: 2002), 70(11), 1-16.

PIERCE K, GAZESTANI VH, BACON E, *et al.* Evaluation of the Diagnostic Stability of the Early Autism Spectrum Disorder Phenotype in the General Population Starting at 12 Months. *JAMA Pediatr.* 2019;173(6):578–587.

QUEDAS, C. L. R. *et al.* Avaliação motora de crianças com Transtorno do Espectro Autista entre 7 e 10 anos. *Jornal Brasileiro de Comportamento Motor*, vol. 14. 4, outubro de 2020, pp. 4. Gale OneFile: Health and Medicine.

STEINBRENNER, J. R.; HUME, K.; ODOM, S. L.; MORIN, K. L.,;- NOWELL, S. W.; TOMASZEWSKI, B.; SZENDREY, S.; MCINTYRE, N. S.; YÜCESOY-ÖZKAN, S.; SAVAGE, M. N. (2020). *Evidence-based practices for children, youth, and young adults with Autism.* The University of North Carolina at Chapel Hill, Frank Porter Graham Child Development Institute, National Clearinghouse on Autism Evidence and Practice Review Team.

2

DESAFIOS NO DIAGNÓSTICO DO TRANSTORNO DO ESPECTRO AUTISTA FEMININO

A prevalência estimada do Transtorno do Espectro Autista (TEA) é de 3 a 4 vezes maior entre os homens. Essa discrepância parece refletir, sobretudo, desafios no diagnóstico no público feminino, especialmente entre aquelas que se encontram no espectro autista nível 1. Neste capítulo, abordamos os principais aspectos envolvidos nesse cenário.

DEBORAH KERCHES

Deborah Kerches

Contatos
dradeborahkerches.com.br
deborahkerches@gmail.com
Instagram: @dradeborahkerches
19 99223 3828

Neuropediatra especialista em Transtorno do Espectro Autista (TEA). Autora do *best-seller Compreender e acolher Transtorno do Espectro Autista na infância e adolescência*. Conselheira profissional da Rede Unificada Nacional e Internacional pelos Direitos dos Autistas (Reunida); mestranda em Análise do Comportamento pela Pontifícia Universidade Católica de São Paulo. Coordenadora e professora de pós-graduações do CBI of Miami. Madrinha do projeto social Capacitar para Cuidar em Angola. Membro da Sociedade Brasileira de Neuropediatria, da Associação Brasileira de Neurologia e Psiquiatria Infantil e Profissões Afins (Abenepi), da Academia Brasileira de Neurologia, da associação francesa La Cause des Bébés e da Sociedade Brasileira de Cefaleia.

A prevalência do Transtorno do Espectro Autista (TEA) é estimada em 4,2 meninos para 1 menina, de acordo com o estudo americano mais recente do Centers for Disease Control and Prevention (CDC) (MAENNER *et al.*, 2021). Uma metanálise realizada por Loomes *et al.* (2017), porém, encontrou uma proporção estimada do TEA entre meninos e meninas de 3:1, o que parece refletir melhor o que encontramos na prática clínica.

O aumento da prevalência masculina tem sido apontado em várias condições do neurodesenvolvimento que não só o TEA. Em relação ao autismo, entre outras considerações, há a teoria do efeito protetor feminino e um modelo genético que explica o impacto de variantes genéticas e ambientais relacionadas ao TEA, chamado de "modelo do copo", o qual demonstra que o sexo feminino necessitaria de um número maior de variantes genéticas para desenvolver o transtorno (JACQUEMONT *et al.*, 2014; HOANG CYTRYNBAUM; SCHERER, 2018).

Além de fatores biológicos envolvidos, acredita-se que a discrepância apontada esteja associada, em grande parte, ao fato de o diagnóstico de TEA ser mais desafiador entre meninas/mulheres, especialmente naquelas que estão no espectro autista nível 1 de suporte.

É possível que muitas meninas e mulheres, em todo o mundo, lidem hoje com prejuízos relacionados ao TEA sem nunca terem sido diagnosticadas ou tendo recebido diagnósticos equivocados, o que acarreta prejuízos às mais diversas áreas de funcionamento e qualidade de vida. O fato de comumente receberem o diagnóstico de TEA mais tardiamente (KIRKOVSKI *et al.*, 2013), muitas vezes na adolescência ou na vida adulta (quando se aumentam as demandas sociais), evidencia os desafios que parecem refletir particularidades no funcionamento cerebral e comportamentos femininos, questões biológicas, culturais e sociais, além do fato de características subjacentes não estarem bem contempladas nos atuais critérios diagnósticos para TEA.

O funcionamento cerebral feminino apresenta diferenças, mesmo que sutis, em sua arquitetura e atividade, sendo que, em relação ao TEA, é relevante destacar a maior densidade de neurônios em áreas relacionadas à linguagem (que contempla característica central no TEA), associada à maior habilidade para imitação, habilidades sociais, comunicativas e empatia (SKUSE, 2009). Isso pressupõe menores dificuldades para relações sociais (HILLER; YOUNG; WEBER, 2014), interesses restritos que podem passar despercebidos ou não serem considerados "atípicos" (LAI et al., 2015), menor tendência a externalizar problemas (como agressividade, inquietude e comportamentos disruptivos em geral) e maior uso de estratégias de camuflagem social (HULL; PETRIDES; MANDY, 2020). Adiciona-se a isso o fato de a sociedade esperar comportamentos distintos entre meninos e meninas, o que afeta a apresentação sintomatológica do TEA feminino, fazendo com que características mais sutis presentes em algumas meninas fiquem mascaradas, atrasando seus diagnósticos.

No TEA, o diagnóstico é realizado por meio da observação e avaliação dos comportamentos e do desenvolvimento do indivíduo nos mais diversos contextos e ambientes, o que influencia nos estudos de prevalência (HYMAN; LEVY; MYERS, 2020). Soma-se o fato dos marcadores comportamentais utilizados como critérios diagnósticos serem, em maioria, estabelecidos com base nas populações predominantemente masculinas previamente identificadas como autistas (KIRKOVSKI et al., 2013). Dessa forma, acredita-se que as mulheres tenham menor probabilidade de atenderem a esses critérios, resultando em diagnósticos de transtornos de desenvolvimento mais amplos, em vez de TEA especificamente.

A maior dificuldade em externalizar desafios, por vez, implica meninas/mulheres com TEA mais suscetíveis a quadros de ansiedade, depressão, autoflagelação e distúrbios alimentares (HULL; PETRIDES; MANDY, 2020). Esse é um ponto que pode interferir no diagnóstico de TEA por diferentes motivos:

- condições comórbidas podem contribuir para mascarar ou atenuar características autistas, de modo que meninas e mulheres com TEA recebam o diagnóstico apenas dessas condições (como ansiedade, depressão);
- expressões comportamentais masculinas do TEA tendem a chamar mais a atenção e ser mais intrusivas do que em meninas/mulheres, reforçando as dificuldades do diagnóstico de TEA no público feminino (HILLER; YOUNG; WEBER, 2014).

A camuflagem social se refere a um conjunto de estratégias conscientes ou inconscientes, explicitamente aprendidas ou implicitamente desenvolvidas pelo próprio indivíduo com TEA, a fim de "mascarar" comportamentos característicos do espectro autista, com o objetivo de adaptação e de atender às expectativas dos mais diversos contextos sociais (HULL; PETRIDES; MANDY, 2020).

Segundo Hull *et al.* (2018), três subcategorias da camuflagem social foram definidas:

- compensação: uso de estratégias alternativas para compensar os desafios em contextos sociais. Envolve aprender dicas sociais, copiar comportamentos e falas, criar roteiros de interação social, entre outras;
- mascaramento: envolve monitoração das próprias expressões corporais e faciais, por exemplo, a fim de não transparecer que a interação está exigindo um esforço significativo;
- assimilação: prevê o uso de estratégias para se sentir pertencente a um grupo social, envolve usar atuação, evitação e até "forçar" aproximações em determinados contextos sociais.

A camuflagem pode ser adotada por meninos ou meninas, porém há predomínio em meninas, especialmente adolescentes e adultas. Historicamente, diversas mulheres com TEA descreveram comportamentos relacionados à camuflagem.

Ainda sobre os desafios diagnósticos do TEA em meninas/mulheres, vale considerar que é cultural esperar comportamentos diferentes entre meninos e meninas. Por exemplo, uma menina no espectro autista nível 1, que apresente alguma dificuldade na comunicação e interação social, que não goste de brincar com outras crianças, pode ser considerada, por exemplo, uma criança mais tímida. Por outro lado, meninos que se comportam de maneira mais retraída chamam mais a atenção, uma vez que são naturalmente mais inquietos e exploradores. Nesse sentido, muitos comportamentos femininos são subvalorizados para o diagnóstico de TEA, inclusive por profissionais da saúde e educação (BARGIELA, STEWARD; MANDY, 2016).

A camuflagem social no contexto do TEA exige esforço considerável, gerando exaustão emocional e física. Interessante observar que, ao mesmo tempo que se configura como uma ferramenta adaptativa, tende a levar a experiências negativas de ansiedade, estresse, depressão, baixa autoestima, exaustão emocional, pensamentos suicidas, *burnout* etc. Com comprometimento da saúde mental, a socialização é prejudicada em diferentes esferas, como no ambiente familiar, educacional, laboral, afetivo e social (BARGIELA, STEWARD; MANDY, 2016; RAYMAKER *et al.*, 2020).

A camuflagem social é, então, relativamente comum no cotidiano de pessoas com TEA, especialmente entre o público feminino e no espectro nível 1, com implicações para os seus diagnósticos, já que elas podem camuflar características autistas durante avaliações, de forma consciente ou não, podendo resultar em erro diagnóstico e falta de suporte adequado. Médicos e demais envolvidos na avaliação para TEA devem considerar a possibilidade de camuflagem em suas avaliações, comorbidades que podem interferir no diagnóstico e no acompanhamento, bem como estar cientes da associação entre camuflagem e seus impactos negativos para a saúde mental, oferecendo ao indivíduo com TEA estratégias de apoio também nesse sentido (HULL; PETRIDES; MANDY, 2020).

Conclusão

Se meninas e mulheres com TEA estão sendo diagnosticadas mais tardiamente, os maiores esforços devem ser no sentido de serem pensadas estratégias para um diagnóstico e intervenções mais precoces. Um olhar atento à infância é essencial, com o entendimento de que as diferenças na sintomatologia provavelmente estão presentes desde cedo.

Meninas com TEA níveis 2 e 3 são diagnosticadas mais precocemente, pois apresentam prejuízos e comprometimentos mais facilmente identificáveis. Já as meninas com TEA nível 1 podem apresentar comprometimentos que inicialmente não chamam a atenção. São, em geral, aquelas que apresentam menor intenção e iniciativa comunicativa, literalidade, dificuldade em compreender sutilezas sociais; falam mais sobre assuntos de seus interesses; apresentam déficits atencionais ou hiperfoco; brincam mais sozinhas e exibem interesses restritos e ações repetitivas no brincar que podem passar despercebidos (como colocar e tirar a roupa de uma boneca repetidamente, brincar só com uma panelinha etc.); entre outras.

Ainda há muito o que ser conquistado no que diz respeito à conscientização e capacitação de profissionais para que o TEA seja precocemente identificado de forma geral, e a apresentação das características do TEA no público feminino soma desafios nesse cenário, fazendo-se necessárias novas e constantes discussões entre a comunidade científica e médica, além de ações de conscientização com a sociedade em geral.

Um diagnóstico assertivo de TEA é libertador e não limitante; permite autoconhecimento, intervenções particularizadas, diminui o sentimento de não pertencimento, estresse e fadiga social, contribuindo significativamente para uma melhor qualidade de vida e felicidade.

Referências

BARGIELA, S.; STEWARD, R.; MANDY, W. The experiences of late diagnosed women with autism spectrum conditions: an investigation of the female autism phenotype. *Journal of Autism and Developmental Disorders*, v. 46, n. 10, pp. 3281-3294, 2016.

BEGEER, S. *et al.* Sex differences in the timing of identification among children and adults with autism spectrum disorders. *Journal of Autism and Developmental Disorders*, v. 43, pp. 1151-1156, 2013.

HILLER, R. M.; YOUNG, R. L.; WEBER, N. Sex differences in autism spectrum disorder based on DSM-5 criteria: evidence from clinician and teacher reporting. *Journal of Abnormal Child Psychology*, v. 42, n. 8, pp. 1381-1393, 2014.

HYMAN, S. L.; LEVY, S. E.; MYERS, S. M. Executive Summary: identification, evaluation, and management of children with Autism Spectrum Disorder. *Pediatrics*, v. 145, n. 1, pp. 1-7, 2020.

HOANG, N.; CYTRYNBAUM, C.; SCHERER, S. W. Communicating complex genomic information: a counselling approach derived from research experience with Autism Spectrum Disorder. *Patient Education and Counseling*, v. 101, n. 2, pp. 352-361, 2018.

HULL, L. *et al.* Development and validation of the Camouflaging Autistic Traits Questionnaire (CAT-Q). *Journal of Autism and Developmental Disorders*, v. 49, n. 3, pp. 819-833, 2018.

HULL, L.; PETRIDES, K. V.; MANDY, W. The female autism phenotype and camouflaging: a narrative review. *Review Journal of Autism and Developmental Disorders*, pp. 1-12, 2020.

JACQUEMONT, S. *et al.* A higher mutational burden in females supports a "female protective model" in neurodevelopmental disorders. *The American Journal of Human Genetics*, v. 94, n. 3, pp. 415-425, 2014.

KIRKOVSKI, M.; ENTICOTT, P. G.; FITZGERALD, P. B. A review of the role of female gender in autism spectrum disorders. *Journal of Autism and Developmental Disorders*, v. 43, n. 11, pp. 2584-2603, 2013.

LAI, M.-C. *et al.* Sex/gender differences and autism: setting the scene for future research. *Journal of the American Academy of Child and Adolescent Psychiatry*, v. 54, n. 1, pp. 11-24, 2015.

LOOMES, R.; HULL, L.; MANDY, W. P. L. What is the male-to-female ratio in autism spectrum disorder? A systematic review and meta-analysis. *Journal of the American Academy of Child & Adolescent Psychiatry*, v. 56, n. 6, pp. 466-474, 2017.

MAENNER, M. J. *et al.* Prevalence and characteristics of Autism Spectrum Disorder among children aged 8 years-Autism And Developmental Disabilities Monitoring Network, 11 sites, United States, 2018. *Morbidity and*

Mortality Weekly report. Surveillance Summaries, Washington, DC,v. 70, n. 11, pp. 1-16, 2002.

RAYMAKER D. M. *et al.* "Having all of your internal resources exhausted beyond measure and being left with no clean-up crew": defining autistic burnout. *Autism in Adulthood*, v. 2, n. 2, pp. 132-143, 2020.

SKUSE, D. H. Is autism really a coherent syndrome in boys, or girls? *British Journal of Psychology*, v. 100, n. 1, pp. 33-37, 2009.

3

ALTERAÇÕES MOTORAS NO TRANSTORNO DO ESPECTRO AUTISTA

Cerca de 83% das crianças brasileiras com Transtorno do Espectro Autista (TEA) entre 7 e 10 anos possuem algum atraso motor, um dado tão comum quanto deficiência intelectual no TEA. Essas alterações trazem para a criança e o adolescente com TEA atrasos significativos na aquisição de habilidades motoras e isso consequentemente gera problemas na socialização, comunicação, entre outros.

CAROLINA LOURENÇO REIS QUEDAS

Carolina Lourenço Reis Quedas

Contatos
dracarolinaquedas@gmail.com
Instagram: @dracarolinaquedas
11 97244 4120

Doutora e mestre em Distúrbios do Desenvolvimento pela Universidade Presbiteriana Mackenzie, com ênfase em avaliação e intervenção em habilidades motoras em crianças com Transtorno do Espectro Autista e formação de professores. Pós-graduada em Análise do Comportamento Aplicada, em Educação Física Adaptada para Populações Especiais e Psicomotricidade. Bacharel em Fisioterapia e licenciada plena em Educação Física e Pedagogia. Professora e coordenadora do curso de Educação Física e Fisioterapia na Universidade Anhanguera – campus Osasco; e coordenadora da Pós-Graduação em Fisioterapia nos Transtornos do Espectro Autista pelo CBI of Miami.

As alterações motoras no Transtorno do Espectro Autista (TEA) não são mais consideradas secundárias, mas sim características importantes que fazem parte do fenótipo do TEA (LICARI et al., 2019).

Desde o nascimento até a fase adulta, alguns indivíduos com TEA possuem atrasos significativos motores que contribuem para uma qualidade de vida deficitária e muitas vezes impedem sua participação mais ativa na sociedade.

Segundo Quedas, Blascovi e D'Antino (2020), cerca de 83% de crianças brasileiras com TEA de 7 a 10 anos possuem atrasos motores significativos em relação a sua destreza manual, manuseio de objetos como bolas e equilíbrio. Já em estudo de Bhat (2020), com crianças e adolescentes de 5 a 15 anos, 86,9% das crianças com TEA possuem transtorno de coordenação (TDC) e 36% delas não estavam recebendo tratamento específico para a área motora (fisioterapia).

Quintas (2020) realizou um estudo com adolescentes entre 11 e 16 anos e cerca de 52,17% deles estavam na faixa de déficits motores em comparação com seus pares sem deficiência.

Esses dados nos mostram o quão preocupante são os atrasos motores em crianças e adolescentes com TEA.

Mas por que os atrasos motores aparecem? Temos algumas hipóteses e uma delas é o atraso significativo da aquisição do tônus muscular. Segundo Ming, Brimacombe e Wagner (2007), cerca de 67% de crianças entre 2 e 6 anos com TEA possuem hipotonia de leve a moderada, assim como entre 38% daqueles entre 7 e 18 anos.

O tônus muscular é a capacidade de o músculo contrair em repouso sem estar em movimento. É a base para o desenvolvimento e começa a ser definido a partir dos 5 meses de vida, quando o bebê começa a desenvolver o sentar-se com apoio e depois sem apoio. Porém, podemos ver sinais desse marco antes dos 5 meses, quando a criança inicia a elevação da cabeça e também na presença de reflexos primitivos (proteção e endireitamento), mostrando como esse tônus está se desenvolvendo.

Em estudo de Lopez-Espejo et al. (2021) com 93 crianças com TEA, verificou-se que 34,4% das crianças avaliadas apresentavam hipotonia generalizada, quer dizer, em grandes grupos musculares e na região da face.

Esses estudos nos mostram importantes dados de que a hipotonia está presente também no TEA e é um fator determinante para a aquisição de habilidades locomotoras, manipulativas e de equilibração.

As alterações motoras no TEA vão muito além da motricidade e em vários estudos elas se correlacionam com quociente de inteligência (QI), linguagem, socialização e nível de suporte do autismo.

O estudo de LeBarton e Landa (2019) teve como objetivo avaliar crianças de 6 meses de idade (n = 140) com alto e baixo risco familiar para TEA usando as escalas de desenvolvimento motor de Peabody (preensão, integração visomotora e subescalas estacionárias). Os autores dividiram o estudo em duas partes. Na primeira parte, verificaram que a habilidade motora em 6 meses previu o *status* de TEA em 24 a 36 meses. Já na segunda parte do estudo, a habilidade motora aos 6 meses predisse a linguagem expressiva aos 30 e 36 meses. Os resultados fornecem evidências de que a vulnerabilidade na função motora no início do desenvolvimento está presente no TEA e precisa de um olhar especializado e intervenção precoce para que não haja um efeito cascata no desenvolvimento.

Hirata *et al.* (2015) realizaram um estudo que avaliou 26 indivíduos de 7 a 17 anos com TEA, com o objetivo de verificar a relação entre habilidades motoras e déficits sociais. Os autores aplicaram a bateria motora MABC-2 (Movement Assessment Battery for Children – Second Edition) e o SRS (Social Responsiveness Scale), questionário aplicado aos pais que avalia diferenças individuais no comprometimento social. Os resultados do estudo mostraram que a destreza manual foi o déficit mais frequente entre os indivíduos e houve correlação com os déficits sociais.

Bhat *et al.* (2011) afirmam que o surgimento precoce de deficiências motoras tem um impacto nos aspectos do desenvolvimento social e comunicativo, por exemplo, prejudicando a capacidade de uma criança para interagir com outras em uma situação de jogo.

Wilson *et al.* (2018) mostraram, em sua revisão da literatura sobre déficits motores de pessoas com TEA, que alguns estudos longitudinais revelam que há conexão entre questões motoras, linguagem e cognição e afirmam que o comprometimento aparece na infância e continua quando ela é incluída em ambiente escolar. Os déficits começam a ficar em evidência, pois as crianças começam a vivenciar e receber estímulos motores e cognitivos.

Em estudo recente de Ketcheson, Pitchford e Wentz (2021), os pais responderam os questionários de transtorno de coordenação (Developmental Coordination Disorder Questionnaire – DCD-Q), Social Communication Questionnaire (SCQ) e Restrictive Behavior Scale (RBS-R) de 10.234 crianças com TEA com e sem deficiência intelectual associada, com idades entre

5 e 15 anos. Nessa amostra, 85% apresentaram transtorno de coordenação. O grupo TEA com deficiência intelectual (DI) exibiu incoordenação motora significativamente maior em comparação com o grupo TEA sem DI. Em relação à correlação com os questionários social e de padrões restritivos independentemente de a criança com TEA ter DI ou não, os déficits nesses domínios estavam presentes para todos.

Os dados demonstrados neste capítulo nos fazem refletir acerca dos riscos que crianças com TEA apresentam, não só em relação ao atraso motor, mas também em relação aos aspectos da comunicação social, comportamento repetitivo, atrasos cognitivos e funcionais. Dados recentes apontam um aumento de riscos desses atrasos em 22,2% na população com TEA em comparação à população geral (BHAT, 2021).

> É importante reconhecer as deficiências motoras como um dos critérios diagnósticos ou especificadores para TEA e é necessário administrar triagem, avaliação e intervenções motoras adequadas em crianças com TEA.
> (BHAT, 2021).

Os atrasos motores também são marcadores precoces no TEA em estudo de Reynolds *et al.* (2021)com 514 crianças de 2 a 7 anos com TEA. Foi aplicada a subescala motora presente na Vineland Adaptive Behavior Scales Second edition (VABS-II) e a subescala motora fina presente na escala Mullen Scales of Early Learning (MSEL). Aproximadamente 60% das crianças no MSEL e 25% no VABS-II apresentaram deficiências motoras clinicamente significativas.

Todas essas bases científicas nos mostram a importância de detectar precocemente os atrasos no desenvolvimento motor e intervir de forma rápida e assertiva.

Em adultos com TEA, também persistem os atrasos no desenvolvimento motor. Pesquisa de Linke *et al.* (2020) teve como resultado um atraso significativo em pessoas de 45 a 60 anos com TEA em comparação a pessoas da mesma idade e sem deficiência nos aspectos motores.

Após a publicação das últimas práticas baseadas em evidências, o exercício de movimento foi considerado uma intervenção eficaz, realizada de maneira estruturada. Exercícios voltados ao treino de habilidades motoras, fortalecimento muscular, exercícios aeróbicos e práticas esportivas diversas são recomendados para pessoas com TEA.

A Organização Mundial da Saúde (WHO, 2020) publicou recomendações para a prática de atividade física que se enquadra dentro do exercício de movimento para pessoas com TEA. A recomendação para crianças de 2 a 5 anos, na presença ou não de deficiência, é de 2 horas diárias de atividades moderadas, que podem ser diluídas ao longo do dia. Já para crianças de 5 a 17 anos com deficiência, a recomendação é uma média de 60 minutos por dia de atividade física de intensidade moderada a vigorosa, predominantemente aeróbica, praticada ao longo da semana e de fortalecimento muscular 3 vezes por semana. As atividades diversas devem favorecer o tônus e as habilidades motoras básicas do indivíduo.

As atividades podem ser direcionadas por um profissional da área motora e pais (com orientação do profissional capacitado). O ambiente pode ser diverso, como clínicas, escolas e/ou atividades ao ar livre.

Para pessoas com deficiência acima de 18 anos, é recomendável pelo menos de 75 a 150 minutos por semana de atividade de intensidade vigorosa.

Lembrando que toda intervenção com pessoas com TEA deve ter sua individualidade respeitada e utilizar estratégias de manejo comportamental baseadas na análise do comportamento.

Há algumas áreas que trabalham com intervenções motoras, porém cada uma tem um olhar diferente para cada contexto. Nas minhas especificidades, de forma geral, a:

- **fisioterapia deve:** reabilitar, estruturar e proporcionar a funcionalidade, entre outros;
- **psicomotricidade deve:** por meio do movimento, trabalhar a cognição, afetividade, entre outros;
- **educação física deve:** trabalhar com intervenções, objetivando melhorar o desempenho motor, promover a saúde, a inclusão esportiva, entre outros.

Contudo, pode-se concluir que as alterações motoras presentes no TEA são comprovadas e preocupantes e cabe aos profissionais e familiares entenderem e avaliarem a gravidade, intervirem no momento certo para proporcionar melhor qualidade de vida para todas as pessoas com TEA, tendo como objetivo principal sua autonomia e independência.

Referências

BHAT, A. N. Is motor impairment in autism spectrum disorder distinct from developmental coordination disorder? A report from the SPARK Study. *Physical Therapy*, v. 100, n. 4, pp. 633-644, 2020. doi: 10.1093/ptj/pzz190. PMID: 32154876; PMCID: PMC7297441.

BHAT, A. N. Motor impairment increases in children with autism spectrum disorder as a function of social communication, cognitive and functional impairment, repetitive behavior severity, and comorbid diagnoses: a SPARK study report. *Autism Research*, v. 14, n. 1, pp. 202-219, 2021. doi:10.1002/aur.2453.

BHAT, A. N. *et al*. Current perspectives on motor functioning in infants, children, and adults with autism spectrum disorders. *Physical Therapy*, v. 91, n. 7, pp. 1116-1129, 2011.

HIRATA, S. *et al*. Motor skills and social impairments in children with autism spectrum disorders: a pilot study using the Japanese version of the Developmental Coordination Disorder Questionnaire (DCDQ-J). Research Article. August, 2015.

KETCHESON, L. R.; PITCHFORD, E. A.; WENTZ, C. F. The relationship between developmental coordination disorder and concurrent deficits in social communication and repetitive behaviors among children with autism spectrum disorder. *Autism Research*, v. 14, n. 4, pp. 804-816, 2021. doi: 10.1002/aur.2469. Epub 2021 Jan 9. PMID: 33421296.

LEBARTON, E. S.; LANDA, R. J. Infant motor skill predicts later expressive language and autism spectrum disorder diagnosis. *Infant Behavior and Developement*, v. 54, pp. 37 47, 2019. doi: 10.1016/j.infbeh.2018.11.003. Epub 2018 Dec 14. PMID: 30557704.

LICARI, M. K. *et al*. Prevalência de dificuldades motoras no transtorno do espectro do autismo: análise de uma coorte de base populacional. *Autism Research*, [s. l.], v. 13, n. 2, pp. 298-306, 2019.

LINKE et al. Impaired motor skills and atypical functional connectivity of the sensorimotor system in 40- to 65-year-old adults with autism spectrum disorders. *Neurobiol Aging*. 2020;85:104-112. doi:10.1016/j.neurobiolaging. 2019. 09. 018.

LOPEZ-ESPEJO, M. A. *et al*. Clinical characteristics of children affected by autism spectrum disorder with and without generalized hypotonia. *European Journal of Pediatrics*, v. 180, pp. 3243-3246, 2021. doi: 10.1007/s00431-021-04038-7.

MING, X.; BRIMACOMBE, M.; WAGNER, G. C. Prevalence of motor impairment in autism spectrum disorders. *Brain Development*, v. 29, n. 9, pp. 565-570, 2007. doi: 10.1016/j.braindev.2007.03.002. Epub 2007 Apr 30. PMID: 17467940.

QUEDAS, C. L. R. *et al*. Avaliação motora de crianças com Transtorno do Espectro Autista entre 7 e 10 anos. *Jornal Brasileiro de Comportamento Motor*, v. 14, n. 4, p. 4, outubro de 2020.

QUINTAS, R. H. R. *Adaptação transcultural do MABC-2 e evidências de validade para o Transtorno do Espectro Autista na faixa etária de 11-16 anos*. 2020. 114f. Tese (Doutorado em Distúrbios do Desenvolvimento) – Universidade Presbiteriana Mackenzie, São Paulo, 2020.

REYNOLDS, J. E. *et al*. Characterising the early presentation of motor difficulties in autistic children. *Journal of Autism and Developmental Disorders*, 2021. doi: 10.1007/s10803-021-05333-w.

WILSON R. B. *et al*. Motor development and delay: advances in assessment of motor skills in autism spectrum disorders. *Current Opinion in Neurology*, v. 31, n. 2, pp. 138-139, 2018.

WORLD HEALTH ORGANIZATION (WHO). *guidelines on physical activity and sedentary behaviour*. Geneva: World Health Organization, 2020.

4

DESEMPENHO MOTOR E SEU IMPACTO NAS HABILIDADES SOCIAIS

Neste capítulo vamos mostrar a importância da avaliação motora em crianças com Transtorno do Espectro Autista (TEA) e também como a falta de um bom desempenho motor pode comprometer as habilidades sociais.

CIBELE KÁTIA FARIA CALZA

Cibele Kátia Faria Calza

Contatos
cibelecalza@gmail.com
Instagram: tehabilitar.multiprofissional
11 98584 4819

Mestranda em Análise do Comportamento Experimental pela Pontifícia Universidade Católica de São Paulo (PUC-SP), pós-graduada em Análise do Comportamento Aplicada (ABA) pelo Núcleo Paradigma. Bacharel em Fisioterapia pela Universidade Camilo Castelo Branco (Unicastelo) e licenciada plena em Pedagogia pelas Universidades COC.

Vamos conversar agora sobre um assunto que é muito relevante e pouco discutido entre as famílias e os profissionais que atendem as crianças no espetro autista. Porém, é um tema muito frequente na prática clínica de quem trabalha com desenvolvimento motor, cognitivo e social das crianças e adolescentes que estão no espectro.

Ao longo da vida, o desenvolvimento motor aumenta a capacidade de realização de funções cada vez mais complexas e os prejuízos motores têm impactos em várias áreas, inclusive nas relações sociais (ROSA NETO *et al.*, 2013).

As habilidades sociais envolvem um conjunto de competências que nos instrumentalizam para interagir com as pessoas ao nosso redor, sendo uma delas o desempenho motor. Todas as nossas ações envolvem algum desempenho motor, até mesmo para se comunicar, seja através da fala, seja através de outro comportamento comunicativo que pode ser expresso com a linguagem corporal com gestos e movimentos que dependem da capacidade de controle motor de cada indivíduo (SANINI; SIFUENTES; BOSA, 2013).

De acordo com Maranhão e Pires (2017), o desenvolvimento da linguagem verbal é fundamental para o desenvolvimento das habilidades sociais e perfis executivos. O desenvolvimento da linguagem verbal é codependente do desenvolvimento das habilidades motoras, assim, indivíduos que somam essas características podem desfrutar de maiores oportunidades de socialização permitindo que se sintam pertencentes a um grupo, pois o sucesso na execução de tarefas gera aproximação de outros indivíduos que, na maioria das vezes, partilham de habilidades semelhantes.

Atualmente, em consultórios de fisioterapia, é comum ver todos os dias famílias com a mesma queixa: crianças no espectro autista que frequentam a escola e apresentam dificuldades na realização e na permanência nas aulas que exigem habilidades motoras *versus* habilidades sociais.

Normalmente quando os pais ou o paciente procuram uma avaliação motora, a indicação parte ou de uma família que já passou pelas mesmas dificuldades ou de algum profissional que tratou casos semelhantes. Na maioria das vezes são pacientes que, quando investigados, percebe-se que a qualidade da execução de movimentos e de execução de tarefas é prejudicada desde a primeira infância.

Desde muito cedo o desempenho motor é fundamental para experiências de habilidades sociais e é possível observar o quanto o comprometimento motor afeta a vida social desses indivíduos. Por exemplo, a criança que corre menos que a maioria das outras crianças da mesma idade, ou que está atrasada em atividades de autocuidado, ou que quando bebê apresentou atraso para direcionar o olhar para os pais ou que parecia não ter forças para levantar os braços para pedir colo.

Essas diferenças existentes e por muitas vezes não identificadas refletem-se na vida do estudante, podendo comprometer a capacidade de desenvolver a relação social entre pares ou grupos.

O relato das famílias e dos próprios pacientes é sempre o mesmo – que as intervenções, os programas, as simulações, os grupos de habilidades sociais em pares sob controle de terapeutas não são suficientes para alguns pacientes deste nicho específico se manterem engajadas na interação com pares. Neste seleto grupo, em que o que está comprometido primariamente são as habilidades motoras, sendo este comprometimento secundário, o tratamento focado em habilidades sociais não tem como consequência o sucesso imediato, mesmo naqueles que já estão em tratamento há bastante tempo.

Muitas vezes esses déficits são observados pelas escolas, que mesmo tendo conhecimento de que o aluno recebe tratamento específico para o ganho de habilidades sociais, trazem o relato de que não enxergam progressão no dia a dia em sala de aula, quando há necessidade de interação com os colegas.

Diversas vezes o problema não é solucionado porque o déficit primário não está nas habilidades sociais e sim nos déficits motores, o que fica claro após uma avaliação fisioterapêutica com profissional que possui formação adequada para a identificação desses distúrbios do movimento.

Essas dificuldades motoras em crianças que estão no Transtorno do Espectro Autista são comumente citadas em artigos científicos. Um trabalho de Teixeira, Carvalho e Vieira em 2019 traçou um perfil motor das crianças no espectro e identificou que as habilidades motoras das crianças com TEA apresentam idade motora geral inferior à idade cronológica.

Assim, é possível perceber que idade motora inferior à idade cronológica afeta diretamente o desempenho escolar, de acordo com Lemos *et al.* (2014), que observaram dificuldade na inclusão dessas crianças nas atividades em grupo, necessitando de suporte verbal e físico da professora, principalmente quando envolviam atividades motoras.

A dificuldade de desempenho motor gera prejuízos sociais, impedindo que as crianças participem espontaneamente em atividades de grupo, por exemplo, na apresentação de final de ano, nas aulas de dança, nos treinos das aulas de educação física, no intervalo e inclusive dentro da própria sala de aula.

Essas dificuldades tendem a desencadear problemas comportamentais, pois geralmente levam o indivíduo a frustrar-se com a falta de habilidade perante o grupo e a ter dificuldades para entender suas necessidades e saber como requisitar ajuda, o que pode gerar nos pares recusa em participar do mesmo grupo por imprevisibilidade do comportamento do colega, dificuldade de engajamento de comunicação por interesse em áreas diferentes e até a permanência em atividades.

Para a maioria das brincadeiras entre pares ou em grupo, a criança precisa ter um bom controle motor. Crianças e adolescentes que apresentam movimentos mais precisos, com respostas rápidas a determinadas situações, tendem a causar efeitos positivos nas mais diversas áreas, incluindo as relações pessoais, o que reflete diretamente nas relações em contexto escolar. Observa-se que crianças e adolescentes com TEA e baixo desempenho motor são excluídos de brincadeiras, atividades físicas e até mesmo do grupo, o que faz com que muitos passem a evitar esse tipo de atividade e, assim, percam oportunidades de socialização. Muitos comportamentos-problema, e, não raro, o *bullying*, podem ser consequentes a essas situações.

É fundamental o alinhamento da equipe multidisciplinar a respeito de todos os procedimentos que são realizados com a criança. Por exemplo, o fisioterapeuta consegue realizar dentro do consultório atividades para fortalecimento e ganho de controle motor, atividades que requerem planejamento, porém é fundamental que o trabalho seja desenvolvido em conjunto com a escola, pois assim o professor/mediador consegue inserir nas atividades a criança que está no espectro autista que tem dificuldade motora.

Desse modo, ele pode ser orientado para oferecer o nível de suporte adequado na tentativa de garantir que o déficit motor não seja um fator limitante para o desempenho de uma habilidade social. Para ilustrar, pode-se pensar em um jogo de futebol: a criança pode ser treinada para jogar com os colegas e, recebendo suporte adequado, pode assim sentir-se capaz de participar do jogo.

O desfecho mais importante deste capítulo é ressaltar para os pais e leitores que esses prejuízos motores podem ser diagnosticados desde a primeira infância, minimizando os prejuízos sociais que podem vir a ser causados por distúrbios motores. Cabe aos profissionais identificar a necessidade de avaliação de um especialista e a associação do trabalho nas diferentes áreas de intervenção. Em relação à escola, contamos com a parceria dos professores, que muitas vezes têm boa vontade, mas não têm treinamento nem tempo para inclusão e a sociedade que saibam incluir estas pessoas mesmo com suas diferenças.

Lembrem-se sempre: esta pessoa é sempre o amor da vida de alguém!

Referências

LEMOS, E. L., *et al.* Inclusão de crianças autistas: um estudo sobre interações sociais no contexto escolar. *Revista Brasileira de Educação Especial*, São Paulo, v. 20, n.1, pp.117-130, jan./mar. 2014.

LEMOS, E. L. M. D.; SALOMÃO, N. M. R.; AGRIPINO-RAMOS, C. S. Inclusão de crianças autistas: um estudo sobre interações sociais no contexto escolar. *Rev. Bras. Ed. Esp.*, Marília, v. 20, n. 1, p. 117-130, Jan.-Mar., 2014

MARANHÃO, S. S. A.; PIRES, I. A. H. Funções executivas e habilidades sociais no espectro autista: um estudo multicasos. *Cadernos de Pós-Graduação em Distúrbios do Desenvolvimento*, São Paulo, v. 17, n. 1, p. 100-113, 2017.

PEREIRA, F. S.; FILUS DE FREITAS, J. F. Análise do desempenho motor esportivo de crianças e adolescentes com Transtorno do Espectro Autista. *Horizontes – Revista de Educação*, Dourados, v. 5, n. 9, jan./jun. 2017.

ROSA NETO, F. *et al.* Avaliação motora em escolares com dificuldades de aprendizagem. *Revista Brasileira de Cineantropometria e Desempenho Humano*, v. 12, n. 6, out. 2010.

ROSA NETO, F. *et al.* Efeitos de intervenção motora em uma criança com Transtorno do Espectro Autista. *Temas sobre desenvolvimento*, v. 19, n. 105, 2013.

SANINI, C.; SIFUENTES, M.; BOSA, C. A. Competência social e autismo: o papel do contexto da brincadeira com pares. *Psicologia: teoria e pesquisa*, vol. 29 n. 1, p. 99-105, jan./mar. 2013.

SOARES, A. M.; CAVALCANTE NETO, J. L. Avaliação do comportamento motor em crianças com Transtorno do Espectro Autista: uma revisão sistemática. *Revista Brasileira de Educação Especial*, Marília, v. 21, n. 3, p. 445-458, jul./set. 2015.

TEIXEIRA, N. M.; CARVALHO, F. T.; VIEIRA, J. R. L. Avaliação do perfil motor em crianças de Teresina/PI com Transtorno do Espectro Autista (TEA). *Revista Educação Especial*, Santa Maria, v. 32, 2019.

5

DESENVOLVIMENTO DA LINGUAGEM TÍPICA E SINAIS DE ALERTA NO TRANSTORNO DO ESPECTRO AUTISTA

O presente trabalho visa identificar fatores de risco para o Transtorno do Espectro Autista (TEA), relacionando-o com os marcos do desenvolvimento infantil direcionados à comunicação e à linguagem. O conhecimento profissional e parental acerca do tema é importantíssimo em virtude do aumento do número de crianças com atraso de fala na faixa etária até 3 anos de idade.

KARLA ANDREA CORRENTE DE FRANÇA

Karla Andrea Corrente de França

Contatos
karla@karlacorrentefono.com.br
Instagram: @karlacorrentefono
19 99494 8403

Fonoaudióloga formada pela Universidade Metodista de Piracicaba. Inicialmente trabalhou nas APAE de Piracicaba e de São Pedro (SP), instituições que recebiam diversos tipos de crianças atípicas, inclusive com Transtorno do Espectro Autista (TEA), realizando atendimentos fonoaudiológicos, orientação de equipe pedagógica e parental, além de supervisão do setor fonoaudiológico. Experiência clínica atuando em consultório desde 1999, com uma demanda predominante de TEA. Especialização em Linguagem. Atualmente pós-graduanda pelo CBI of Miami nos cursos Intervenção ABA para Autismo e Deficiência Intelectual e Transtorno do Espectro Autista na Adolescência. Em 2021, tornou-se terapeuta em Intervenção Precoce Naturalista Intensiva pelo Instituto Farol. Atualmente trabalha no espaço idealizado por ela própria, dedicando-se ao atendimento de crianças e adolescentes com TEA, além de supervisionar e orientar equipe profissional no local.

Linguagem e autismo

O Transtorno do Espectro Autista (TEA) caracteriza-se como uma complexa alteração do desenvolvimento neuropsicomotor, incluindo importantes comprometimentos e atrasos nos processos relacionados à cognição, aprendizagem, motricidade, interação social, comunicação e linguagem, podendo acarretar diversos prejuízos para o indivíduo com esse quadro, provocando dificuldades de ajustes a demandas sociais, limitação da autonomia na realização de atividades da vida diária, diminuição da qualidade de vida e agressividade.

O comprometimento da linguagem é um dos sinais que define o transtorno, sendo utilizado como um dos principais critérios diagnósticos. Usualmente, observa-se dificuldade em começar e/ou manter um diálogo, falar sobre características de objetos e pessoas, assim como solicitar itens; em alguns casos mais severos, existe total ausência de verbalizações de palavras, com emissão descontextualizada de sons, sem sentido aparente. Nessas situações, é comum que ocorra a utilização de comunicação alternativa, como o sistema de comunicação por troca de figuras (PECS, do inglês *Picture Exchange Communication System*).

A linguagem está presente no cotidiano das pessoas – é uma das principais características que distinguem o ser humano dos demais organismos. Tem função adaptativa, ou seja, de ajustamento a questões sociais, aprendizagem acadêmica, expressão de sentimentos e necessidades, já que pela linguagem conseguimos compreender o mundo, expressamos nossos sentimentos, desejos e ideias. Refere-se a um sistema complexo, que envolve ações de trocas sociais resultando em significação contextualizada, sendo um dos aspectos principais para o desenvolvimento cognitivo.

A inovadora teoria da ciência da Análise do Comportamento Aplicada, tendo como base epistemológica o Behaviorismo Radical postulado inicialmente por Burrhus Frederic Skinner – que cunhou o termo "comportamento verbal" para se referir ao fenômeno da linguagem como comportamento aprendido – confrontou o pensamento tradicional vigente na época, que afirmava que a linguagem é mera expressão dos pensamentos por meio dos sons.

O comportamento verbal faz referência a uma classe de repertórios que tem a função de propiciar a comunicação entre as pessoas, sendo influenciado por estímulos ambientais.

Esse comportamento verbal parece ser algo fácil, aprendido de forma automática para nós, que já o dominamos; entretanto, a aquisição da fala de maneira funcional depende de habilidades que precisam ser desenvolvidas desde o nascimento, os chamados pré-requisitos. A fala é apenas a linha de chegada de uma caminhada cujos passos necessitam ser devidamente executados.

Os passos da caminhada: quais são os pré-requisitos para a fala?

O Centro de Controle e Prevenção de Doenças dos Estados Unidos (MAENNER *et al.*, 2021) divulgou um novo levantamento que aponta aumento na incidência de TEA, sendo confirmado cerca de um caso a cada 44 crianças. Segundo o órgão responsável pela pesquisa, essa elevação numérica decorre do aumento dos critérios de diagnóstico: atualmente é possível identificar sinais sugestivos de TEA antes dos 12 meses de idade, muitos deles em relação direta com os pré-requisitos para a fala – os passos da caminhada citada anteriormente. Estes se referem a habilidades que precisam ser adquiridas, pois antecedem a aprendizagem da fala, ou seja, são processos interdependentes. Dificilmente a linguagem verbal surgirá antes que essas habilidades sejam adquiridas. Assim, identificam-se os pré-requisitos essenciais para aquisição e desenvolvimento da linguagem falada:

- **contato visual:** olhar no olho é a primeira forma de interação comunicativa do bebê. Durante o processo de amamentação, a criança já promove essa troca de olhares com a mãe. O contato visual é fator determinante para a aquisição da linguagem verbal, pois possibilita a imitação dos movimentos dos órgãos fonoarticulatórios (lábios, bochechas, língua...), fator determinante no desenvolvimento da linguagem oral;
- **imitação:** a imitação propicia condições favoráveis para a aprendizagem de novos repertórios em diferentes contextos. Para imitar, é necessário ter atenção no seu parceiro comunicativo para reproduzir comportamentos como gestos, sons e vocalizações. Uma criança que tenha dificuldades para executar a imitação motora provavelmente terá dificuldade de produzir a imitação vocal;
- **atenção compartilhada:** refere-se à habilidade de dois parceiros de comunicação social desenvolverem a atenção a um interesse comum, ou seja, duas pessoas estarem engajadas em uma mesma atividade, possibilitando interação e trocas de experiências;
- **intenção comunicativa (apontar):** muito antes da fala propriamente dita, uma criança é capaz de se comunicar por meio de gestos, sons, expressões faciais. Se essas ações apresentam um desejo de expressar o que ela almeja, a esse ato denomina-se intenção comunicativa. Desenvolver a habilidade

de apontar, com o bebê mostrando o que quer, é uma das intenções comunicativas mais relevantes nesse processo;
- **compreensão auditiva (seguir instrução):** a aprendizagem da fala se dá pela imitação do que é observado, mas, para isso, é necessário que haja compreensão e discriminação auditiva. Em relação a esse aspecto, caso a criança apresente um atraso de linguagem, é fundamental realizar uma investigação da integridade das vias auditivas por meio de exames audiológicos (otoemissões acústicas, audiometria completa e potencial evocado auditivo de tronco encefálico [PEATE]).

Marcos do desenvolvimento infantil

Para termos referências em relação a quais habilidades precisam ser adquiridas e em qual idade elas devem ocorrer, temos como parâmetro os chamados "marcos do desenvolvimento infantil", em que padrões comportamentais são observados em um determinado estágio da vida; por exemplo, a idade média em que uma criança se senta sem apoio, começa a engatinhar, balbuciar, imitar sons e emitir as primeiras palavras. Esse conjunto de habilidades é alcançado pela maioria das crianças em uma determinada idade e auxilia pais e profissionais a acompanhar se a criança está evoluindo dentro do esperado.

É importante ressaltar que socialmente é comum ouvirmos a famosa frase: "Cada criança tem o seu tempo". Porém, temos que tomar extremo cuidado ao utilizá-la, já que cada criança tem a sua singularidade e deve ser respeitada, desde que esteja dentro do esperado nas fases dos marcos do desenvolvimento infantil.

Marcos do desenvolvimento infantil: sinais de alerta na linguagem

0-3 meses

O bebê acaba de nascer e é muito importante que a família conheça suas características, as etapas do desenvolvimento de cada período da vida, sua individualidade e o modo como se comunica. Desde os primeiros dias de vida, o bebê pode ver, ouvir, sentir calor e frio. Sente também o toque na sua pele e pode distinguir alguns odores e sabores. A criança sinaliza suas necessidades, sentimentos e emoções pelo choro. É o modo que ela encontra de se comunicar.

Ao nascer, o bebê tem sua audição bem desenvolvida; já a visão, embora presente, se desenvolverá mais intensamente nos primeiros meses. Pouco a pouco, ele vai fixando os olhos nas pessoas e nos objetos que estão próximos de si, seguindo-os com o olhar quando se movem.

Neste período, ele aprenderá a sorrir, a mover seus braços e pernas e a emitir alguns sons e manifestará reações de alegria diante das pessoas que cuidam dele e com ele interagem.

- **Sinais de alerta**: deve-se ficar atento caso o bebê com 2 meses não esboce reações a sons altos, não sorria para as pessoas, não apresente interesse pela face do pai e da mãe. Outro sinal que merece atenção nessa fase é se a criança apresenta choro excessivo ou se mostra extremamente apática (quieta).

3-6 meses

Nessa fase, a criança está preparada para aprender qualquer língua, e é nesse momento que se inicia o balbucio, que é de extrema relevância, pois refere-se à primeira manifestação comunicativa oral e revela como está o desenvolvimento cognitivo dessa criança, demonstrando como está a capacidade de armazenar esses sons e imitá-los. Durante esse período, é possível perceber que ela já faz diferentes modulações de intensidade, de ressonância e de entonação. As primeiras experiências serão com os fonemas /p/, /b/ e /m/, os chamados plosivos labiais (produção dos sons com a explosão dos lábios), sons de mais fácil visualização, por exemplo: "pu", "bu", "mu", viabilizando a imitação. Além disso, o "sorrir", que antes era só um reflexo, passa a ter intenção comunicativa, esperando reação do parceiro comunicativo. Durante essa faixa etária, a criança começa a virar a cabeça para localizar os sons.

- **Sinais de alerta**: nessa fase, deve-se ficar atento caso o bebê não apresente reações a vozes familiares, não produza diferentes sons como se estivesse conversando, demonstre interesse fixo por um objeto, não levante os braços quando quiser ser carregado (reação antecipatória). Se a criança não sorri e não vira a cabeça para procurar os sons, deve-se suspeitar de alteração.

6-9 meses

Durante essa fase, o bebê está adquirindo habilidades para emitir e compreender os sons. Por isso, é importante que ele escute bem. Geralmente atende quando chamado pelo nome. Reconhece, também pelo nome, as pessoas que estão mais em contato com ele e alguns objetos. Demonstra alegria quando repetem os sons que ele faz e, ao escutar, tenta imitar. Nessa faixa etária, já compreende as expressões "não" e "tchau" e procura a fonte sonora nos lados e embaixo. Já imita sons simples, como: "au au", "co có", "dá", "bum bum", "miau", "qua qua", "mama", "papa". Essa é a fase que o sistema miofuncional está preparado para a introdução de alimentação pastosa/sólida.

- **Sinais de alerta**: merece atenção se o bebê dessa faixa etária não atende quando é chamado, se não estiver interagindo com as pessoas/ambiente, não apresenta interesse por brinquedos, não produz sons, se não realiza o contato visual. Nessa idade podem começar a apresentar movimentos repetitivos, as denominadas estereotipias.

9-12 meses

Por volta dos 10 meses, a criança começa a pronunciar cadeias de sílabas sem repetição. Aos poucos, ela comporá sua fala, que muitas vezes é incompreensível, como se estivesse falando uma língua estrangeira. Progressivamente, sua linguagem se tornará compreensível: as primeiras palavras geralmente aparecem por volta de 1 ano. A compreensão progride mais rápido que sua capacidade de se expressar: com 1 ano, ela já entende diversas frases simples, como "Venha", "Dá pra mamãe", "Você está com fome?", "Pegue seu brinquedo" etc. Durante esse período começa a apontar o que deseja, assim como desenvolver atenção compartilhada com o parceiro comunicativo.

- *Sinais de alerta:* merece atenção se a criança de 12 meses não produz nenhum tipo de imitação, não está produzindo nenhum tipo de som, se não atende demandas simples com dicas, se não aponta, se não dá "tchau", se não "manda beijo", se não brinca de maneira funcional, se prefere ficar sozinha, se esquiva, se não desenvolve a ação compartilhada.

24 meses (2 anos)

Nessa faixa etária, criança consegue criar frases ou orações de duas (ou mais) palavras. Acompanha histórias, começa a usar pronomes, nomeia imagens, brinca de faz de conta.

- *Sinais de alerta:* merece atenção a criança com 2 anos que não fala nada ou emite apenas poucas palavras, que não brinca funcionalmente, que não se interessa por brinquedos, que tem o contato visual reduzido, que chora excessivamente ou que seja extremamente quieta, que apresenta movimentos repetitivos, que apresenta interesses restritos ou fixação por objetos específicos (hiperfoco), que leva o outro para pegar o que deseja, faz o parceiro como objeto (instrumentalização), que evita o contato visual, que apresenta recusa alimentar, que se desregula com mudanças de rotina.

Conclusão

Diante do exposto, observa-se a importância do conhecimento dos marcos do desenvolvimento infantil no que se refere especificamente à linguagem, tanto da parte dos pais, que, verificando os sinais de alerta precocemente, devem procurar ajuda de um especialista para compreender o processo, desempenhando papel fundamental e ativo nas intervenções, como do profissional, para a realização de uma avaliação e consecutivo diagnóstico diferencial e plano terapêutico individualizado de intervenção.

O texto traz uma perspectiva inovadora, quando comparado às abordagens tradicionais no campo da fonoaudiologia. Ressalta-se a importância do aprofundamento no tema, para que o profissional consiga identificar os sinais e tenha sensibilidade para investigar as diferenças sutis entre tantas alterações que envolvem o atraso da linguagem, como surdez, apraxia de fala na infância (AFI) ou transtornos motores da fala (TMF), tanto como diagnóstico diferencial quanto como comorbidade.

O presente capítulo não teve o objetivo de esgotar o assunto, por se tratar de uma ciência aberta e em constante desenvolvimento, e sim fomentar a discussão e ampliar as perspectivas sobre a temática em questão, incentivando novos pesquisadores a se enveredarem nesse fantástico mundo que é a interface entre autismo e linguagem, destacando que o processo de aquisição da linguagem em todos os aspectos envolvidos (sintático-semântico, fonético-fonológico e pragmático-discursivo) é complexo, com altos e baixos, idas e vindas. Identificar as habilidades presentes e ausentes precursoras à fala se faz necessário para iniciar a intervenção precocemente, proporcionando uma intervenção de qualidade e respeitando cada etapa preditora à linguagem verbal.

Referências

AMERICAN PSYCHIATRIC ASSOCIATION (APA). *Manual diagnóstico e estatístico de transtornos mentais:* DSM-5. Porto Alegre: Artmed, 2014.

CARVALHO, T. M.; SILVA, D. O; SOUZA, F. P. Fonoaudiologia e Desenvolvimento Infantil: sinais de risco e preditores importantes para a habilidade de fala em crianças autistas. *Revista Interface – Integrando Fonoaudiologia e Odontologia*, v. 1, n. 2, jul./dez. 2020.

CRUZ, R. N. *B. F. Skinner: uma biografia do cotidiano científico*. Belo Horizonte: Artesã, 2019.

GRANDIN, T. *O cérebro autista*. 10. ed. Rio de Janeiro: Record, 2019.

MAENNER, M. J *et al*. Prevalence and Characteristics of Autism Spectrum Disorder Among Children Aged 8 Years – Autism and Developmental Disabilities Monitoring Network, 11 Sites, United States, 2018. *Surveillance Summaries*, v. 70, n. 11, pp. 1-16, 2021. Disponível em: <https://www.cdc.gov/mmwr/volumes/70/ss/ss7011a1.htm>. Acesso em: 5 dez. de 2021.

MARTIN, G. *Modificação de comportamento: o que é e como fazer*. 8. ed. São Paulo: Roca, 2009.

TOMASELLO, M.; CARPENTER, M.; LISZKOWSKI, U. A new look infant pointing. *Child Development*, v. 78. n. 3, pp. 705-722, mai./jun. 2007.

SELLA, A. C.; RIBEIRO, D. M. (org.). *Análise do comportamento aplicada ao transtorno do espectro autista*. Curitiba: Apris, 2018.

6

A RELEVÂNCIA DA PERSONALIDADE NA DEFINIÇÃO DA PESSOA AUTISTA

Este capítulo tem a intenção de chamar a atenção do leitor para a importância de se considerar a personalidade de um indivíduo autista com vistas a favorecer seu diagnóstico e posteriores intervenções terapêuticas necessárias para seu desenvolvimento, evolução e inter-relações ao longo da vida, da melhor forma possível. Redigido por uma especialista em autismo e comunicação e mãe de um autista adulto, e por uma autista adulta e mãe de uma criança autista, o texto analisa a correlação entre personalidade e o autismo tanto sob a perspectiva da análise científica quanto da experiência pessoal.

**FATIMA DE KWANT E
KENYA DIEHL**

Fatima de Kwant

Contato
Redes Sociais: @fatimadekwant

Jornalista, escritora de livros e textos referentes ao Transtorno do Espectro Autista, especialista em Autismo e Comunicação, criadora do Projeto Autimates, divulgadora da Conscientização do TEA, administradora da Comunidade Pró Autismo, do apresentador e pai de autista, Marcos Mion, consultora de autismo na empresa Fatima de Kwant Autism & Communication Services (Holanda) e mãe de um autista adulto, que saiu do nível 3 para o nível 1 de suporte.

Kenya Diehl

Contatos
Instagram: @autismomake
YouTube: @autismomake
Twitter: @autismomake
13 99205 1117

Escritora, palestrante, empresária, consultora em autismo, terapeuta integrativa com formação reconhecida pelo Instituto de Inteligência Emocional e administradora da Comunidade Pró Autismo, do apresentador Marcos Mion.

Parte I – Introdução e análise técnica – Por Fatima de Kwant

Podemos definir o autismo, não a pessoa autista. O autismo é um transtorno do neurodesenvolvimento, mas não define um ser humano. O que difere os autistas entre si são suas personalidades, únicas e intransferíveis.

Um erro comum dos leigos em Transtorno do Espectro Autista (TEA) é a ideia de que pessoas autistas são todas iguais, com os mesmos comprometimentos, comportamentos (sociais) e reações às diversas situações da vida. Na verdade, apesar de haver similaridades em muitos casos específicos dentro dos três níveis que compõem o TEA, é impossível que uma pessoa autista aja e reaja exatamente como outra diante da mesma situação.

Quando falamos em autismo, observamos um indivíduo com comprovado déficit grave, moderado ou leve nas áreas de Comunicação Social, Interação Social e Comportamentos restritos (a tríade do TEA), além de atípicos de acordo com a norma do desenvolvimento (neuro)típico. Porém, não podemos deixar de levar em conta o conjunto de características que o diferem, em primeiro lugar, de outras pessoas: sua personalidade. Sob a perspectiva da análise do comportamento, a personalidade é nosso repertório comportamental (SKINNER, 1998), formada por nossos aprendizados ao longo de nossas vidas. Eis o porquê, talvez, de conseguirmos mudar atitudes de uma pessoa autista pela análise de seu comportamento, e eventual intervenção, fato que influenciará a evolução de seu aprendizado ao longo dos anos.

Começamos por definir a personalidade, resumidamente, como um conjunto de características marcantes de uma pessoa.

A personalidade envolve diversos fatores que determinam a relação das pessoas, com base em padrões de individualidade pessoal e social referentes ao pensar, sentir e agir. A personalidade é, basicamente, o que nos difere de outras pessoas.

Autistas são pessoas, portanto, todas têm uma personalidade independente do transtorno. Inclusive – ao contrário do que se pensava até uma década –

autistas também podem ter um transtorno de personalidade como condição coexistente (comorbidade), o que será abordado posteriormente neste capítulo.

A personalidade sempre acaba por se traduzir em comportamento, portanto, sabendo que este é um dos elementos que compõem a tríade do TEA, não podemos tratar autistas sem considerar suas características pessoais.

O modo de agir e reagir de uma pessoa autista pode estar mais associado à sua personalidade do que ao autismo, em muitas situações.

Quanto à formação da personalidade, alguns cientistas discordam da idade em que ela surge. A psicanálise acredita que ela surja por volta dos 4 ou 5 anos, enquanto Piaget afirma que a personalidade começa a se expressar entre os 8 e 12 anos.

Ao analisarmos a importância da personalidade no tratamento geral do autismo, devemos, igualmente, incluir o caráter (índole) e o temperamento de cada pessoa. O caráter diz respeito aos traços morais, depende da criação de um indivíduo, do meio ambiente em que se desenvolveu e de suas escolhas de vida, enquanto o temperamento é uma herança genética, um estilo pessoal de ser e agir – a base do que realmente somos. O andamento dessa tríade é o que caracteriza o processo de evolução da personalidade de um indivíduo.

Agora, imaginamos esse processo em uma pessoa com TEA e percebemos a complexidade de cada situação pessoal. Pessoas autistas têm seu caráter, temperamento e personalidade emaranhados no complexo espectro, intensificado pelas percepções, sensações e comportamentos derivados dos déficits nas áreas da comunicação e interação social.

Ainda no século XXI, a falta de pesquisas na área dá a impressão de que o autismo "é sempre a mesma coisa" para todos os autistas. Estudos recentes vêm provar o contrário. Na Holanda, o prof. dr. Richard Vuijk tem se especializado no tema Autismo e Personalidade. Seus achados são de grande valia para o maior conhecimento do tema, assim como de suas pesquisas sobre a relação do TEA com transtornos de personalidade.

Transtornos de personalidade

Os transtornos de personalidade podem ser definidos como padrões de comportamentos mal adaptativos generalizados. Pessoas com essas condições percebem si mesmas e o mundo onde habitam de modo inadequado.

O *Manual diagnóstico e estatístico de transtornos mentais*, em sua 5ª edição (APA, 2014), classifica tais transtornos em três categorias: A, B e C, sendo: A) condições que fazem um indivíduo parecer "excêntrico" ou "estranho"; B) condições que tornam o indivíduo dramático ou errático; C) condições que incluem distúrbios ansiosos ou apreensivos.

A descrição dos 10 tipos é extensa. A leitura sobre transtornos de personalidade no atual DSM é indicada para os leitores que se interessam pelos distúrbios de personalidade; mais conhecidos são o transtorno da personalidade obsessivo-compulsiva (TPOC), narcisismo, *borderline*, transtorno de personalidade paranoide e o transtorno de personalidade associal.

Em ambos os casos – autismo e transtorno de personalidade – existem dificuldades contínuas na funcionalidade interpessoal, assim como problemas na demonstração de empatia e relações de afeto ou íntimas.

Assim, é possível compreender a dificuldade de uma avaliação e diagnóstico por especialistas da psiquiatria e neurologia/neuropediatria na emissão de um laudo completo quando além do autismo existe um transtorno de personalidade.

História pessoal

Além de especialista em autismo e comunicação, sou, em primeiro lugar, mãe de um autista já adulto. Na infância, eu me preocupava com seu desenvolvimento e aprendizado. À medida que crescia, percebi que meu filho era, sobretudo, uma criança única, como qualquer outra. Além do autismo – seus déficits nas áreas da comunicação, socialização e consequentes comportamentos atípicos –, eu enxergava sua índole e traços similares aos de suas irmãs, de seu pai e meus, alternadamente. Foi assim que eu descobri que meu filho era muito mais que seu diagnóstico; ele tinha um temperamento, um jeito pessoal, além das características que o definiam como autista. Essa descoberta foi um divisor de águas no momento de lidar com meu filho no dia a dia. Se ele era, acima de tudo, um ser humano, eu deduzia que ele poderia aprender a se comportar e transitar em sociedade. E assim foi.

Identificar o tipo personalidade de um filho autista pode fornecer muito material na hora de aplicar terapias. Quando um autista é introvertido ou extrovertido, tende à alegria ou à melancolia, é mais agitado ou quieto – e mais mil e uma variedades – tanto os terapeutas quanto os pais podem usar isso a seu favor no momento de ensiná-los habilidades, competências e regras sociais.

Um dos mitos que ainda corre na sociedade é o de que todos os autistas são iguais e, por isso, são rotulados de modo injusto e incorreto.

Os autistas não são iguais porque suas personalidades os definem.

Parte II – Análise pessoal do autismo e personalidade – Por Kenya Diehl

História pessoal

Eu sou autista, diagnosticada aos nove anos de idade com autismo infantil e, posteriormente, no ano de 2017, com autismo leve. Busquei tratamento pela primeira vez, por conta própria, aos 17 anos de idade, quando passei a tomar medicações e fazer terapias, ambas ações que mudaram muito o curso que minha vida tomava até ali, pois não aguentava mais ter tantas crises e sofrer com tanto medo de tudo, da solidão e dos abusos que sofri durante a infância e a adolescência.

Cresci em uma família disfuncional; já na pré-adolescência e abandonada à própria sorte, fui apresentada a todas as maldades que existem no mundo, mas minha personalidade ainda assim não foi nem de longe atingida e eu posso atribuir isso ao fato de que o autismo manteve minha inocência intacta, muito embora violada contra a minha vontade. A noção das consequências do que sofri veio quando meu cérebro entendeu que as pessoas más que abusaram de minha inocência eram, de fato, pessoas más fazendo coisas ruins. Então, a união do autismo à personalidade resultou nesta que vos escreve.

Eu recebi meu diagnóstico pela primeira vez aos nove anos de idade (autismo infantil), época em que abanava as mãos, urinava na cama, vomitava muito, chorava e tinha crises incessantes, baixo peso e subnutrição, ausência de fala funcional, enxaqueca, dificuldade para dormir, seletividade alimentar, estereotipias, insônia, medo... Mas, ao contrário do que muitas pessoas possam imaginar, eu desejava muito carinho, contato físico, colo, amor – o que infelizmente não tive. Eu vivia isolada, meu prognóstico era péssimo, aprendi a usar a fala de forma "funcional" – entre aspas porque me trouxe sérios prejuízos, uma vez que nunca tive o verdadeiro controle sobre o que, com quem e até onde eu poderia/deveria falar.

Minha personalidade forte, porém doce e ao mesmo tempo tomada de coragem e amor pela vida, fez com que minha infância, adolescência e início da vida adulta tornassem meus aprendizados uma forma de construção para o que sou hoje – uma pessoa de notável sucesso. Não repare, querido leitor. Isto não é elogio para mim mesma, nada mais é do que a construção de uma autoestima saudável que levou anos para chegar até aqui, depois de algumas tragédias, outras tantas quase desistências da vida, muitos tropeços, diversas quedas, inúmeras feridas e igualmente um número sem fim de recomeços e vitórias.

Consegui terminar o ensino médio com muita dificuldade, conquistei um emprego formal, tentei cursar duas faculdades, as quais nunca consegui concluir pela inexistência de inclusão para essa faixa etária de estudantes na época, mas em ambas cheguei até a metade. Eu me casei, tive um filho autista com dezenas de comorbidades que o definiam como autista severo e consegui resgatá-lo para o leve, com método próprio criado por mim, inspirado no original *Son-Rise*. Hoje, meu filho tem 12 anos, o mesmo diagnóstico que eu (autismo nível 1), cursa o quinto ano do ensino fundamental, é inteligente e comunicativo, muito amado por todos e deixa uma luz infinita por onde passa. Eu me tornei escritora, consultora em autismo para empresas e famílias, *digital influencer*, empresária – criei minha própria marca de produtos com o tema autismo e até dublagem de personagem autista em um famoso *streaming* eu fiz, depois de prestar consultoria em duas temporadas da superprodução.

É muito comum as pessoas à nossa volta, ao tomarem conhecimento de nosso diagnóstico, já nos definirem pelo que elas conhecem sobre o tema, mas se esquecem de que não há como definir a pessoa, apenas o transtorno em si, que se apresenta de formas variadas e particularidades únicas em cada indivíduo.

Nós, autistas, não somos iguais. Somos seres humanos gerados como todos os outros e chegamos a este mundo com os mesmos desafios, questionamentos, medos e desejos inerentes a toda e qualquer pessoa, desde a infância, adolescência, fase adulta e terceira idade.

Uma das principais dificuldades que tive foi conseguir lidar com as transformações que cada etapa da vida exigia de mim, de criança a pré-adolescente, adolescente a jovem, jovem a adulta. Minhas etapas de desenvolvimento sempre foram imaturas demais para muitas coisas e avançadas demais para outras, o que fez com que durante toda a minha vida e até aqui eu nunca tenha conseguido ter amizade ou qualquer tipo de relação com meus pares, ou seja, os relacionamentos sempre se dão com pessoas de mais ou menos idade que eu.

Ao conversar com pessoas não autistas me sinto estranha, em razão da minha literalidade, sensibilidade sensorial, sinceridade extrema, tendência ao imediatismo, déficit cognitivo grave para coisas bobas e alta capacidade para coisas tecnicamente difíceis para a maioria das pessoas, mas ao conversar com pessoas igualmente autistas como eu também me sinto deslocada, pois seus discursos em nada se parecem com o meu em relação à vida, aos traumas e consequências que lhe geraram as coisas ruins que viveram e o futuro que lhes aguarda. Dessa forma, percebo que sou realmente um ser humano, apenas um ser humano inquieto em uma busca constante por conscientização, desconstrução de padrões e respeito pelas diferenças.

A esta altura, o leitor deve estar se perguntando como sobrevivi e eu mesma respondo honestamente que no fundo não sei. Só sei que aos 13 anos fui expulsa da escola por ser considerada pela equipe multidisciplinar que eu não tinha mais nada a aprender; segundo ela, eu havia chegado ao meu limite e atrapalhava em sala de aula (não existiam leis de proteção aos autistas, então, não havia nada que pudesse ser feito por mim). Na mesma época fui abandonada, cheguei a morar na rua e passei por muitas crueldades. Sobrevivi! E estou aqui para te mostrar que a personalidade não pode ser destruída pela vida, nem pelo diagnóstico – se você não tem uma comorbidade – o autismo é só autismo, com suas características e funcionalidades e elas jamais farão você ser igual a outro autista, pois ainda que haja muita semelhança, a diferença sempre sobressai.

Referências

AMERICAN PSYCHIATRIC ASSOCIATION (APA). *Manual diagnóstico e estatístico de transtornos mentais*: DSM-5. 5. ed. Porto Alegre: Artmed; 2014.

SKINNER, B. F. *Ciência e comportamento humano*. São Paulo: Martins Fontes, 1998.

7

A CONTRIBUIÇÃO DA GENÉTICA NO TRANSTORNO NO ESPECTRO AUTISTA

O Transtorno do Espectro Autista (TEA) é um transtorno majoritariamente genético, de aspecto clínico amplo, com diferenças até em gêmeos univitelinos. Formas não sindrômicas têm herança multifatorial, associando fatores genéticos a ambientais em uma combinação em que sua somatória leva ao TEA. Apesar de o diagnóstico ser clínico, exames genéticos podem contribuir em diversos aspectos.

GRACIELA PIGNATARI

Graciela Pignatari

Contatos
grapignatari@gmail.com
Instagram: @grapignatari

Bióloga com mestrado e doutorado em Biologia Molecular pela Univesidade Federal de São Paulo (UNIFESP) e sanduíche no *Mount Sinai School of Medicine* (Nova York, EUA). Pós-doutoramento em Farmacologia, terapia celular utilizando células-tronco e modelagem de doenças com foco no autismo na Universidade de São Paulo (USP). Foi a primeira pós-doutoranda do "Projeto A Fada do Dente da USP". Professora universitária e sócia-fundadora da *startup* Tismoo.

Introdução

Estudos recentes têm demonstrado que o autismo é um transtorno majoritariamente genético, com herdabilidade em torno de 81% e 18 a 20% dos casos com causa genética somática (não hereditária, *de novo* – alteração nova que ocorre apenas naquele indivíduo) e o restante composto por fatores ambientais (BAI *et al.*, 2019).

O Transtorno do Espectro Autista

A conexão entre genética e autismo não é recente e teve início em 1977 com estudos realizados com gêmeos em que pesquisadores demonstraram risco elevado de autismo em torno de 80% em gêmeos univitelinos e 40% para gêmeos dizigóticos (FOLSTEIN; RUTTER, 1977). Apesar dessa evidência, foi só depois do primeiro sequenciamento do genoma humano e do avanço de tecnologias que foi possível fazer essa relação de forma mais precisa.

De acordo com a *Simons Foundation Autism Research Initiative* (SFARI), já são conhecidos em torno de mil genes relacionados ao Transtorno do Espectro Autista (TEA), sendo 102 deles fortemente associados ao risco poligênico (SATTERSTROM *et al.*, 2020).

Com relação aos fatores ambientais, temos que os riscos são baixos em termos relativos, pois os trabalhos nesta área ainda são inconsistentes, com limitações metodológicas que na maioria das vezes invalidam os resultados (NG *et al.*, 2017). Por outro lado, estudos recentes têm demonstrado que idade paterna acima de 45 anos é fator de risco ambiental relevante. Um homem de 45 anos tem 9% mais chance de ter um filho com autismo do que um homem de 25 anos (TAYLOR *et al.*, 2019). Assim como a utilização de ácido valproico durante a gestação, síndrome metabólica materna (sobrepeso, diabetes gestacional), intercorrências durante a gestação (infecções, doenças autoimunes), curto intervalo entre as gestações (menor que 12 meses), irmãos com autismo, baixo peso ao nascer, prematuridade e hipóxia neonatal são fatores de risco ambiental importantes no TEA. Por outro lado, vacinas, trabalho de parto prolongado, cesariana, poluentes, depressão pós-parto, uso de ácido fólico e vitaminas não fazem parte deste risco (NG et al., 2017; CHENG et al., 2019; GUO et al., 2019; KIM et al., 2019; LORD et al., 2020).

Apesar de o risco ser majoritariamente genético, o diagnóstico ainda é clínico, seguindo as considerações da 5ª edição do *Manual Diagnóstico e Estatístico de Transtornos Mentais* (DSM-5 - *AMERICAN PSYCHIATRIC ASSOCIATION*, 2014) e baseado em observação e relatos da família, bem como na experiência do profissional (LORD et al., 2020).

A genética do Transtorno do Espectro Autista

Em 2018, com o objetivo de facilitar a comunicação com as famílias em abordagens de aconselhamento genético, uma equipe de profissionais do *The Hospital for Sick Kids*, no Canadá, criou um modelo para explicar a genética do TEA chamado de "modelo de copo", baseado no modelo de jarra, já conhecido para doenças mentais. Este modelo teve como objetivo explorar as causas do TEA e demonstrar os impactos da frequência de variantes genéticas (penetrância), multigenicidade (vários genes envolvidos) e multifatorialidade (fatores genéticos e ambientais) envolvidas no TEA (Figura 1). Neste modelo também é possível abordar questões de herdabilidade e heterogeneidade encontradas entre membros da mesma família, bem como a sobreposição de genes encontrados em outras condições de saúde, genes relacionados ao TEA que também podem ser encontrados no transtorno de déficit de atenção/hiperatividade (TDAH), transtorno obsessivo-compulsivo (TOC), epilepsia, esquizofrenia, deficiência intelectual (DI), entre outros (HOANG; CYTRYNBAUM; SCHERER, 2018).

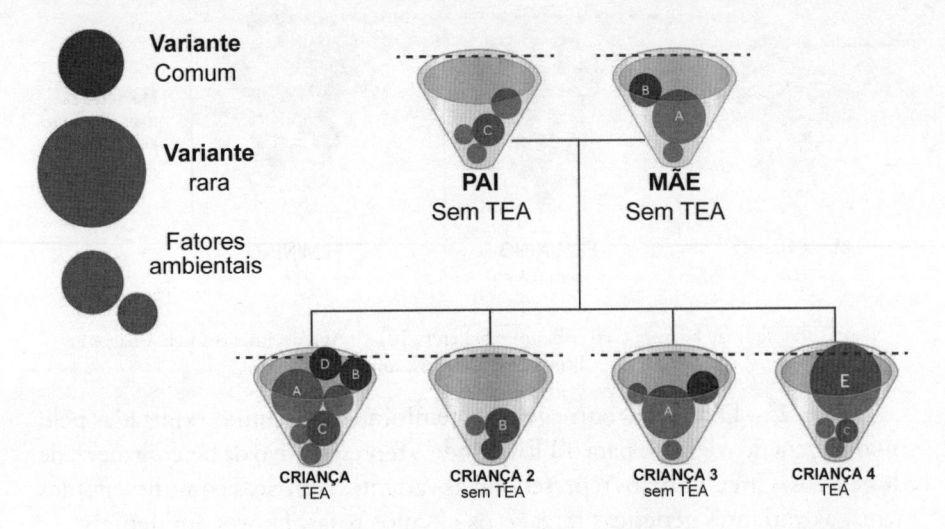

Fonte: adaptada de Hoang, Cytrynbaum e Scherer (2018). Agradecimentos pela imagem a Priscylla Cristina Kamin.

Figura 1[1] – Modelo de copo – modelo que exibe a complexidade, heterogeneidade genética, multifatorialidade (fatores genéticos e ambientais), adição e penetrância reduzida em uma família com TEA. Quadrados representam as variantes genéticas comuns; círculos, as variantes genéticas raras; e os riângulos rosas, fatores ambientais. As diferenças no tamanho indicam o impacto dessas variantes em cada indivíduo. A: variante rara herdada da mãe; B: variante comum herdada da mãe; C: variante comum herdada do pai; D: variante comum *de novo*; E: variante rara *de novo*.

Alguns estudos mostraram que um número muito maior de variantes genéticas associadas ao transtorno foi encontrado nas mulheres quando comparadas a homens com TEA, sugerindo que indivíduos do sexo feminino são mais resistentes a tais alterações. Dessa forma, podemos sugerir que o limiar para manifestar sintomas clínicos do espectro seria maior nas mulheres, como mostra a Figura 2 (HOANG; CYTRYNBAUM; SCHERER, 2018; MAENNER *et al.*, 2020). É claro que, além da questão genética, outros fatores vêm sendo muito discutidos em relação ao diagnóstico de TEA em indivíduos do sexo feminino, como questões sociais, hormonais e biológicas.

---

1 Imagem em cores no QR code ao final do capítulo.

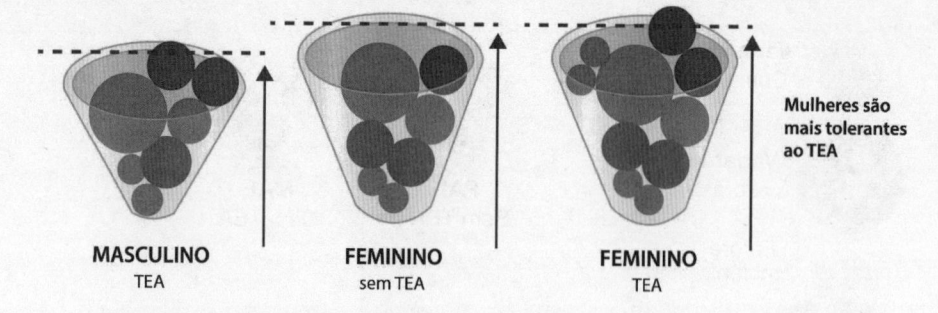

MASCULINO
TEA

FEMININO
sem TEA

FEMININO
TEA

Mulheres são mais tolerantes ao TEA

Fonte: adaptada de Hoang, Cytrynbaum e Scherer (2018). Agradecimentos pela imagem a Priscylla Cristina Kamin.

Figura 2[2] – Diferenças entre gêneros feminino e masculino explicadas pelo modelo genético de copo para o TEA. Modelo representativo da heterogeneidade de gêneros. Círculos roxos representam as variantes genéticas comuns; círculos azuis, as variantes genéticas raras; e os círculos rosas, fatores ambientais. As diferenças no tamanho indicam o impacto dessas variantes em cada indivíduo, sugerindo a penetrância. Observe neste modelo a diferença no tamanho dos copos, mostrando que os indivíduos do sexo feminino necessitam de mais fatores para atingirem o limiar que os indivíduos do sexo masculino, o que explicaria a proporção maior de meninos apresentada pelo CDC (*Center for disease control and prevention*).

Exames genéticos e o TEA

Com os avanços na tecnologia e o primeiro sequenciamento do genoma humano, houve a popularização das análises genéticas. Com essas análises, é possível encontrar alterações genéticas que podem ser classificadas em três tipos: benignas, patogênicas e VUS. As alterações genéticas benignas são alterações que não proporcionam mudanças no comportamento das células ou em seu funcionamento, já as alterações patogênicas são as que alteram o funcionamento correto daquela célula, podendo até impedir que ela cumpra sua função e as VUS, cuja sigla vem do inglês *variant unkown significance,* representam que essa alteração ainda não pode ser classificada em nenhuma das anteriores e precisa de mais estudos, mas é um sinal de alerta, podendo ser procurada em seus progenitores e ser herdada, conferindo risco ao transtorno ou *de novo* e podendo assim ser reclassificada.

As alterações genéticas no TEA podem ser variáveis e ocorrer como uma simples alteração de nucleotídeos, por variações estruturais no número de cópias conhecidas como CNVs (do inglês *copy number variation*), que ocor-

---

2 Imagem em cores no QR code ao final do capítulo.

rem na estrutura dos cromossomos (SCHAAF *et al.*, 2020), nas regiões não codificantes ou, ainda, nas regiões intergênicas (BRANDLER *et al.*, 2018; ZHOU *et al.*, 2019).

Para saber qual alteração genética a pessoa com TEA carrega, é preciso realizar exames genéticos. Cada exame verifica um tipo de alteração, por exemplo: análise de microdeleções e microduplicações na estrutura dos cromossomos pode ser vista nos exames de microarranjos genômicos enquanto alteração de um nucleotídeo pode ser observada no sequenciamento completo do genoma ou do exoma. O que diferencia os exames de sequenciamento completo do genoma e exoma é que no genoma completo são sequenciados todos os pares de bases que compõem o genoma humano enquanto no exoma são sequenciados apenas 1% desses pares de bases, aqueles que englobam as regiões codificadoras também conhecidas como éxons, que estão alteradas em 85% das doenças e/ou condições de saúde.

Apesar de existirem diferentes tipos de exames genéticos, todos têm como objetivo auxiliar na identificação da etiologia do TEA (SCHAAF *et al.*, 2020). Encontrar uma causa genética para indivíduos com TEA pode dar a essa pessoa e a sua família a oportunidade de se conectar com outras com o mesmo perfil genético, servindo como fonte de compreensão e apoio entre os pares e familiares, assim como a separação de pacientes de acordo com seus genótipos, facilitando assim a criação de grupos específicos para terapias individualizadas e testes clínicos, o que já é uma realidade em países desenvolvidos.

Estudos recentes têm demonstrado que variantes comuns são mais frequentemente herdadas e estão presentes em indivíduos com inteligência preservada na infância e que atingem maior nível de escolaridade (POLIMANTI; GELERNTER, 2017). Por outro lado, indivíduos com mais variantes raras são aqueles com maior número de variantes do tipo *de novo* e com mais comorbidades (GANNA *et al.*, 2018).

Ainda em alguns casos é possível realizar a análise farmacogenômica, isto é, um teste de predição para medir o efeito de uma alteração genética na resposta de um medicamento. A variação de uma resposta a um medicamento pode acontecer por fatores ambientais, interações entre fármacos, existência de comorbidades; no entanto, a maior parte da variabilidade da biodisponibilidade do medicamento e de seus efeitos é dada pela genética (PRADO; DIECKMANN; DIECKMANN, 2018). Dessa forma, é possível, por exemplo, saber se a alteração genética presente faz ser um medicamento de metabolização rápida ou lenta, o que pode permitir entender melhor seu efeito no organismo.

Os exames também podem auxiliar na avaliação do risco de recorrências para o TEA em gerações futuras, sabendo que essa mensuração nunca será de risco absoluto pelo fato de TEA ser um transtorno multigênico, multifatorial e aditivo.

Uma meta-análise foi realizada para comparar os exames de microarranjo genômico e o exoma visando a analisar qual o impacto deles no gerenciamento clínico dos pacientes com transtorno do neurodesenvolvimento e a resolutividade dos exames foi bem maior no exoma quando comparada ao microarranjo genômico e ainda maior nos indivíduos que apresentavam alguma comorbidade associada ao transtorno do neurodesenvolvimento. Também foi demonstrado que o resultado do exoma pode levar a uma alteração na conduta terapêutica ou medicamentosa nesses pacientes (30%) e na avaliação de risco de recorrência (80%) (SRIVASTAVA et al., 2019). Apesar destes e de outros benefícios, outro estudo demonstrou que apenas 17% dos médicos prescrevem exames genéticos aos seus pacientes (LITTLE; GUNTER, 2021).

Este estudo sugere que o exoma seja o primeiro exame a ser realizado para indivíduos com transtornos do neurodesenvolvimento não explicado (SRIVASTAVA *et al.*, 2019). E recomenda que exames que não tenham alterações genéticas ou com alterações de significado clínico desconhecido devem ser reinterpretados, podendo nessa reinterpretação apresentar resultados diferentes dos que foram previamente reportados, o que não significa um erro no exame anterior e sim evolução do conhecimento (SRIVASTAVA *et al.*, 2019). De acordo com o *American College of Medical Genetics and Genomics* (ACMG), a atualização de dados deve ser feita após 1 a 3 anos de sua realização (DEIGNAN *et al.*, 2019).

Convém ressaltar que não existe o melhor exame genético, o que existem são diferentes exames que analisam alterações genéticas distintas, possuem resolutividades variadas e devem ser solicitados e analisados pelo médico que acompanha o paciente, em concordância com suas características clínicas.

Referências

AMERICAN PSYCHIATRIC ASSOCIATION. *Manual diagnóstico e estatístico de transtornos mentais:* DSM-5. 5. ed. Porto Alegre: Artmed, 2014.

BAI, D, *et al*. Association of genetic and environmental factors with autism in a 5-country cohort. *JAMA Psychiatry*, v. 76, n. 10, 2019.

BRANDLER, W. M. *et al*. Paternally inherited cis-regulatory structural variants are associated with autism. *Science*, 360(6386), pp. 327-331, 2018.

CHENG, J. *et al*. Improving autism perinatal risk factors: a systematic review. *Medical Hypotheses*, v. 127, pp. 26-33, 2019.

DEIGNAN, J. L. *et al.* Points to consider in the reevaluation and reanalysis of genomic test results: a statement of the ACMG. *Genetics in Medicine*, v. 21, n. 6, pp. 1267-1270, 2019.

FOLSTEIN, S.; RUTTER, M. Infantile autism: a genetic study of 21 twin pairs. *Journal of Child Psychology and Psychyatry, and Allied Disciplines*, v. 18, n. 4, pp. 297-321, 1977.

GANNA, A. *et al.* Quantifying the impact of rare and ultra-rare coding variation across the phenotypic spectrum. *American Journal of Human Genetics*, v. 102, n. 6, pp. 1204-1211, 2018.

GUO, B. Q. *et al.* Association of maternal prenatal folic acid intake with subsequent risk of autism spectrum disorder in children: a systematic review and meta-analysis. *Progress in Neuro-Psychopharmacology & Biological Psychiatry*, n. 94, 2019.

HOANG, N.; CYTRYNBAUM, C.; SCHERER, S. W. Communicating complex genomic information: a counselling approach derived from research experience with Autism Spectrum Disorder. *Patient Education and Counseling*, v. 101, n. 2, pp. 352-361, 2018.

KIM, J. Y. *et al.* Environmental risk factors and biomarkers for autism spectrum disorder: an umbrella review of the evidence. *The Lancet Psychyatry*, v. 6, n. 7, pp. 590-600, 2019.

LITTLE, ID.; GUNTER, C. Mini-review: genetic literacy and engagement with genetic testing for autism spectrum disorder. *Frontiers in Genetics*, n. 12, 2021.

LORD, C. *et al.* Autism spectrum disorder. *Nature Reviews Disease Primers*, v. 6, n. 1, pp. 1-23, 2020.

MAENNER, M. J. *et al.* Prevalence of autism spectrum disorder among children aged 8 years – autism and developmental disabilities monitoring network, 11 sites, United States, 2016. *MMWR Surveillance Summaries*, v. 69, n. 4, pp. 1-12, 2020.

NG, M. *et al.* Environmental factors associated with autism spectrum disorder: a scoping review for the years 2003-2013. *Health Promotion and Chronic Disease Prevention in Canada*, v. 37, n. 1, pp. 1-23, 2017.

POLIMANTI, R.; GELERNTER, J. Widespread signatures of positive selection in common risk alleles associated to autism spectrum disorder. *PLoS Genetics*, v. 13, n. 2, e1006618, 2017.

PRADO, C. M.; DIECKMANN, P. M.; DIECKMANN, L. H. J. *Farmacogenética na Psiquiatria*: entendendo os princípios e aplicabilidade clínica. Rio de Janeiro: Doc Content, 2018.

SATTERSTROM, F. K. *et al.* Large-scale exome sequencing study implicates both developmental and functional changes in the neurobiology of autism. *Cell*, v. 180, n. 3, pp. 568-584, 2020.

SCHAAF, C. P. *et al.* A framework for an evidence-based gene list relevant to autism spectrum disorder. *Nat Rev Gen*, v. 21, n. 6, pp. 1-10, 2020.

SRIVASTAVA, S. *et al.* Meta-analysis and multidisciplinary consensus statement: exome sequencing is a first-tier clinical diagnostic test for individuals with neurodevelopmental disorders. *Genetics in Medicine*, v. 21, n. 11, 2020.

TAYLOR, J. L. *et al.* Paternal-age-related de novo mutations and risk for five disorders. *Nature Communications*, v. 10, n. 1, pp. 1-9, 2019.

ZHOU, J. *et al.* Whole-genome deep-learning analysis identifies contribution of noncoding mutations to autism risk. *Nature Genetics*, v. 51, n. 6, pp. 973-980, 2019.

Figura 1

Figura 2

SÍNDROMES GENÉTICAS RELACIONADAS AO TRANSTORNO DO ESPECTRO AUTISTA (TEA)

O Transtorno do Espectro Autista (TEA) pode ser classificado como não sindrômico ou sindrômico. Cerca de 20% dos casos de TEA são sindrômicos. As principais formas de autismo sindrômico são a esclerose tuberosa, síndrome do X frágil, síndrome de Phelan-McDermid, síndrome de Rett, síndrome do CDKL5, síndrome de Timothy e síndrome de Angelman. Neste capítulo, vamos descrever cada uma delas.

FABIELE RUSSO

Fabiele Russo

Contatos
www.neuroconecta.com.br
contato@neuroconecta.com.br
Instagram: @Neuroconecta

Neurocientista e pesquisadora na área do Transtorno do Espectro Autista (TEA). Bacharel em Ciências Biológicas. Mestre e doutora em Ciências pela Universidade de São Paulo (USP). Doutorado sanduíche no exterior pela Universidade da Califórnia, San Diego (UCSD). Pós-doutorado pela USP. Ampla experiência em modelagem de doenças ou transtornos genéticos que afetam o sistema nervoso central a partir da produção de neurônios e células da glia *in vitro*. Cofundadora da NeuroConecta, iniciativa que tem como missão disseminar informação responsável e de fontes confiáveis sobre o TEA.

Introdução

O Transtorno do Espectro Autista (TEA) é um transtorno do neurodesenvolvimento que afeta as pessoas nas áreas da comunicação, interação social e comportamento.

Atualmente sabemos que as causas do TEA são multifatoriais e poligênicas e que a interação de fatores genéticos e ambientais tem um papel muito importante na manifestação do transtorno (DE RUBEIS *et al.*, 2014; NG *et al.*, 2017).

Os fatores ambientais que a ciência já comprovou serem fatores de risco para a manifestação do TEA incluem o uso de medicações durante a gestação, como o ácido valproico, utilizado para controlar convulsões e transtorno bipolar, o uso de maconha durante a gestação, infecções durante a gestação, obesidade e diabetes gestacional, idade parental avançada, prematuridade, hipóxia neonatal e baixo peso ao nascer (NG *et al.*, 2017; LORD *et al.*, 2020; CORSI *et al.*, 2020).

Apesar dos estudos mostrarem que existem diversos fatores ambientais de risco, a genética é majoritária e centenas de genes vêm sendo relacionados ao TEA (SFARI GENE, 2021).

Um grande estudo realizado em cinco países com mais 2 milhões de indivíduos mostrou que mais de 90% das causas do TEA são genéticas, cerca de 80% são hereditárias e 20% são mutações novas que surgiram durante o desenvolvimento embrionário do indivíduo (BAI *et al.*, 2019).

É importante ressaltar que, quando falamos em hereditariedade, não significa necessariamente que o pai ou a mãe sejam autistas. Quando falamos em hereditariedade, significa que há fatores genéticos na família e, quando esses fatores são passados para a próxima geração, podem ser responsáveis pela manifestação do autismo na criança.

O TEA pode ser classificado como não sindrômico ou sindrômico. A forma não sindrômica, conhecida também como idiopática, é quando não se conhece a causa do autismo. É considerada como tendo herança multifatorial, na qual fatores genéticos e ambientais podem desempenhar um papel, levando a diferentes graus ou tipos de autismo.

Já a forma sindrômica é quando o TEA está relacionado a uma síndrome causada por alterações em um gene conhecido (síndromes monogênicas). Aproximadamente 20% dos casos de TEA são sindrômicos. As formas mais comuns de TEA sindrômico são a esclerose tuberosa e a síndrome do X frágil.

Outras formas conhecidas de TEA sindrômico são as síndromes de Phelan-McDermid, de Rett, do CDKL5, de Timothy e de Angelman. A seguir, vamos descrever brevemente cada uma dessas síndromes.

Esclerose tuberosa

A esclerose tuberosa é uma condição autossômica dominante causada por mutações nos genes *TSC1* (localizado no cromossoma 9) e *TSC2* (localizado no cromossoma 16). Cerca de 2/3 dos casos correspondem a mutações novas que ocorrem durante o desenvolvimento embrionário, ou seja, não são herdadas (NADADHUR *et al.*, 2019). Aproximadamente 1 para cada 5.000 a 10.000 nascidos vivos são afetados pela esclerose tuberosa.

A esclerose tuberosa faz parte do grupo de síndromes neurocutâneas no qual os indivíduos apresentam a formação de tumores não cancerosos (benignos) em diferentes partes do corpo, como pulmões, rins, coração, pele, olhos e cérebro. Dependendo de onde os tumores se desenvolvem e de seu tamanho, eles podem causar complicações graves, como problemas renais, cardíacos e insuficiência pulmonar.

Além da formação dos tumores, os indivíduos podem apresentar desafios comportamentais, deficiências cognitivas que podem estar associadas a atrasos no desenvolvimento, deficiência intelectual (DI) ou dificuldades de aprendizagem e convulsões (VIGNOLI *et al.*, 2015).

Essa é uma das formas mais comuns de TEA sindrômico. Cerca de 60% dos indivíduos com a síndrome apresentam TEA.

Síndrome do X frágil

A síndrome do X frágil (SXF), conhecida também como síndrome de Martin-Bell, é uma das causas hereditárias mais prevalentes de DI e a causa mais comum de TEA sindrômico.

A SXF é uma condição genética e hereditária, causada por mutações (variação no número de cópias de uma repetição de trinucleotídeos - CGG) no gene *FMR1*, responsável pela produção da proteína FMRP (*fragile X mental retardation*). Esta proteína regula a produção de outras proteínas responsáveis pelo desenvolvimento das conexões entre as células nervosas, conhecidas como sinapses.

As crianças com SXF apresentam atrasos no desenvolvimento da fala e da linguagem e, na maioria dos casos, deficiência intelectual que varia de leve a moderada. Alguns apresentam ansiedade em excesso e comportamento hiperativo. Estima-se que um terço dos indivíduos com SXF também tenham TEA.

Os meninos são mais afetados pela SXF. Estima-se que síndrome afete um em cada 4 mil meninos e cerca de uma a cada 6-8 mil meninas (STONE *et al.*, 2021). A SXF é a segunda síndrome que mais atinge as crianças, ficando atrás apenas da síndrome de Down.

Os indivíduos com SXF apresentam algumas características mais típicas, como face alongada, orelhas e testa grandes, músculos flácidos, mandíbula projetada para frente, estrabismo e miopia. Após a puberdade, os meninos podem apresentar aumento do volume dos testículos e as meninas tendem a sofrer mais alterações emocionais, como ansiedade, depressão e isolamento social. Cerca de 15 a 20% dos indivíduos com SXF apresentam convulsões.

Síndrome de Phelan-McDermid

A síndrome de Phelan-McDermid (SPM) é causada por uma deleção no gene *SHANK3*, localizado no cromossomo 22. Este gene desempenha um papel importante na função sináptica dos neurônios (DURAND *et al.*, 2007).

Os indivíduos com SPM apresentam características físicas como cílios longos, orelhas grandes ou com formas não usuais, mãos relativamente grandes, unhas dos pés displásicas, sobrancelhas espessas, bochechas proeminentes, nariz bulboso e queixo pontiagudo.

Cerca de 80% dos indivíduos afetados manifestam características do TEA, deficiência intelectual, fala atrasada ou ausente e hipotonia.

As correlações entre a análise genótipo-fenótipo mostraram que, quanto maior a deleção no gene *SHANK3*, mais aparentes são as características dismórficas e as características relacionadas ao TEA (SOORYA *et al.*, 2013).

Síndrome de Rett

A síndrome de Rett é causada por mutações no gene *MECP2* localizado no cromossomo X. Foi a primeira forma de autismo sindrômico com uma causa genética muito clara associada.

A síndrome de Rett afeta uma a cada 10 mil meninas e é raramente herdada. Novas mutações (que chamamos de *de novo*) no gene *MECP2* são responsáveis por mais de 95% dos casos de Rett.

A criança se desenvolve normalmente até 6 meses de idade. Entre 6 e 18 meses, começam a aparecer os primeiros sinais, como: crescimento lento, perda de movimento e coordenação, hipotonia, DI, perda de habilidades de comunicação, movimentos estereotipados das mãos, problemas respiratórios, irritabilidade e convulsões. Os indivíduos com a síndrome de Rett apresentam risco de morte súbita.

Síndrome de CDKL5

A síndrome de CDKL5 é uma síndrome rara, causada por mutações no gene *CDKL5*. CDKL-5 é uma proteína quinase altamente expressa em neurônios, o que sugere ter um papel importante no desenvolvimento neuronal, no entanto sua função específica é pouco conhecida (AMENDUNI *et al.*, 2011).

Antes ela era incluída como uma forma atípica da síndrome de Rett. Os pacientes afetados por CDKL5 apresentam características clínicas relacionadas à síndrome de Rett, incluindo comprometimento motor, DI, déficits visuais, epilepsia e autismo. Mas em virtude das crises convulsivas não encontradas em paciente com mutação no gene *MECP2*, a CDKL5 foi considerada uma síndrome distinta, e não mais uma variante da síndrome de Rett.

Síndrome de Timothy

Mutações novas no gene *CACNA1C* podem causar duas formas da síndrome de Timothy, a TS1 e TS2. Essas mutações causam alterações no funcionamento dos canais de cálcio Cav1.2, que desempenham importantes papéis na plasticidade sináptica, contração muscular e liberação de hormônios (MARCANTONI *et al.*, 2020).

Os indivíduos com a síndrome apresentam doenças cardíacas congênitas (incluindo arritmias), sindactilia (junção dos dedos dos pés e das mãos), características faciais dismórficas, disfunção da glândula adrenal, QT longo, deficiência intelectual e autismo.

Cerca de 80% dos indivíduos apresentam características de TEA, como déficit nas habilidades de comunicação e socialização e no desenvolvimento da linguagem e da fala.

Síndrome de Angelman

A síndrome de Angelman (SA) é uma síndrome rara que afeta cerca de 1 a cada 20 mil nascidos. É causada por alterações no gene *UBE3A*. Este gene é localizado na região 15q11-q13 do cromossomo materno (PETERS *et al.*, 2004).

Os sintomas da SA geralmente surgem aos seis meses de idade e indivíduos afetados geralmente apresentam atrasos no desenvolvimento neuropsicomotor, retardo mental profundo, comprometimento da fala e da linguagem, sorriso frequente, ataxia, eletroencefalograma anormal, transtornos do sono, crises recorrentes de epilepsia e microcefalia. Apresentam traços faciais característicos, como boca grande, queixo proeminente, dentes espaçados, bochechas acentuadas, lábio superior fino, olhos fundos e redução da pigmentação da pele e cabelos.

Além dos sintomas centrais descritos, os indivíduos também podem apresentar hiperatividade, impulsividade e TEA (LOSSIE *et al.*, 2001; PETERS *et al.*, 2004; TRILLINGSGAARD; ØSTERGAARD, 2004).

Essas são as principais síndromes genéticas relacionadas ao autismo. O diagnóstico dessas síndromes é confirmado por meio de exames genéticos. Os pais e cuidadores devem ficar atentos aos sinais e buscar ajuda especializada para ter o diagnóstico e o tratamento adequados e, assim, realizar intervenções terapêuticas que visam a diminuir os sintomas e melhorar a qualidade de vida dessas crianças.

Referências

AMENDUNI, M. *et al.* iPS cells to model CDKL5-related disorders. *European Journal of Human Genetics*, v. 19, pp. 1246-1255, 2011.

BAI, D. *et al.* Association of genetic and environmental factors with autism in a 5-country cohort. *JAMA Psychiatry*, v. 76, n. 10, pp. 1035-1043, 2019.

CORSI, D. J. *et al.* Maternal cannabis use in pregnancy and child neurodevelopmental outcomes. *Nature Medicine*, v. 26, pp. 1536-1540, 2020.

DE RUBEIS, S. *et al.* Synaptic, transcriptional and chromatin genes disrupted in autism. *Nature*, v. 515, pp. 209-215, 2014.

DURAND, C. M. *et al.* Mutations in the gene encoding the synaptic scaffolding protein SHANK3 are associated with autism spectrum disorders. *Nature Genetics*, v. 39, pp. 25-27, 2007.

LORD, C. *et al.* Autism spectrum disorder. *Nature Reviews. Disease Primers*, v. 6, p. 5, 2020.

LOSSIE, A. *et al.* Distinct phenotypes distinguish the molecular classes of Angelman syndrome. *Journal of Medical Genetics*, v. 38, pp. 834-845, 2001.

MARCANTONI, A. *et al.* Cav1.2 channelopathies causing autism: new hallmarks on Timothy syndrome. *Pflugers Archiv: European Journal of Physiology*, v. 472, pp. 775-789, 2020.

NADADHUR, A. G. *et al.* Neuron-glia interactions increase neuronal phenotypes in tuberous sclerosis complex patient iPSC-derived models. *Stem Cell Reports*, v. 12, pp. 42-56, 2019.

NG, M. *et al.* Environmental factors associated with autism spectrum disorder: a scoping review for the years 2003–2013. *Health Promotion and Chronic Disease Prevention in Canada: Research, Policy and Practice*, v. 37, pp. 1-23, 2017.

PETERS, S. U. *et al.* Autism in Angelman syndrome: implications for autism research. *Clinical Genetics*, v. 66, pp. 530-536, 2004.

SOORYA, L. *et al.* Prospective investigation of autism and genotype-phenotype correlations in 22q13 deletion syndrome and SHANK3 deficiency. *Molecular Autism*, v. 4, p. 1, 2013.

SFARI GENE. Simons Foundation Autism Research Initiative. Disponível em: <https://www.sfari.org>. Acesso em: 15 nov. de 2021.

STONE, W. L. *et al.* Fragile X syndrome. In: *StatPearls* [Internet]. Treasure Island (FL): StatPearls Publishing, 2021.

TRILLINGSGAARD, A.; ØSTERGAARD, J. R. Autism in Angelman syndrome: an exploration of comorbidity. *Autism*, v. 8, pp. 163-174, 2004.

VIGNOLI, A. *et al.* Autism spectrum disorder in tuberous sclerosis complex: searching for risk markers. *Orphanet Journal of Rare Diseases*, v. 10, pp. 1-9, 2015.

9

FUNÇÕES EXECUTIVAS

Este capítulo foi elaborado com o intuito de apresentar as funções executivas como algo importante no desenvolvimento precoce da criança e destacar sua relevância na vida de todos os indivíduos, apresentando de forma simples, mesmo se tratando de algo complexo, com base em estudos de autores brasileiros com anos de pesquisas na área.

**CAROLINA YOSHIDA SCOTINI
E KELI COSTA DOS SANTOS**

Carolina Yoshida Scotini

Contato
11 97593 5949

Psicóloga comportamental. Iniciou seu contato com o mundo Autista trabalhando com jovens adultos com os quais se identificou por meio do trabalho realizado na instituição. Desde então, vem se especializando em intervenção precoce com crianças, análise aplicada do comportamento. Recentemente, finalizou o mestrado em Distúrbios do Desenvolvimento. Hoje seu principal foco clínico é atender crianças e jovens-adultos. Muito entusiasmada em usar a tecnologia na reabilitação e intervenção.

Keli Costa dos Santos

Contato
11 98782 7969

Psicóloga Comportamental. Desde 2012, iniciou seus trabalhos com crianças autistas com as quais se identificou nesse universo. Desde então, vem se aperfeiçoando em estudos e práticas com reabilitação neuropsicológica, neuropsicologia, análise aplicada do comportamento, neurociências e modelo de intervenção precoce Denver. Atualmente, seu principal foco de atendimento é clínico, com crianças dentro do espectro autista ou atrasos do neurodesenvolvimento.

Falar de funções executivas (FE) é algo de relevância quando se fala de neurodesenvolvimento, pois representam uma peça importante para a aquisição de muitas habilidades que as crianças precisam ter. O Transtorno do Espectro Autista (TEA) é um distúrbio do neurodesenvolvimento persistente ao longo da vida e estudos demonstram que muitos apresentam desafios em funções adaptativas (De Bildt *et al.*, 2005; Estes *et al.*, 2009; Hume *et al.*, 2009). Com isso, começa-se a questionar: quais os prejuízos funcionais que esse indivíduo pode ter em sua vida adulta? Como podemos ajudá-lo a amenizar essa situação?

Muitos autores descrevem as FE como um conjunto de habilidades que possibilitam o indivíduo a conduzir os comportamentos e objetivos e analisar a produtividade e adaptação desses comportamentos, abdicar de estratégias disfuncionais em prol de outras mais eficientes, e então resolver problemas imediatos, de médio e longo prazo (FUENTES *et al.*, 2013).

Mas o que isso quer dizer? Quer dizer que as FE são habilidades muito complexas que fazem parte do desenvolvimento humano e que envolvem processos cognitivos, emocionais e comportamentais (DIAS; SEABRA, 2013b). Para ficar mais fácil de compreender, imagine as funções executivas como um "mestre", alguém que tem a função de monitorar o trabalho de três departamentos importantes: cognitivo, emocional e comportamental. Cada departamento tem inúmeros trabalhadores que noite e dia garantem o funcionamento apropriado de cada função, já que elas se interligam o tempo todo. Agora, imagine só se esse "mestre" falta no trabalho e não coordena esses departamentos. Uma bagunça muito grande ocorre, impedindo que esses processos desempenhem seu papel com qualidade. Esse é só um exemplo simples para compreender o quão complexo é falar dessas funções, pois elas englobam diferentes aspectos que muitas vezes trabalham em conjunto (DIAS; SEABRA, 2013b).

Para exemplificar, vamos voltar um pouco na história e introduzi-lo ao caso de Phineas Gage, um jovem americano de 25 anos que sofreu um acidente no qual uma barra de metal atravessou seu crânio. Após se recuperar da remoção da barra e do pós-operatório, em 3 meses, ele estava de volta a sua rotina, realizando tarefas do cotidiano e trabalhando meio período. Mas se observou que o dano do lobo frontal, o local por onde a barra atravessou, estava associado ao comprometimento de funções como planejamento, organização e autorregulação, embora o funcionamento intelectual geral permanecesse praticamente intacto. Essa observação e estudos de casos futuros levaram a conclusões de que os lobos frontais têm papel primordial nas FEs.

Elas começam a surgir precocemente; antes do primeiro ano de vida, já podemos observar o surgimento de algumas habilidades (FUENTES *et al.*, 2013). Após os 12 primeiros meses de vida, começam a ser vistas mais evidências de algumas habilidades mais presentes, como a memória de trabalho, porém é a partir dos 3 até aproximadamente os 5 anos de idade que as crianças necessitarão gradualmente menos da apresentação e do manuseio físico de um utensílio para pensar sobre ele. Nesse momento, elas conseguem utilizar-se de imagens mentais e agir sobre elas. Por exemplo, ao montar um brinquedo com múltiplas partes, ela já é capaz de planejar o que será feito mesmo antes de executar. A criança consegue olhar para as peças e selecionar qual delas ela vai encaixar primeiro em detrimento das outras para facilitar o processo de montagem. Ela não precisa mais tentar encaixar uma a uma, não utilizando mais a tentativa e o erro. Uma criança com a idade próxima de 5 anos torna-se apta a selecionar mentalmente, ou seja, ela possui a capacidade de focar sua atenção diretamente para a peça que está faltando sem a necessidade de testar uma a uma como uma criança menor faria (DIAS; SEABRA, 2013a). Ela desenvolve-se com uma intensidade maior por volta dos 6 a 8 anos de idade e esse desenvolvimento se mantém até o final da adolescência e início da idade adulta (FUENTES *et al.*, 2013). Torna-se importante observar que, pelo fato dessas habilidades serem adquiridas durante esse desenvolvimento, seu percurso é gradativo até o desenvolvimento total, estando propenso a alterações que podem acarretar inúmeras consequências que podem comprometer seu desenvolvimento (DIAS; SEABRA, 2013a).

As FEs compreendem diversos aspectos relativamente independentes, os quais interagem entre si. Alguns delas são:

- flexibilidade cognitiva: habilidade que permite adaptação em diferentes contextos e tarefas;
- memória de trabalho: capacidade de manter a informação na mente ou de recuperá-la e integrá-la a outras informações;
- atenção seletiva: habilidade de concentração em algo, quando há distratores presentes no ambiente;
- controle inibitório: capacidade de controlar um comportamento (impulso) ou mesmo controlar a atenção para algo que não é relevante no momento;

- monitoramento: envolve a capacidade de observar a própria realização (tarefa) para ver se "tudo saiu da forma como era esperado".

Outros autores acrescentam mais funções que também consideram relevantes, como manejo de tempo, regulação emocional, iniciação e persistência no objetivo, atenção sustentada, priorização e organização (DIAS; SEABRA, 2013b).

E quando as FEs apresentam uma falha? No dia a dia da clínica, estão entre as maiores queixas aquelas relacionadas ao controle inibitório, à flexibilidade mental, à memória de trabalho, ao planejamento e ao automonitoramento e uso de informações ou pistas fornecidas pelo ambiente. Mesmo sem saber, os pais estão relatando dificuldades nas FEs.

Para exemplificar melhor essas situações, vamos trazer alguns exemplos:

- controle inibitório: "João está na sala e a professora pergunta algo para um colega. Mas João não espera sua vez de responder e avança com a resposta para a professora". Este exemplo mostra claramente a dificuldade que a criança tem em inibir um comportamento. Não só esta situação específica; a criança também pode apresentar dificuldades em guardar um segredo, esperar a vez, trocar turnos, falar o que vem à cabeça fora de hora, muitas vezes causando constrangimentos sociais;
- flexibilidade cognitiva: pode-se considerar que esta é uma das queixas mais manifestada pelos pais de pacientes. Muitos deles trazem a seguinte situação: "Fui trocar de caminho para ir para a escola e meu filho ficou muito nervoso" ou "Meu filho, quando vai empilhar blocos, fica insistindo no mesmo erro sem entender que não funciona, fica muito irritado e joga os blocos". Isso ocorre porque a criança não está conseguindo flexibilizar o pensamento e procurar outra estratégia para chegar ao seu objetivo. Com a fixação em apenas uma forma de execução, ela se irrita e desiste, pois não consegue realizar sua meta;
- memória de trabalho: "A mãe de Maria pede um favor a ela: pegar o suco na geladeira, guardar a manteiga e colocar os pratos na pia. Maria pega o suco e coloca os pratos na pia, mas esquece-se de guardar a manteiga". Este exemplo mostra que ela teve dificuldade de guardar uma informação por um curto período para executar a instrução que lhe foi passada;
- organização e planejamento: para executar uma atividade complexa, por exemplo, fritar ovos, é necessário verificar os ovos antes de colocar a panela para esquentar; do contrário, você gastará muito tempo. É de extrema importância que a tarefa que desejamos executar seja feita em uma sequência lógica para economizar tempo e executada da melhor forma possível;
- regulação emocional: ter reações adequadas para cada situação requer regulação emocional para cada evento. Choros intensos ou comportamentos explosivos podem ser sinais de uma falha nessa regulação. Por exemplo, ficar extremamente bravo por não conseguir executar uma instrução, um

desenho, um encaixe, receber uma negativa de um colega ou simplesmente apresentar um choro intenso por pequenas divergências no dia a dia.

No contexto escolar, diversos autores relatam que as habilidades executivas estão relacionadas ao desempenho acadêmico, principalmente com as transições entre os anos escolares que exigem maior autonomia (BERTOLLO; YERYS, 2019; VOGAN et al., 2018). Também ressaltam que pessoas com TEA que recebem tratamento por meio de terapia comportamental apresentam melhorias nessas habilidades (SKOGLI et al., 2020).

Com isso, vamos pensar em algumas atividades para estimular as crianças com jogos ou brincadeiras simples:

- jogo do Pula Pirata: esta brincadeira pode ajudar na habilidade de controle inibitório adicionando uma simples regra – cada jogador dirá ao próximo uma cor de espada que não poderá ser utilizada pelo jogador seguinte. Assim, a criança terá de inibir o impulso de pegar a cor que foi bloqueada. Para usar a memória de trabalho, podemos adicionar a regra de que as espadas necessitam ser colocadas em uma ordem específica: azul, amarelo, vermelho e verde. Essa regra tem de ser memorizada pela criança;
- jogos de tabuleiros: em jogos que envolvem ganhar e perder, muitas crianças se descontrolam com o fato de perder. O jogo da pizzaria maluca é um bom jogo de tabuleiro simples; ora você ganha ingredientes para completar a sua pizza, ora pode perdê-los;
- jogo da torre lógica ou Jenga: montar a torre lógica necessita que a criança posicione os pinos de forma que não derrube o suporte, sendo às vezes necessário começar pelo meio ou pelas pontas, dependendo de como equilibrará a torre. No Jenga, às vezes pode ser difícil para a criança apenas olhar e perceber qual bloco retirar sem derrubar a torre, o que necessita de um planejamento prévio. Uma forma de ensinar é permitir que a criança sinta qual bloco está mais solto; mesmo assim, é necessário flexibilizar sua estratégia e não se fixar apenas em um bloco;
- jogo do "tapão": este jogo consiste em jogar cartas na mesa sem ver, mas ao mesmo tempo verbalizar uma sequência de números, por exemplo, "1, 2, 3, 4, 5, 6, 7, 8, 9, 10", de forma repetida. Quando o jogador virar a carta que acabou de verbalizar, ele deve bater em cima; quem for o último a bater, fica com o monte. Parece um jogo simples, mas requer decorar a sequência de números que devem ser verbalizados e tomar muito cuidado para não bater na hora errada;
- atividades de vida diária: para executar de forma objetiva e com êxito uma atividade simples, como escovar os dentes, tomar banho ou arrumar a mala da escola, é necessário muito planejamento. Arrumar a mala, por exemplo, necessita de que se saiba o que é necessário colocar para o dia seguinte, verificar se tudo cabe naquele espaço, ter uma ordem para não amassar itens frágeis e, principalmente, não esquecer nada.

As FEs parecem complexas, mas estão presentes em todas as atividades da nossa rotina. A falta de prática ou defasagens nessas funções pode ocasionar grandes prejuízos para uma vida independente e funcional. Por isso, a necessidade de serem ensinadas desde cedo.

Referências

BERTOLLO, J. R.; YERYS, B. E. More than IQ: executive function explains adaptive behavior above and beyond nonverbal IQ in youth with autism and lower IQ. *American Journal of Intellectual and Developmental Disabilities*, v. 124, n. 3, pp. 191-205, 2019. doi: 10.1352/1944-7558-124.3.191.

DIAS, M. N.; SEABRA, A. G. Funções executivas: desenvolvimento e intervenção. *Temas sobre Desenvolvimento*, v. 19, n. 107, 2013a.

DIAS, M. N.; SEABRA, A. G. *Piafex: Programa de Intervenção em Autorregulação e Funções Executivas*. São Paulo: Memnon, 2013b.

DIAS, N. M.; MECCA, T. P. *Contribuições da neuropsicologia e da psicologia para intervenção no contexto educacional*. São Paulo: Memnon, 2015.

FUENTES, D.; MALLOY-DINIZ, L. F.; CAMARGO, C. H. P.; CONSENZA, M. R. *Neuropsicologia: teoria e prática*. Porto Alegre: Artmed, 2013.

SKOGLI, E. W.; ANDERSEN, P. N.; ISAKSEN, J. An exploratory study of executive function development in children with autism, after receiving early intensive behavioral training. *Developmental Neurorehabilitation*, v. 23, n. 7, pp. 439-447, 2020. doi: 10.1080/17518423.2020.1756499.

VOGAN, V. M. *et al*. Longitudinal examination of everyday executive functioning in children with ASD: relations with social, emotional, and behavioral functioning over time. *Frontiers in Psychology*, n. 9, p. 1774, 2018. doi:10.3389/fpsyg.2018.01774.

10

INTEGRAÇÃO SENSORIAL DE AYRES EM CRIANÇAS COM TRANSTORNO DO ESPECTRO AUTISTA

Neste capítulo, vamos conhecer a Teoria de Integração Sensorial de Ayres e as alterações sensoriais que comprometem o desempenho ocupacional em crianças com Transtorno do Espectro Autista. Ayres, em 1950, iniciou uma expansão do conhecimento e a compreensão da neurociência clínica, a importância da experiência no desenvolvimento do cérebro.

FERNANDA CARNEIRO

Fernanda Carneiro

Contatos
fernandacarneiro.isa@gmail.com
Youtube: Fernanda Carneiro
Instagram: @integracao_sensorial
Facebook: @integracaosensorialdeayres
21 98734 8285

Terapeuta ocupacional. Docente do Instituto Federal de Educação, Ciência e Tecnologia do Rio de Janeiro (IFRJ). Certificada em Integração Sensorial pela University of Southern California. Especialidade em atendimento a crianças e adolescentes dentro do espectro autista há mais de 15 anos. Formação do Conceito Neuroevolutivo Bobath Infantil. Professora convidada da pós-graduação do CBI of Miami e da Academia do Autismo. Formação internacional no modelo DIR/Floortime. Formação em Seletividade Alimentar e Desfralde. Formação internacional em Práxis. Formação em Neurociência Integrada na Teoria de Integração Sensorial de Ayres. Capacitação do Treinamento da Medida de Fidelidade. Formação em *KinesioTaping*. Membro da Associação da Caminho Azul. Ex-Membro da Associação Brasileira de Integração Sensorial (ABIS). Membro da Comissão do Núcleo de Atendimento às Pessoas com Necessidades Específicas do IFRJ.

Integração Sensorial de Ayres

Anna Jean Ayres, nascida em 1920 na Califórnia (EUA) e falecida em 1988, terapeuta ocupacional, Ph.D. e docente pela University of Southern California (USC), foi pioneira no desenvolvimento da terapia para indivíduos com disfunção de integração sensorial (DIS).

As alterações sensoriais foram incluídas pela primeira vez em 2013 como critério diagnóstico na quinta edição do *Manual Diagnóstico e Estatístico de Transtornos Mentais* (AMERICAN PSYCHIATRIC ASSOCIATION, 2014).

Em 2020, ano em que Ayres completaria 100 anos, foi validada a importância de sua Terapia de Integração Sensorial na vida da pessoa com Transtorno do Espectro Autista (TEA). Foi incluída como prática baseada em evidências científicas da National Clearinghouse for Autism Evidence and Practice (NCAEP). O relatório de práticas baseadas em evidências de 2020 sintetiza pesquisas de intervenção publicadas entre 1990 e 2017.

É o processo neurológico que organiza as sensações e dá informações sobre as condições físicas do corpo e do ambiente ao nosso redor. Para uma criança se mover, aprender e se comportar de forma produtiva, é necessário que o cérebro aprenda a se organizar (AYRES, 1972).

O cérebro localiza, classifica e ordena as sensações para formar percepções, comportamentos e aprendizagem. Quando as sensopercepções chegam desorganizadas, vão comprometer todo o desempenho ocupacional da criança, como as atividades da vida diária (AVD), o brincar, o lazer, as atividades escolares e o sono. A criança terá mais dificuldade e esforço, gerando uma sobrecarga e/ou uma crise sensorial.

Até atingir 7 anos de idade, a criança tem um cérebro que é uma máquina de processamento sensorial. Isso significa que ela sente e registra significados diretamente das sensopercepções. A criança não tem muitos pensamentos abstratos ou ideias sobre algumas situações. Ela busca por diferentes sensações para acumular experiências. Portanto, os primeiros 7 anos da vida são chamados de anos de desenvolvimento sensorial.

Entendemos o mundo e construímos a consciência corporal pelo que é experimentado, vivenciado e registrado. A integração e a organização das informações detectadas pelos sentidos (tátil, proprioceptivo, vestibular, visual, auditivo, gustativo, olfativo e interoceptivo) são fundamentais para o processo de recodificação neuronal e de respostas adaptativas.

As crianças com TEA muitas vezes apresentam dificuldades nesse processo de integração sensorial, o que explica alguns dos problemas de aprendizagem e comportamento que apresentam. É de suma importância compreender e abordar os processos de integração sensorial nas pessoas que compõem esse grupo porque isso influencia a inclusão educacional e social (VIVES-VILAR-ROIG; RUIZ-BERNARDO; GARCÍA-GÓMEZ, 2022).

Resposta adaptativa

A resposta adaptativa é uma resposta proposital e direcionada a uma experiência sensorial. Em uma resposta adaptativa, a criança supera desafios e aprende algo novo ou sofistica uma ação. Ao mesmo tempo, a formação de uma resposta adaptativa ajuda o cérebro a se organizar e se desenvolver. À medida que a integração sensorial acontece, desenvolve melhor organização e habilidades mais complexas.

Disfunção de integração sensorial

O cérebro forma um conceito do todo com as experiências sensoriais e consegue integrar as sensopercepções com um significado. Nesse momento, o cérebro fica todo "iluminado" durante a integração e acontece a conexão necessária para as respostas adaptativas.

Quando a criança tem um cérebro imaturo ou desorganizado, não encontramos respostas adaptativas para gerar o processo de aprendizagem e organização do comportamento. A criança pode ganhar algumas habilidades e depois apresentar perdas significativas, principalmente durante as podas neuronais. A base sensorial é a primeira a ser erguida e estruturada para sustentar os outros pilares do desenvolvimento da aprendizagem.

Durante a vida, toda criança vai ter experiências e adaptações em relação ao ambiente, ao objeto e às pessoas. O que precisamos avaliar é a qualidade da integração sensorial, a capacidade de discriminação adequada e o desempenho ocupacional. Quando encontramos dificuldade no processamento das informações sensoriais, suspeitamos de uma DIS.

A DIS é um "mau funcionamento", significa que o cérebro não está funcionando de maneira organizada e eficiente. A ineficiência do cérebro afeta particularmente os sistemas sensoriais, isto é, o cérebro não está processando ou organizando o fluxo de impulsos sensoriais de uma maneira que a criança tenha informações precisas de si e do mundo (AYRES, 1976/2005).

O terapeuta ocupacional com formação em Integração Sensorial de Ayres é o profissional capacitado para realizar a avaliação e intervenção de Ayres. O terapeuta precisa ser fiel aos princípios da Medida de Fidelidade de Ayres, aplicar os testes padronizados, realizar a observação clínica e identificar o padrão exato da disfunção, pois cada criança tem sua base sensorial com sinais e sintomas específicos.

A disfunção causa alterações em diversos sistemas sensoriais (tátil, proprioceptivo, vestibular, visual, auditivo, gustativo, olfativo e interoceptivo), causando alteração no funcionamento da amígdala, no sistema límbico, no sistema ativador reticular e nos neurotransmissores.

Os pioneiros neste tipo de pesquisa observaram que no autismo pode haver flutuações entre estados de hipo ou hiper-reatividade, resultando em uma falha em modular adequadamente e uma oscilação durante a experiência sensorial (DELACATO, 1974). Hoje, com mais comprovações científicas, sabemos que essas alterações sensoriais são bastante comuns entre crianças com TEA.

Alterações sensoriais na criança com Transtorno do Espectro Autista

A criança com TEA tem dificuldade em regular respostas a sensações e estímulos específicos e podem usar autoestimulação para compensar a entrada sensorial limitada ou para evitá-la. Essas reações sensoriais atípicas sugerem uma má integração sensorial no sistema nervoso central (SNC) e podem explicar prejuízos na atenção e excitação (BARANEK, 2002).

Todo profissional que realiza algum tipo de intervenção com uma criança com TEA e DIS deve ter em mãos a base sensorial. Com o conhecimento da base, ajudamos a criança a conquistar respostas adaptativas, a melhorar o processo de regulação e autorregulação e reduzir o risco de desorganização dessa base.

É necessário compreender que a prioridade, neste tipo de abordagem, é a organização de um processo de recodificação neuronal para depois oferecer os estímulos sensoriais mais adaptados e preparados para o processo de aprendizagem.

Acomodação sensorial

A "dieta sensorial" é um programa cuidadosamente planejado para combinar com o perfil sensorial de cada criança (CHENG, 2015). São estratégias que vão ajudar a oferecer suporte para o processo de regulação e autorregulação sensorial em casa, na terapia e na escola.

Tipos de alterações sensoriais

Disfunção de modulação sensorial

Hiporreatividade

A hiporreatividade é a disfunção mais desafiadora porque os indicadores comportamentais são menos claros. A criança recebe o input sensorial com maior lentidão, prejudicando todo processo e codificação neuronal. Pesquisadores recentemente identificaram que 75% das crianças com TEA apresentam hiporreatividade a estímulos auditivos, associada a baixo desempenho acadêmico e interação social (LANE et al., 2019).

A criança não nota o que as outras notam o tempo todo. Ela precisa de mais informações sensoriais do que as demais. É o caso de uma criança que demora para perceber se a boca está suja, tem uma lentidão para realizar as tarefas da escola, precisa que repitam as atividades várias vezes para aprender ou esquece objetos de sua rotina diária.

Hiper-reatividade

Esta disfunção é uma das primeiras a serem percebidas pelos pais, uma vez que compromete muito a atenção. A criança fica preocupada com os estímulos, que vão causar reatividade e provocar alterações em suas emoções e comportamento, causando muitas vezes ansiedade, irritabilidade, fuga, medo. A criança não consegue desenvolver seu potencial em razão da intensidade com que registra as sensações em seu corpo. Esse excesso de atividade neuronal impede que a criança tenha um desempenho ocupacional adequado. O cérebro não consegue organizar os estímulos sensoriais e a atividade motora, assim como não consegue organizar ações simples como escovar os dentes, se alimentar (seletividade alimentar) e escrever.

Buscador

O buscador nunca tem o bastante; ele sempre quer mais sensações. Fica em estado de hiperexcitação quando obtém mais de suas sensações preferidas.

Comportamentos como movimentos motores estereotipados, corrida sem rumo, agressão e comportamentos autoprejudiciais foram correlacionados com essas alterações de processamento sensorial (CASE-SMITH; BRYAN, 1999).

É importante ressaltar que nem sempre o que a criança busca vai proporcionar uma regulação sensorial. Assim, recomenda-se investigar a origem da busca.

Disfunção de discriminação sensorial

A discriminação sensorial refere-se ao processo pelo qual qualidades específicas de estímulos sensoriais são percebidas e significados são atribuídos a eles. Discriminar significa entender com precisão o que é visto, ouvido, sentido, provado ou cheirado. Indivíduos com pouca discriminação sensorial podem parecer desajeitados em habilidades motoras grossas e finas. A criança apresenta comprometimentos em relação ao tempo e espaço.

Dispraxia

A práxis é a habilidade do cérebro de conceber, organizar e implementar uma sequência de ações não familiares. Quando existe uma alteração nesse processo de construção de uma ponte entre ideação, planejamento e execução de um ato motor, consideramos que existe uma dispraxia. A criança tem dificuldade em processar adequadamente as informações sensoriais e muitas vezes não consegue interagir efetivamente com objetos ou com o ambiente porque não sabe como explorar e reconhecer as funções, sendo consideradas desajeitadas (MAY-BENSON; CERMAK, 2007).

Disfunção postural

A disfunção postural é a alteração que a criança apresenta quando não consegue estabilizar seu corpo durante o movimento ou em repouso para atender às demandas do ambiente ou de uma tarefa motora. Relacionada diretamente a alterações no equilíbrio, na resistência e força durante as atividades de pouca percepção corporal.

Conclusão

Os avanços na neurociência nas últimas décadas permitiram aos cientistas contemporâneos confirmar e esclarecer alguns dos padrões de integração sensorial e práxis do funcionamento sensório-motor que emergiram da pesquisa de Ayres sobre crianças com dificuldades de aprendizagem e comportamentais (LANE *et al.*, 2019).

As evidências que sustentam a intervenção de integração sensorial de Ayres com crianças com TEA está crescendo. Fortes evidências apoiam a eficácia da intervenção para crianças com autismo na melhoria dos resultados em metas individualizadas em engajamento e participação (SCHAAF *et al.*, 2018).

Que todos possam ter a responsabilidade de compartilhar o conhecimento pela luz da ciência.

Referências

AMERICAN PSYCHIATRIC ASSOCIATION (APA). *Manual diagnóstico e estatístico de transtornos mentais:* DSM-5. Porto Alegre: Artmed, 2014.

AYRES, A. J. *Sensory integration and learning disorders.* Los Angeles: WPS, 1972.

AYRES, A. J. What's sensory integration? An introduction to the concept. In: *Sensory integration and the child*: 25th anniversary edition. Los Angeles, CA: Western Psychological Services, 2005.

BARANEK, G. T. Efficacy of sensory and motor interventions for children with autism. *Journal of Autism and Developmental Disorders*, v. 32, v. 5, pp. 397-422, 2002.

CASE-SMITH, J.; BRYAN, T. The effects of occupational therapy with sensory integration emphasis on preschool-age children with autism. *American Journal of Occupational Therapy*, v. 53, pp. 489-497, 1999.

CHENG, M.; BOGGETT-CARSJENS, J. 2005. Consider sensory processing disorders in the explosive child: case report and review. *The Canadian Child and Adolescent Psychiatry Review*, v. 14, n. 2, pp. 44-48, 2005.

DELACATO, C. H. *The ultimate stranger: the autistic child*. Novato, CA: Arena Press, 1974.

DUNN, W. *Vivendo sensorialmente: entendendo seus sentidos*. São Paulo: Pearson Clinical Brasil, 2017.

LANE, S. J. et al. Neural foundations of Ayres Sensory Integration®. *Brain Sciences*, v. v. 9, n. 7, pp. 153, 2019.

MAY-BENSON, T. A.; CERMAK, S. A. Development of an assessment for ideational praxis. *American Journal of Occupational Therapy*, v. 61, n. 2, pp. 148-153, 2007.

SCHAAF, R. C. Efficacy of occupational therapy using Ayres Sensory Integration®: a systematic review. *American Journal of Occupational Therapy*, v. 72, n. 1, 2018.

SERRANO, P. *A Integração Sensorial no desenvolvimento e aprendizagem da criança*. Portugal: Papa-Letras, 2016.

STAR INSTITUTE. *Subtypes of SPD*. Disponível em: <https://sensoryhealth.org/basic/subtypes-of-spd>. Acesso em: 24 fev. de 2022.

STEINBRENNER, J. R. et al. *Evidence-based practices for children, youth, and young adults with autism spectrum disorder*. The University of North Carolina at Chapel Hill, Frank Porter Graham Child Development Institute, National Clearinghouse on Autism Evidence and Practice Review Team, 2020.

ROLEY, S. S. et al. Sensory integration and praxis patterns in children with autism. *American Journal of Occupational Therapy*, v. 69, n. 1, 2015.

VIVES-VILARROIG, J.; RUIZ-BERNARDO, P.; GARCÍA-GÓMEZ, A. Sensory integration and its importance in learning for children with autism spectrum disorder. *Cadernos Brasileiros de Terapia Ocupacional*, v. 30, e2988, 2022.

11

DIETA SENSORIAL
O DESEMPENHO OCUPACIONAL E A REGULAÇÃO DO COMPORTAMENTO

A integração e a interpretação de informações sensoriais auxiliam a autorregulação. Os padrões de processamento sensorial podem interferir no processamento de informações, prejudicando o desempenho ocupacional. Como uma estratégia de intervenção, a dieta sensorial pode favorecer o funcionamento do indivíduo em sua rotina, uma vez que propõe atividades e estruturação de ambientes sensorialmente inteligentes.

ALESSANDRA PERES

Alessandra Peres

Contatos
alessandramanniperes@hotmail.com
Instagram: alessandramanniperes
11 99971 5525

Terapeuta ocupacional formada pelo Centro Universitário São Camilo. Especialização em Saúde Coletiva, com ênfase em Saúde e Trabalho pela Faculdade de Medicina da Universidade de São Paulo (USP). Certificação Internacional de Integração Sensorial pela Ludens Cursos – Campinas. Iniciou a trajetória em reabilitação neuroinfantil com clientes autistas em 2018, buscando conhecimento por meio de cursos técnicos como: Sensory Babies, pela Ludens Cursos, ministrado pelas terapeutas ocupacionais Emily Hills e Lindsay Hardy; Interocepção pela GME Cursos, ministrado pela Dra. Kelly Mahler; Fundamentos da Intervenção na Práxis para Crianças com Autismo e Intervenção Avançada para Práxis Ideacional - Possibilidades para Funções Executivas, ofertado pela Associação Brasileira de Integração Sensorial (ABIS) e ministrado pela PhD Teresa Ann May-Benson. Atualmente atua na área de Intervenção Precoce e com população autista na reabilitação infantil.

Introdução

O processamento sensorial é um processo neurológico em que nosso corpo é capaz de perceber, responder e usar as informações sensoriais. Este processo é necessário para que possamos sobreviver, uma vez que é a partir dessas sensações que compreendemos o que está ocorrendo ao nosso redor e dentro do nosso próprio corpo (DUNN, 2017, 2).

Os registros das experiências que temos ao longo da vida permite ao cérebro o registro de informações sensoriais, favorecendo seu funcionamento. Cada indivíduo apresenta um padrão de processar as informações sensoriais, de forma que há uma quantidade de estímulo necessário para que possamos manter nossa atenção e organização do comportamento (DUNN, 2017; CERRUDA et al., 2020).

Assim, os padrões de processamento estão relacionados à capacidade de autorregulação, associados à habilidade de perceber e modular as informações sensoriais. Esse processo permite a manutenção do nível de alerta, da atenção seletiva durante a execução de uma tarefa, da adequação de respostas emocionais e uma ação relacionada a respostas adaptativas (JORGE; DE WITT; FRANZSEN, 2013).

Quando há dificuldades do processamento e modulação sensorial, identificamos a interrupção da rotina e atividades de vida diária, como dormir, alimentar-se e brincar. Além disso, desafios comportamentais como dificuldades emocionais e de adaptação em situações novas podem estar relacionados a padrões de processamento sensoriais (JORGE; DE WITT; FRANZSEN, 2013).

As crianças com Transtorno do Espectro Autista (TEA) apresentam padrões de disfunção sensoriais que interferem em sua regulação e modulação sensorial (YACK; SUTTON; AQUILLA, 2002). Dessa forma, dentre as intervenções utilizadas para lidar com este público, as abordagens sensoriais têm sido amplamente recomendadas, como a integração sensorial e a dieta sensorial, as quais compartilham princípios básicos (CERRUDA et al., 2020).

Padrões de processamento sensorial e autorregulação

O Modelo de Processamento Sensorial, proposto por Winnie Dunn em 1997, estabelece uma relação entre o limiar neurológico de um indivíduo e as estratégias de autorregulação, classificando quatros padrões básicos de processamento sensorial que podem ou não interferir na forma como interpretamos e integramos as informações sensoriais.

Cada um desses padrões depende do limiar neurológico e das respostas comportamentais do indivíduo. A Teoria de Integração Sensorial de Ayres esclarece sobre os transtornos de processamento sensoriais, ao passo que Dunn faz referência ao perfil sensorial. Ambos estão relacionados ao modo como o cérebro interpreta e integra as informações sensoriais, de forma a afetar nossas respostas emocionais e em relação ao ambiente (SAHOO; SENAPATI, 2011; CERRUDA et al., 2020).

Para estabelecer o perfil sensorial de um indivíduo, Dunn aborda dois conceitos centrais: modulação sensorial e autorregulação (CERRUDA et al., 2020). Esses padrões são definidos a partir de comportamentos que serão classificados em perfis sensoriais, sendo eles: sensível, esquivador, observador e explorador. Antes de abordar as características de cada perfil sensorial, é importante esclarecer sobre os conceitos de modulação sensorial e autorregulação.

A modulação sensorial está relacionada a limiar neurológico, sendo esta a quantidade de impulso sensorial que o cérebro precisa para processar e integrar informações. E, por isso, o cérebro funciona a partir do seu limiar, que pode ser baixo ou alto (DUNN, 2017).

> Quando os limiares são baixos, significa que o cérebro percebe um impulso muito rapidamente. Quando os limiares são altos, o cérebro leva um tempo maior para acumular impulso suficiente para criar uma ação.
> (DUNN, 2017, p. 32).

A autorregulação está relacionada a uma resposta comportamental que o indivíduo apresenta diante de um estímulo. Cada indivíduo é capaz de encontrar estratégias sensoriais que permitem maior controle sobre a forma como respondemos, sendo estas estratégias que permitem a manutenção da autorregulação e organização do comportamento (DUNN, 2017).

Por exemplo, se temos dificuldades em nos concentrar em uma tarefa quando há muito barulho em um ambiente, podemos nos retirar da sala ou mesmo colocar fones de ouvido e, assim, mantermos nossa atenção à tarefa que estamos realizando.

Segundo Dunn (2017), nossas estratégias de autorregulação podem ocorrer de duas formas: ativa ou passiva. A autorregulação ativa ocorre quando o sujeito modifica a quantidade e o tipo de informação sensorial recebida. No exemplo dado anteriormente, a autorregulação foi realizada de forma ativa, uma vez que o sujeito controlou a quantidade informação auditiva que estava recebendo. Ainda, há alguns indivíduos que se regulam de forma passiva, ou seja, esperam o impulso sensorial ocorrer para então reagir a ele. Por exemplo, um indivíduo se incomoda com o volume da música no carro, mas não realiza ação para retirar ou modificar o estímulo aversivo.

Padrões de processamento sensorial

Segundo Winnie Dunn, os padrões sensoriais são constituídos a partir da modulação da informação sensorial e das funções reguladoras, que se cruzam e formam quatro maneiras pelas quais pessoas respondem aos estímulos sensoriais.

Quadro 1. Modelo de Processamento Sensorial de Dunn.

Limiar neurológico	Autorregulação	
	Passivo	Ativo
Alto	Observador	Explorador
Baixo	Sensível	Esquivador

Fonte: Dunn (2017, p. 33).

Indivíduos que apresentam limiar neurológico baixo podem ser considerados hiper-responsivos, enquadrando-se em perfil sensorial sensível ou esquivador. Isso porque respondem de forma mais intensa ou mais rápida a estímulos sensoriais.

Uma vez que a criança sensível apresenta uma resposta excessiva a certas sensações, como som alto ou texturas em alimentos, crianças com este perfil podem interpretar um toque, um som inesperado ou mesmo um cheiro como nocivos a ela (CERRUDA et al., 2020).

Além disso, os indivíduos que apresentam perfil esquivador tendem a ter comportamentos de controle, preferindo fazer sempre as mesmas atividades, e demonstram ansiedade diante de mudanças. Estes comportamentos ocorrem porque o cérebro responde de forma exagerada, aumentando o nível de estresse (DUNN, 2017).

Quando se fala de indivíduos que apresentam um limiar neurológico alto, considera-se um padrão de processamento de observador ou explorador. Indivíduos com esses perfis respondem lentamente às sensações, exigindo uma quantidade ou tempo maior de exposição às informações sensoriais, o que pode gerar uma latência ou mesmo ausência das respostas esperadas (CERRUDA et al., 2020; DUNN, 2017).

Os observadores apresentam autorregulação passiva, de forma que estímulos auditivos e de toque, por exemplo, devem ser mais intensos para que tais indivíduos sejam capazes de perceber e prestar atenção a eles. E por isso, os observadores parecem ser distraídos, perder informações sensoriais que os rodeiam ou mesmo alheios ao ambiente e às pessoas que os cercam (DUNN, 2017).

No entanto, indivíduos que apresentam perfil explorador demonstram comportamentos de forma a compensar esse limiar alto, buscando sensações mais intensas ou por um tempo maior de forma ativa. Estes são os indivíduos que normalmente interrompem suas atividades rotineiras para alcançar maior informação sensorial do ambiente e/ou do próprio corpo (DUNN, 2017).

A análise do perfil sensorial deve ser realizada por um terapeuta ocupacional, de forma a avaliar os grupos de estímulos que podem prejudicar ou favorecer a manutenção de engajamento, atenção, participação e regulação emocional ao longo da rotina. Dessa forma, é possível criar um planejamento de intervenção e estabelecer as estratégias sensoriais necessárias para que o indivíduo alcance seu pleno desempenho ocupacional.

Uma possibilidade de intervenção: dieta sensorial

Dieta sensorial é um planejamento cuidadoso de um grupo de atividades sensório-motoras e ambientes com estímulos sensoriais específicos para as necessidades de cada pessoa. Permite que o indivíduo tenha a oportunidade de receber informações sensoriais benéficas, em intervalos frequentes, favorecendo a participação das atividades de vida diária (CERRUDA et al., 2020).

A prescrição da dieta sensorial é uma estratégia de intervenção de terapia ocupacional, que tem como objetivo auxiliar na manutenção do nível de alerta adequado e melhorar o desempenho ocupacional da vida cotidiana (SAHOO; SENAPATI, 2011; CERRUDA et al., 2020).

Elaboração da dieta sensorial: como planejar?

Para planejar e garantir a eficácia de uma dieta sensorial, além de considerar o padrão de processamento sensorial, deve ser considerado o contexto natural do indivíduo, para ampliar as oportunidades e acesso a estímulos sensoriais; possíveis modificações no ambiente; uso de recursos que favoreçam a participação em atividades rotineiras e garantam a motivação e participação ativa nas atividades selecionadas (CERRUDA et al., 2020).

Ao elaborar uma dieta sensorial, é necessário compreender que recebemos estímulos sensoriais diariamente e, para que possamos modular e organizar essas informações, o cérebro seleciona os estímulos relevantes de acordo com uma situação específica. Para fazermos esse processo, há estímulos (*inputs*) sensoriais que favorecem a interpretação e organização de informações e outros que aumentam a atividade cerebral e, consequentemente, o nível de alerta (YACK; SUTTON; AQUILLA, 2002).

Esses *inputs* podem ser chamados de estímulos inibitórios e excitatórios; quando combinados, favorecem a organização das informações. O processo inibitório é essencial para o processamento de informações sensoriais que são transmitidas ao sistema nervoso central, uma vez que auxilia a discriminar e dar relevância às informações que devem ser utilizadas (AYRES, 2005).

Diante disso, é importante que o terapeuta ocupacional conheça a rotina do indivíduo, compreenda o padrão de processamento e funcionamento. Assim, discriminar quais são os estímulos sensoriais excitatórios e inibitórios que favorecem o nível de alerta, atenção, engajamento e regulação do indivíduo guiará a seleção de atividades e ambientes sensorialmente inteligentes.

Estímulos excitatórios (alertantes)

Vivenciamos estímulos sensoriais diariamente e nos utilizamos deles como uma estratégia para organizar nosso comportamento diante de situações variadas. Os estímulos e sensações alertantes podem induzir o aumento do alerta, ampliando o engajamento e a melhora da resposta comportamental em atividades rotineiras.

Há padrões de processamento sensorial que podem gerar rebaixamento do nível de alerta. Ao utilizar estímulos alertantes, como movimento intenso e tato superficial, podemos favorecer o pleno funcionamento do sujeito ao longo de sua rotina.

Estímulos inibitórios (calmantes e regulatórios)

Como descrito anteriormente, os estímulos inibitórios favorecem a organização de informações sensoriais, principalmente as que geram superexcitação. Este grupo de estímulos pode contribuir para a redução às respostas comportamentais relacionadas ao sistema autônomo (respostas de luta, fuga e congelamento).

Os estímulos proprioceptivos e de tato profundo, que por sua natureza são inibitórios, auxiliam a modulação e organização de informações sensoriais. Os estímulos proprioceptivos permitem o processamento de informações que podem ser aversivas, enquanto o tato profundo pode favorecer estados de calma.

Ao selecionar atividades para a dieta sensorial e colocá-las em prática, é importante observar o comportamento do indivíduo antes e depois da atividade, uma vez que podem gerar desconforto e prejudicar a regulação sensorial e emocional. Por isso, a dieta sensorial é um recurso interventivo que deve ser discutido e (re)avaliado em conjunto com profissional especializado.

Quadro 2. Tabela de exemplo de atividades sensoriais por área de processamento

Estímulos táteis	
Excitatórios (toque superficial)	Inibitórios-calmantes (toque profundo)
Cócegas Introduzir esponjas com texturas variadas Brinquedos vibratórios	Utilizar cobertores pesados Pressionar travesseiro ou bola de pilates no corpo
Estímulos vestibulares	
Excitatórios (mudanças repentinas de direção e movimento)	Inibitórios-calmantes (movimentos rítmicos, de baixa intensidade e lineares)
Sentar-se e girar Ser puxado em um trenó ou skate Escorregar Dar cambalhotas	Sentar-se na cadeira de balanço Balanceio com o próprio corpo
Estímulos proprioceptivos	
Inibitórios-calmantes e inibitórios (movimento de cocontração muscular ativa)	
Inibitórios: Puxar e empurrar algo pesado Atividades de resistência Pular de uma superfície alta para uma superfície macia **Calmantes:** Brincadeiras de cabana, com superfície macia e travesseiros Utilizar cobertores e almofadas pesadas enquanto realiza atividade	

Estímulos auditivos	
Excitatórios (alteração de volume, intensidade e frequência)	Inibitórios-calmantes (músicas com ritmo repetitivo, baixo volume)
Som forte e estridente Músicas que mudam de ritmo repentinamente	Estar em um ambiente com maior isolamento acústico Ruído branco e sons repetitivos
Estímulos visuais	
Excitatórios (contraste de cores, velocidade da imagem, luminosidade)	Inibitórios-calmantes (pouca variação de cor e luminosidade)
Desenhos com muitas cores Brinquedos luminosos que trocam de cor	Reduzir contraste de cores em ambientes e atividades Reduzir a luminosidade do ambiente Utilizar brinquedos com baixa luz

Conclusão

Segundo Sahoo e Senapati (2011), a dieta sensorial pode ajudar na prevenção de muitos comportamentos desafiadores, uma vez que proporcionam uma combinação de *inputs* sensoriais que favorecem a manutenção do nível ótimo de engajamento e autorregulação. Além disso, estudos realizados demonstram que a dieta sensorial pode favorecer a manutenção da atenção e reduzir comportamentos de agitação em crianças com alteração de processamento sensorial (CERRUDA *et al.*, 2020).

Referências

AYRES, A. J.; ROBBINS, J. *Sensory integration and the child: Understanding hidden sensory challenges*. Los Angeles: Western Psychological Services, 2005.

CERRUDA, J. *et al. Confección de dietas sensoriales dirigidas a niños con desorden en el procesamiento sensorial y su utilización por terapistas ocupacionales en la actualidad en Gran Buenos Aires*. Universidad Nacional de San Martín. Instituto de Ciencias de la Rehabilitación y el Movimiento, 2020.

DUNN, W. *Vivendo sensorialmente: entenda seus sentidos*. São Paulo: Pearson Clinical, 2017.

JORGE, J.; DE WITT, P. A.; FRANZSEN, D. The effect of a two-week sensory diet on fussy infants with regulatory sensory processing disorder. *South African Journal of Occupational Therapy*, v. 43, n. 3, p. 28-34, 2013.

SAHOO, S. K.; SENAPATI, A. Effect of sensory diet through outdoor play on functional behave in children with ADHD. *The Indian Journal of Occupational Therapy*, v. 46, n. 2, May-Ago. 2011.

YACK, E.; SUTTON, S.; AQUILLA, P. *Building bridges through sensory integration.* Arlington, Texas: Future Horizons, 2002.

ALIMENTAÇÃO SELETIVA NO AUTISMO

Neste capítulo, você saberá mais sobre as sutilezas da alimentação seletiva no autismo, entenderá por que uma criança pode ser seletiva, quais os principais motivos da seletividade e a importância do papel dos pais, da criança e dos profissionais que estão ligados a este tema. No final do capítulo, receberá dicas práticas que podem fazer toda a diferença na introdução de um alimento.

HELENISE H. VIEIRA

Helenise H. Vieira

Contatos
www.neuroimaginar.com.br
helenisevieira@neuroimaginar.com.br
Instagram: espaçoneuroimaginar
47 98411 4226

Terapeuta ocupacional (Associação Catarinense de Ensino). Pós-graduada em Neurologia com ênfase em Neuropediatria (Ibrate). Pós-graduada em Transtorno do Espectro Autista (CBI of Miami). Certificação Internacional em Integração Sensorial pela University of Southern California. Certificação Internacional em Disciplina Positiva (PDA). Proficiência no programa STAR de Lucy Mueller. Cursos: Processamento Sensorial na Vida Cotidiana – Perfil Sensorial 2. Alimentação Seletiva na Criança. Medida de Fidelidade de Integração Sensorial de Ayres. Treinamento em Análise do Comportamento Aplicada. Responsividade Sensorial em Crianças com Diagnóstico de Autismo. Transtorno do Desenvolvimento da Coordenação – Dispraxia na Criança. Processamento Somatossensorial (Tátil e Proprioceptivo) em Crianças. Problemas na Práxis em Crianças e Adolescentes: teoria e clínica. Proprietária e fundadora do Espaço Neuro Imaginar, em Blumenau (SC), onde atua desde 2010, que oferece cursos, palestras e intervenções nas áreas de Neuropediatria e Integração Sensorial.

Introdução

No consultório de terapia ocupacional, é muito comum ouvirmos a seguinte frase: "Meu filho não come nada". Geralmente são familiares de crianças com autismo e alimentação seletiva. Eles já tentaram inúmeras alternativas, ofereceram diversos alimentos, fizeram receitas diferentes, pratos com carinhas de bichinhos, combinados com trocas e presentes, até deixaram a criança sem comer o que ela queria na esperança de que experimentasse algo novo, procuraram inúmeros profissionais e mesmo assim a criança não come e as famílias continuam desesperadas por ajuda e sem saber o motivo da seletividade. Além da questão nutricional, a alimentação está relacionada à cultura, ao comportamento, a aspectos sensoriais e à sociabilidade. Quando uma criança não se alimenta direito, um sinal de alerta acende e precisamos entender por que isso está acontecendo.

Ao falar sobre alimentação seletiva, é difícil encontrar uma definição específica, mas ao fazer uma busca breve podemos entender que a criança ou adulto que tem dificuldade de experimentar novos alimentos e que ingere uma quantidade restrita e sem variações na sua dieta pode ser considerado seletivo. Pessoas que evitam um ou mais grupos alimentares também podem ser consideradas seletivas por consumirem poucas variedades nutritivas. Os seletivos podem evitar, por exemplo, todos os cereais, todas as frutas e verduras ou proteínas, diferente de pessoas exigentes, que se alimentam de pelo menos um dos alimentos de cada grupo alimentar, tendo uma dieta mais balanceada (WEST VIRGINIA UNIVERSITY, 2014).

Durante o desenvolvimento, a criança inicia seu processo de alimentação pela ingestão de leite, e entre 5 e 6 meses, começamos a dar outros alimentos para aumentar a oferta nutricional. Entre 18 e 24 meses, a criança passa pela fase de recusa alimentar, deixando de comer alimentos que já comia ou de experimentar alimentos novos; essa é uma fase normal no desenvolvimento (JOHNSON, 2016).

Porém, essa etapa pode ser intensificada em crianças com Transtorno do Espectro Autista (TEA), demorar mais tempo para passar ou realmente se tornar uma seletividade alimentar. O pensamento rígido e a inflexibilidade muitas vezes observadas em crianças com autismo potencializam as características da recusa alimentar (BANDINI et al., 2010).

Por outro lado, algumas crianças que estão dentro do espectro e são seletivas podem apresentar recusa já na fase de introdução alimentar, empurrando a comida, cuspindo, travando a boca, tendo náuseas e até vômitos durante as refeições. Os pais e cuidadores devem ficar atentos a esses sinais para procurar ajuda especializada.

Quando pensamos em uma refeição, é comum imaginarmos apenas o momento em que comemos o alimento, ou seja, quando o mastigamos e engolimos, mas existem outras etapas que não podem passar despercebidas. No entanto, na prática, outros aspectos devem ser observados como o ambiente em que a refeição é feita, quais os hábitos e costumes alimentares da família, o comportamento da criança durante a refeição e várias outras razões que interferem na alimentação.

São muitos os passos envolvidos no ato de comer: primeiro visualizamos o alimento, depois precisamos das nossas mãos para pegar a comida ou manipular os talheres, aproximamos o alimento da boca sentindo seu cheiro, o colocamos dentro da boca para então mastigar e engolir. É realizada uma análise bem ampla quando encontramos uma criança seletiva e, para ter um bom resultado e permitir que ela aumente seu repertório alimentar, precisamos entender o motivo da recusa, seja sensorial, comportamental, fisiológico ou anatômico.

Alterações sensoriais na alimentação da criança com Transtorno do Espectro Autista

Atualmente, as alterações sensoriais são uma das características de definição do autismo. Com a publicação da quinta edição do *Manual Diagnóstico e Estatístico de Transtornos Mentais* (APA, 2014) e a atualização dos critérios diagnósticos do TEA, as questões sensoriais como hiper e hiporreatividade sensorial passaram a incorporar esses critérios e, consequentemente, estão sendo mais investigadas. Na alimentação também vemos essas alterações, que podem ocorrer em razão de disfunções sensoriais oral, tátil, olfativa, proprioceptiva ou visual (SILVA et al., 2021).

Ao fazermos uma investigação aprofundada do ato de se alimentar, encontramos comportamentos que podem ser considerados de base sensorial, induzindo à recusa alimentar. São eles:

- Algumas crianças comem apenas alimentos de uma determinada cor.

- Outras preferem alimentos de certas texturas: pastosa ou crocante, ou ainda apenas comidas que não tenham nenhum molho.
- Há crianças que gostam que o alimento seja sempre servido no mesmo prato e usam sempre os mesmos talheres.
- A comida não pode ser misturada, ou até mesmo encostar em outro alimento.
- Há crianças que se incomodam e ficam nauseadas com o cheiro e o preparo dos alimentos.
- As refeições precisam estar sempre na mesma temperatura, passando disso deixam de comer.
- Só comem alimentos picantes ou sem nenhum tempero.
- Os alimentos precisam ser sempre de um mesmo formato (p. ex., a batata tem que ser sempre em formato de palito ou os alimentos devem lembrar um triângulo ou quadrado).
- Crianças que enchem muito a boca ou não percebem que estão sujas.
- Pessoas que têm dificuldade para perceber que precisam comer, não sentem fome.

No entanto não são apenas os aspectos sensoriais que dificultam a ingestão alimentar; outras condições podem influenciar a alimentação, como:

- Neofobia (dificuldade de experimentar alimentos novos).
- Alergias e intolerâncias alimentares.
- Alterações gástricas, digestivas e intestinais.
- Dificuldades de mastigação.
- Fatores comportamentais.

Quando encontramos características sensoriais na alimentação, é necessário procurar um terapeuta ocupacional com certificação em integração sensorial para realizar avaliação e intervenção adequada. A intervenção será realizada em uma sala ampla, com brinquedos e equipamentos específicos. Paralelamente à integração sensorial, a criança deve ter uma intervenção alimentar direcionada, principalmente para melhorar sua relação com a comida de forma geral, diminuir a ansiedade durante as refeições e se permitir experimentar novos alimentos quando estiver preparada. O uso de brincadeiras, jogos simbólicos e aproximações sucessivas com alimentos e texturas pode ajudar neste processo. O terapeuta ocupacional pode ajudar com a contextualização das brincadeiras e as texturas que podem ser utilizadas. Profissionais como nutricionistas, fonoaudiólogos e psicólogos também devem ser envolvidos nesta atuação. Procure profissionais que entendam do assunto, investigue, converse com outros pais para saber o que pode gerar resultados para seu filho.

O papel dos pais, da criança e dos profissionais

É importante entender que não podemos controlar todas as coisas, mas isso acaba acontecendo quando os pais querem controlar tudo o que diz respeito à alimentação de seus filhos ou até mesmo quando o profissional que faz a intervenção não está preparado para as escolhas da criança e da família. Quando os papéis não estão claros, quem sai perdendo é a criança.

É dever dos pais oferecer oportunidades para que a criança experimente novos alimentos, introduzir uma alimentação de qualidade e com variedade; quando necessário direcionar as escolhas (usando escolhas predefinidas), organizar uma rotina alimentar e conversar com os familiares para que todos entendam as dificuldades alimentares do seu filho. Porém, o ponto principal é fazer com que as refeições sejam agradáveis, ser paciente e lembrar que a direção é mais valiosa que a velocidade (ALVARENGA, et al., 2019).

O papel da criança na alimentação será comer o que realmente precisa, ter oportunidade de escolha, aprender como se organiza uma refeição e como permanecer na mesa, ter autonomia, ser respeitada em suas limitações, ter direito a um ambiente alimentar tranquilo, ter poder de escolha do que vai comer e se vai comer – sim, precisamos aprender a respeitar as escolhas da criança, desde que isso não traga prejuízos para sua saúde (p. ex., comidas industrializadas todos os dias em todas as refeições não é uma escolha saudável).

O papel do profissional está relacionado principalmente com o respeito, assegurando à família o direito de uma intervenção sem julgamentos. O profissional deve orientar o processo alimentar, traçar metas com a família e ajudar a organizar uma rotina de refeições, acolher, desconstruir crenças, empoderar os pais e as crianças.

Dicas práticas

Depois de lidar com várias famílias de crianças seletivas e autistas durante anos de atuação, observei o que mais dá resultado na intervenção. A seguir, trago uma lista de dicas que podem ajudar no dia a dia:

- Por mais que a criança recuse, nunca deixe de oferecer alimentos novos.
- Diminua a pressão. Quando temos uma criança seletiva, o momento da refeição é considerado uma verdadeira tortura; assim, tente fazer esse momento ser mais prazeroso: por alguns dias tente relaxar, assim a criança cria maior confiança.
- Tenha paciência. O processo de alimentação não muda de um dia para o outro; isso pode demorar um bom tempo, por isso reconheça cada progresso, por menor que seja.

- Não mude pratos ou receitas de segurança – sabe aquele único alimento que seu filho come sem pestanejar? Esse é seu porto seguro. Deixe-o como está; se você mudar, ele pode deixar de comê-lo.
- Se a criança é muito seletiva, escolha uma refeição intermediária para oferecer alimentos novos, como o lanche da tarde. Você pode fazer brincadeiras com os alimentos, usar corantes, fazer animais com frutas, alimentar bonecos e personagens; use sua criatividade.
- Nunca force, não coloque comida na boca à força.
- Quando oferecer um alimento novo, diminua a quantidade colocada. Muitas vezes as crianças se assustam com a quantidade oferecida e acham que precisam comer tudo o que está no prato.
- Crie momentos para a criança ter contato com os alimentos sem que precise comê-los. Exemplos: tirar ingredientes da geladeira para fazer uma receita, escolher frutas na feira, montar um sanduíche para que outra pessoa coma.

Tenho certeza de que, após ler este capítulo, você terá uma visão mais ampla acerca da alimentação seletiva no autismo. Às vezes as crianças não querem comer porque estão interessadas em brincar. No entanto, isso acontece de forma isolada; quando esse comportamento se repete todos os dias e vira rotina, gerando estresse, nervosismo, irritação e comprometendo a saúde, pode ter certeza de que ela não está comendo simplesmente porque não quer e sim porque não consegue. Nesse momento, a criança e a família precisam de ajuda. A escola deve ajudar no processo, dando a possibilidade de adaptação do cardápio escolar, e o pediatra pode fazer os encaminhamentos necessários para profissionais como terapeuta ocupacional, fonoaudiólogo, nutricionista, psicólogo, gastroenterologista ou endocrinologista. Com a disseminação da informação, as famílias conseguem buscar ajuda por si sós de maneira precoce e assertiva.

Pela complexidade da alimentação seletiva no autismo, nem sempre conseguimos neutralizar as consequências negativas, mas com intervenção e acompanhamento adequados, podemos minimizar o desgaste das famílias, possibilitar adaptações, empoderar as crianças, fortalecer vínculos e, como consequência, aos poucos conseguimos melhorar a oferta nutricional. Esse é um caminho que deve ser seguido com paciência e determinação por todos os envolvidos.

Espero que estas informações possam auxiliar de alguma maneira nesse percurso.

Referências

ALVARENGA, M. *et al. Nutrição comportamental*. 2. ed. Barueri: Manole, 2019.

AMERICAN PSYCHIATRIC ASSOCIATION (APA). *Manual diagnóstico e estatístico de transtornos mentais*: DSM-5. 5. ed. Porto Alegre: Artmed, 2014.

BANDINI, L. G. *et al.* Food selectivity in children with autism spectrum disorders and typically developing children. *Journal of Pediatrics*, v. 157, n. 2, pp. 259-264, 2010.

JOHNSON, S. L. Developmental and environmental influences on young children's vegetable preferences and consumption. *Advances in Nutrition*, v. 7, n. 1, pp. 220S-231S, 2016. doi:10.3945/an.115.008706.

LÁZARO, C. P.; CARON, J.; PONDÉ, M. P. Escalas de avaliação do comportamento alimentar de comer com transtorno do espectro autista. *Psicologia: teoria e prática*, v. 20, n. 3, pp. 23-41, 2018. Disponível em: <https://www.redalyc.org/articulo.oa?id=193860127001>. Acesso em: 17 fev. de 2022.

SILVA, A. G. S. *et al.* Aspectos sensoriais e seletividade alimentar de crianças com transtorno do espectro do autismo: um estudo de revisão integrativa. *Pesquisa, Sociedade e Desenvolvimento*, [S. l.], v. 10, n. 10, p. e557101018944, 2021. Disponível em: <https://rsdjournal.org/index.php/rsd/article/view/18944>. Acesso em: 17 fev. de 2022.

WEST VIRGINIA UNIVERSITY. *What is food selectivity?*, 2014.

ZOBEL-LACHIUSA, J. *et al.* Sensory differences and mealtime behavior in children with autism. *American Journal of Occupational Therapy*, v. 69, n. 5, 6905185050p1-6905185050p8, 2015.

13

AUTISMO E SEXUALIDADE
O PROTAGONISMO DO AUTORRELATO

Os resultados de pesquisas sobre sexualidade e autismo ainda permanecem pouco estudados, apesar da relevância do tema quando se fala em qualidade de vida e de aspectos subjacentes como educação, saúde, prevenção e tratamento para aspectos relacionados à sexualidade. O relato da própria pessoa com TEA, bem como o suporte necessário a pais e cuidadores para lidar com as tarefas relacionadas ao desenvolvimento desse fenômeno, são apontados como relevantes para a melhoria das avaliações e intervenções acerca desse domínio.

AÍDA TERESA DOS SANTOS BRITO

Aida Teresa dos Santos Brito

Contatos
brito.aidateresa@gmail.com
Instagram: @brito.aidateresa

Doutora pelo Programa de Pós-graduação em Educação pela Universidade Federal do Piauí (UFPI), mestre em Educação, psicóloga clínica, psicopedagoga, especialista em terapia analítico-comportamental infantil, especialização em ABA: análise do comportamento aplicada à educação de pessoas com Transtorno do Espectro Autista, atrasos no desenvolvimento e outros problemas de aprendizagem pela Universidade Federal de São Carlos, especialista em Educação Especial e Inclusiva, formação nos métodos TEACCH, PECS e ABA. Atua como terapeuta ABA desde 2004, consultora em ABA, elabora programas na área de Inclusão Educacional. Pesquisa comportamento verbal e habilidades sociais.

O Transtorno do Espectro Autista (TEA) é um transtorno caracterizado por déficit qualitativo da linguagem e interação social, padrão de comportamento estereotipado e repetitivo e interesses restritos (PARR, 2010). Diante da expansão dessa definição, encontram-se também dificuldades na reciprocidade emocional, em comportamentos não verbais e inabilidades na comunicação, como referido na quinta edição do Manual de Diagnóstico e Estatístico de Transtornos Mentais (DSM-V).

No início deste século, a prevalência de pessoas com TEA estava entre 1:100 e 1:150; em 2008, o número passou para 1:88 e, em 2014, temos 1:59 (CDC, 2021). Houve um aumento na prevalência de 72% quando comparados os dados de 2002 com o ano de 2014 (MEFFORD; BATSHAW; HOFFMAN, 2012). Atualmente esse número causa ainda mais impacto: dados publicados pelo Centro de Controle de Doenças e Prevenção publicados em 2021 indicam que uma a cada 44 crianças é diagnosticada com TEA (CDC, 2021). Comparado ao ano de 2014, há um aumento de mais de 20% e, em pouco menos de 21 anos, a prevalência dos casos quase dobrou.

As prováveis causas que têm sido apontadas para essa variação nos índices de prevalência são mudanças nos conceitos e critérios diagnósticos, melhoria das políticas públicas, diagnóstico precoce, capacitação dos profissionais etc., o que possivelmente resulta na maior quantidade de casos relatados (EYAL, 2010). Porém, muitos dados sobre prevalência ainda precisam ser estudados, bem como a proporção de pessoas do sexo masculino e feminino com TEA, assim como estudos em diferentes áreas precisam crescer para que se possa entender e especificar mais critérios e definições que, futuramente, colaborarão para o panorama de diagnóstico e intervenção (RIOS et al., 2015).

Uma dessas áreas é o conhecimento sobre a dimensão da sexualidade de pessoas com TEA, que ainda é permeada por muitos pontos negligenciados, como a falta de políticas públicas, escassez de informações de qualidade para as famílias, escolas e sociedade. Esses fatores indicam a extrema fragilidade do tema, no qual muitas pesquisas e vozes ainda precisam ser escutadas, principalmente o autorrelato de pessoas com TEA. É notável que, com frequência, as informações de acesso à sexualidade não venham da pessoa que vive a sexualidade, mas sim dos cuidadores/família, que presenciam alguns dos aspectos do desenvolvimento da sexualidade do indivíduo, limitando o entendimento sobre a sexualidade e o valor direto com a pessoa que a vive.

> O conceito de sexualidade abarca um continuum inerente a todos nós, seres humanos, englobando um conjunto complexo de comportamentos, como afetividade, sexo, carinho, prazer, amor, valores, normas morais, identidade, autoestima, imagem corporal, comportamento social etc.
> (FIGUEIRÓ, 2006; NEWPORT; NEWPORT, 2002).

Esse complexo de comportamentos pode revelar-se em níveis e em momentos diferentes para cada pessoa e, portanto, torna-se necessário fazer uma boa avaliação deles à medida que a pessoa constrói a própria história de desenvolvimento. Além disso, é preciso levar em consideração um dos muitos comportamentos apresentados anteriormente, pois muitos tabus ainda aparecem em torno da sexualidade.

Visando a contribuir nesse âmbito de estudo, uma pesquisa publicada no Reino Unido, na década de 1980, feita por Mesibov e Schopler, apresenta alguns marcos que foram desenvolvidos a partir dos achados sobre os estudos de pessoas com TEA, sendo eles:

> 1. Pessoas com autismo de todos os níveis de gravidade experimentam impulsos, comportamentos ou sentimentos sexuais com os quais, em algum momento da vida, precisam de ajuda; (...) a educação deve ser ensinada de maneira específica e individualizada, baseada nesse *continuum* do desenvolvimento (MESIBOV; SCHOPLER, 1985).

O relato contido nesse documento serve inicialmente como um guia para que se possa considerar algumas recomendações. Além do mais, foi um dos primeiros documentos a reconhecer que os indivíduos com TEA têm os mesmos comportamentos ligados à sexualidade que as pessoas com desenvolvimento típico têm. Dessa forma, ele contribui para que o profissional trabalhe com uma operacionalização efetiva do que será possível ensinar, assim como o que será preciso avaliar no repertório da pessoa com TEA, embora não caibam todos os aspectos de que o tema necessita, contudo, ele já indica alguns pontos importantes, a compreensão da sexualidade como direito e a importância de o tema ser discutido nas escolas e na sociedade.

Dewinter *et al.* (2013) apresentaram relatos de adolescentes com TEA grau leve e que contribuíram para a compreensão da sexualidade, oferecendo descobertas sobre uma visão geral do tema e apoiando a ideia de que o desenvolvimento sexual é normativo para pessoas com autismo, assim como para qualquer outra pessoa.

Dekker *et al.* (2017) relataram que os indivíduos com TEA têm a mesma necessidade e desejo de relacionamentos românticos em situações socialmente aceitas. Os autores afirmam que o uso dos relatórios médicos ou do relato dos pais com relação à sexualidade de seus filhos dificulta o registro de respostas fidedignas, pois eles não descrevem todas as informações de forma autêntica, já que os dados são provenientes da concepção dos pais e cuidadores, os quais afirmam que pessoas com TEA não teriam condições perceptivas de analisarem aspectos de sua própria sexualidade, e acabam assim não considerando o sujeito em questão (DEKKER *et al.*, 2017; ROCHA; MESQUITA, 2018).

Trazendo, portanto, o protagonismo do TEA ao debate, Dekker *et al.* (2017) criaram um inventário com o propósito de avaliar o desenvolvimento psicossexual em jovens com TEA, em comparação a jovens com desenvolvimento típico. Tal inventário, denominado "Inventário de Transição para Adolescentes" (*Teen Transition Inventory* – TTI), foi construído levando em consideração diversos aspectos, iniciando com perguntas mais gerais, ou seja, em relação a amizades, desenvolvimento físico, atividades de lazer e aprofundando para questões mais específicas e íntimas, sobre o funcionamento psicossexual do sujeito.

O inventário é aplicado com quatro grupos: pais de crianças/adolescentes com TEA, pais de crianças/adolescentes em desenvolvimento típico, crianças/adolescentes com TEA e crianças/adolescentes em desenvolvimento típico. Diante dos resultados obtidos com os grupos, os pesquisadores chegam a considerar que o conhecimento dos adolescentes com TEA é menor do que aqueles que estão em desenvolvimento típico. Sendo assim, afirmam que:

> (...) como deficiências sociais são uma marca registrada do TEA, adolescentes com TEA mostraram menos socialização psicossexual (por exemplo, em aceitação social, habilidades de amizade e lidar adequadamente com os limites) e uma personalidade psicossexual mais pobre do que seus pares típicos (ou seja, menos autoestima, menos competência social e menos conhecimento psicossexual), tanto no autorrelato quanto no relato dos pais. (DEKKER *et al.*, 2017, p. 48).

Além disso, pôde ser perceptível, a partir de tal pesquisa, a influência que a família possui no quesito conhecimento sobre a sexualidade. Arend e os demais pesquisadores (2021) comentam que os comportamentos inadequados do sujeito com TEA, com relação à sexualidade, acontecem em razão da falta de consciência social e de uma educação sexual adequada, que deveria vir a ser bem explorada pela família, seguida por outros âmbitos, como: escola, ciência, mídia, religião etc. Compreendendo as dificuldades das famílias com relação a tal tema, os autores indicam a elaboração de um programa de educação sexual que colaborasse para que os sujeitos pudessem ser acolhidos e orientados com relação a todos os aspectos presentes na sexualidade. Além disso, as famílias também poderiam ser beneficiadas com orientações e discussões acerca de como fazer uma boa e eficaz ação educativa em casa, sem tabus e estigmas.

Na pesquisa feita por Dekker e demais pesquisadores (2017), foram encontrados alguns âmbitos de domínio referentes à sexualidade, sendo eles: socialização psicossexual, personalidade psicossexual e comportamento sexual íntimo, presentes no desenvolvimento sexual normativo e elementos imprescindíveis para que os profissionais possam programar estratégias hábeis na intervenção para pessoas com TEA referêntes ao campo da sexualidade.

Ao serem apresentados e discutidos tais âmbitos com os pais/cuidadores, com o intuito de melhor avaliar o jovem e, assim, propor melhores estratégias, os pesquisadores afirmam que obtiveram dados limitados e restritos. Tais limitações aconteceram em razão de diversas concepções errôneas que esses responsáveis tiveram acerca do que se tratava de "desenvolvimento privado", confundindo-o com algo que seria inacessível. Por exemplo: sabe-se que a masturbação se trata de um comportamento privado, mas não inacessível, ou seja, que não deve ou não vai acontecer. Além disso, tornou perceptível a noção de imaturidade tida pelos familiares, resistindo à ideia de que a pessoa com autismo possua direitos e desejos com relação à sexualidade (AREND *et al.*, 2021).

Diante do que foi exposto, Dekker e seus colaboradores (2017) trataram da importância dos múltiplos informantes bem orientados, os quais poderão fornecer um quadro completo a respeito do que vem sendo pesquisado e de onde poderão intervir.

Com os resultados das pesquisas apresentadas, observa-se que a maior parte dos estudos realizados sobre o tema é retirada da literatura dos relatos dos pais, o que acaba enviesando o resultado e até sendo estigmatizante para alguns dos domínios da sexualidade. Dessa forma, Dekker *et al.* (2017) apresentaram a importância de que futuras pesquisas sejam realizadas com múltiplos informantes e que estes sejam mais bem preparados, bem como abrir espaço ao relato dos sujeitos sobre sua própria sexualidade.

Além disso, também é apresentado nas pesquisas o empobrecimento das competências acerca da sexualidade das pessoas com TEA em sua história de desenvolvimento, movido pela escassez de conhecimento que o próprio indivíduo com TEA recebe, o que causa uma preocupação em torno de sua maior vulnerabilidade, em comparação aos seus pares, podendo levá-los a uma dificuldade extrema ao longo de suas vidas, representada, por exemplo, por maior probabilidade de riscos à violência sexual.

Portanto, torna-se imprescindível avaliar estratégias eficazes a partir do autorrelato da pessoa com TEA, ofertando condições para que este ocorra, resultando assim na melhoria dos aspectos de saúde, bem-estar e desenvolvimento pleno.

Referências

AMERICAN PSYCHIATRIC ASSOCIATION. *Diagnostic and statistical manual of mental disorders*. 5. ed. Washington, DC: APA, 2013.

AREND, M. H. R. F. *et al*. A sexualidade em adolescentes com transtorno do espectro autista (TEA): Revisão integrativa. *Society and Development*, v.10, n.6, pp. 1-9, 2021.

CENTERS FOR DISEASE CONTROL AND PREVENTION (CDC). *Data & Statistics on Autism Spectrum Disorder*. 2021. Disponível em: <https://www.cdc.gov/ncbddd/autism/data.html>. Acesso em: 20 jan. de 2022.

DEKKER, L. P. *et al*. Psychosexual functioning of cognitively-able adolescents with autism spectrum disorder compared to typically developing peers: the development and testing of the teen transition inventory- a self- and parent report questionnaire on psychosexual functioning. *J Autism Dev Disord*. v. 47, n.6: pp. 1716-1738, 2017.

DEWINTER, J. *et al*. Autism and normative sexual development: a narrative review. *Journal of Clinical Nursing*, v. 22, n. 23,24: pp. 3467-3483, 2013.

EYAL, G. *The autism matrix*. Cambridge: Polity Press, 2010.

FIGUEIRÓ, M. N. D. Educação sexual: como ensinar no espaço da escola. *Revista Linhas*. Florianópolis, v. 7, n. 1, pp. 1-21, 2006.

MEFFORD, H. C.; BATSHAW, M. L.; HOFFMAN, E. P. Genomics, intellectual disability and autism. *The New England Journal of Medicine*, v. 366, pp. 733-743, 2012.

NEWPORT, J.; NEWPORT, M. *Autism-Asperger's & sexuality – puberty and beyond*. Arlington, Texas: Future Horizons, 2002.

PARR, JEREMY. Autism. *Clinical Evidence* (Online) 0322. Published online. January 7, 2010.

RIOS, C., *et al*. Da invisibilidade à epidemia: a construção narrativa do autismo na mídia impressa brasileira. *Interface*. Botucatu. v. 19, n. 53, pp. 325-336, 2015.

ROCHA, M. V.; MESQUITA, A. C. Liberdade sexual: autismo e a disposição ao próprio corpo. *Revista Due In Altum Cadernos de Direito*, v. 10, n. 22, pp. 5-23, 2018.

SCHOPLER, E.; MESIBOV, G. (Ed. Series). *Communication problems in autism*. London: Plenum Press, 1985.

SCHOPLER, E, REICHLER, R, LANSING, M. *Individualized assessment and treatment for autistic and developmentally disabled children*. Baltimore: University Park Press, 1980.

14

COMORBIDADES NO TRANSTORNO DO ESPECTRO AUTISTA

Comorbidade é um termo utilizado para descrever outras condições que podem se manifestar junto ao Transtorno do Espectro Autista e causar sérios prejuízos. Reconhecer os comportamentos que sugerem algum transtorno comórbido é necessário, já que o tratamento adequado melhora a qualidade de vida das pessoas no espectro e da família como um todo.

Mirella Senise

Contatos
www.clinicasenise.com.br
misenise@gmail.com
Instagram: @dramirella_neuropediatra
11 4521 3488 / 11 4521 4515

Médica graduada pela Faculdade de Medicina de Jundiaí (FMJ), especialista em Pediatria pela Universidade de São Paulo (USP) e pela Associação Médica Brasileira (AMB). Realizou especialização em aplicação de toxina botulínica e bloqueio neuromuscular pela USP. É especialista em Neuropediatria pela Universidade Federal de São Paulo – Escola Paulista de Medicina (Unifesp) e pós-graduanda em Psiquiatria e Saúde Mental da Infância e Adolescência pelo CBI of Miami.

Introdução

Atualmente, o Transtorno do Espectro Autista (TEA) é considerado um dos mais frequentes distúrbios do neurodesenvolvimento e pode vir acompanhado de outras condições físicas, psiquiátricas e/ou cognitivas. Comorbidade é um termo médico que descreve outras condições que podem se manifestar junto ao TEA. Elas estão presentes em cerca de 70% dos indivíduos com TEA, e 48% deles podem ter mais de uma comorbidade. A presença de um transtorno comórbido tende a deixar o TEA mais severo, já que o indivíduo pode apresentar maior déficit nas interações sociais e menor engajamento na escola e nas respostas às terapias.

Conhecer as comorbidades mais comuns no autismo e suas principais características é essencial para garantir a intervenção necessária e o tratamento adequado, melhorando a qualidade de vida do autista e o prognóstico do quadro.

Epilepsia

Epilepsia é um distúrbio neurológico definido pela presença de duas ou mais crises convulsivas, não provocadas, em um intervalo superior a 24 horas. Ocorre pela presença de descargas elétricas anormais e excessivas no cérebro que são recorrentes e geram crises epilépticas focais ou generalizadas.

Estima-se que um terço das pessoas com TEA possa apresentar epilepsia clínica ou subclínica (quando há padrão eletroencefalográfico compatível com epilepsia, porém sem crises clínicas observáveis). É considerada mais frequente em crianças menores de cinco anos de idade e adolescentes. Entre os fatores de risco para a epilepsia no TEA, é possível citar deficiência intelectual (DI), comprometimento motor e histórico familiar de epilepsia.

Cerca de 70% das epilepsias cursam com bom controle de crises em vigência de tratamento, mas em 30% dos casos a evolução é desfavorável.

Crianças e adolescentes com autismo e epilepsia costumam apresentar mais problemas comportamentais, maiores prejuízos no aprendizado, distúrbios de sono e maior dificuldade na comunicação/interação, podendo estar associada a alguma regressão quando as crises epilépticas são muito frequentes e de difícil controle.

A diversidade de apresentação clínica dessas duas condições dificulta a identificação de um único mecanismo para explicar essa íntima associação e é provável que a combinação de diferentes fatores esteja envolvida. Pesquisas genéticas recentes apontam para numerosas e diversas mutações genéticas que têm autismo e epilepsia como consequências.

O controle das crises em pacientes com ambas as condições é fundamental para estabilizar o funcionamento cerebral e garantir melhor qualidade de vida.

Deficiência intelectual

Deficiência intelectual (DI) é um transtorno de desenvolvimento que provoca déficits nas capacidades mentais e prejuízos na função adaptativa, ou seja, o indivíduo apresenta um nível cognitivo e comportamental muito abaixo do que é esperado para sua idade cronológica.

A DI é uma comorbidade muito comum no TEA e um forte preditor de mau prognóstico. Estudos do Centers for Disease Control and Prevention (CDC) dos Estados Unidos apontam que mais de 30% das crianças com autismo apresentam também deficiência intelectual.

As crianças com DI não conseguem atingir os patamares básicos da aprendizagem na escola e é necessário que a instituição estabeleça um regime curricular diferenciado. Quando vem associada ao autismo, as dificuldades são ainda maiores e a inserção no mercado de trabalho se torna um grande desafio.

Depressão

A depressão é uma condição que causa sentimentos persistentes de tristeza e/ou desesperança, com humor irritável, maior isolamento social e até mesmo pensamentos suicidas. A depressão no autista está relacionada à sensação de não pertencimento, ao sofrimento causado pelo *bullying*, à rejeição social e à sensação de não suprir as expectativas familiares.

À medida que o autista cresce, ano a ano, ele vai se tornando mais consciente de suas diferenças e de sua inabilidade de pertencimento, levando a um risco cada vez maior de depressão, especialmente na adolescência.

Estudos comprovam que os autistas têm maior probabilidade de apresentar depressão do que a população em geral e o tratamento é, de fato, indispensável.

Transtorno de ansiedade

Ansiedade, de modo geral, é um estado subjetivo de apreensão ou tensão, difuso ou vago, frequentemente acompanhado por uma ou mais sensações físicas – como aumento da pressão arterial, da frequência cardíaca, da respiração, urgência de micção ou defecação – induzidas pela expectativa de perigo, dor ou necessidade de um esforço especial.

É, sem dúvida, um problema sério para muitas pessoas do espectro autista, que experimentam a ansiedade com maior frequência e intensidade. Pesquisas mostram que cerca de 40 a 66% das pessoas no espectro autista apresentam transtornos ansiosos.

No TEA, as mudanças de rotina, os desafios de interação social e as alterações sensoriais podem gerar ansiedade. Identificar os gatilhos é essencial, uma vez que, a partir daí, será possível tomar as medidas necessárias para reduzir esses sintomas e melhorar a qualidade de vida.

Transtorno de déficit de atenção e hiperatividade

O transtorno de déficit de atenção e hiperatividade (TDAH) e o TEA são transtornos do neurodesenvolvimento. Ambos afetam o comportamento, o aprendizado e a socialização. O TDAH é caracterizado pelo prejuízo na modulação da atenção, por hiperatividade e impulsividade. É certamente uma das comorbidades mais comuns do autismo, ocorrendo em cerca de 59% das pessoas com TEA.

Um autista hiperativo tem mais dificuldade para manter o contato visual, estabelecer interações sociais efetivas e acaba por apresentar pior desempenho escolar. Realizar o diagnóstico e iniciar tratamento adequado traz grandes benefícios ao indivíduo.

Transtorno opositivo-desafiador

O transtorno opositivo-desafiador (TOD) é um transtorno do comportamento definido por padrões persistentes de comportamentos negativistas, hostis, disruptivos, desafiadores e desobedientes observados nas interações sociais da criança com seus pais ou figuras de autoridade de uma forma geral. Há inabilidade no autocontrole das emoções e dos comportamentos; são crianças argumentativas, que têm dificuldade em acatar ordens e apresentam grande descontrole emocional diante de frustrações.

Cerca de 30% das crianças com diagnóstico inicial de TOD evoluirão para o transtorno de conduta na adolescência e, naquelas em que o início dos sintomas opositivos e desafiadores foi precoce, antes dos 8 anos de idade, essa porcentagem será maior. Aproximadamente 10% das crianças com TOD, após evoluírem para o transtorno de conduta, terão uma evolução para o transtorno de personalidade antissocial, outra condição comportamental gravíssima.

Estima-se que entre 16 e 28% dos autistas tenham TOD. Para o diagnóstico, esse padrão global de comportamento deve estar presente por pelo menos seis meses.

Transtorno obsessivo-compulsivo

O transtorno obsessivo-compulsivo (TOC) é caracterizado pela presença de compulsões e/ou obsessões recorrentes que interferem na rotina diária, com prevalência estimada em 9 a 17% no TEA.

Obsessões são ideias persistentes e recorrentes, pensamentos, impulsos ou imagens que são intrusivas e causam angústia. Esses pensamentos não são desejados ou intencionais e estão fora do controle do indivíduo, indo muito além das preocupações normais. Compulsões são comportamentos repetitivos ou atos mentais que um indivíduo se sente compelido a executar de acordo com regras que devem ser aplicadas rigidamente.

Diferente dos comportamentos estereotipados do TEA, as compulsões seguem uma obsessão e não são desejadas ou percebidas como prazerosas. Já as estereotipias são uma forma de autorregulação, são menos sofisticadas e não causam sofrimento para o autista.

Síndrome do X frágil

A síndrome do X frágil é uma condição genética, de caráter dominante e hereditária, geralmente associada ao TEA. Ocorre por alteração no gene *FMR1* localizado no cromossomo X, sendo mais frequente no sexo masculino (em torno de 1 para cada 4 mil homens e de 1 para cada 6 mil mulheres).

A síndrome é caracterizada por deficiência intelectual, déficit de atenção, ansiedade, atraso no desenvolvimento motor, prejuízos na comunicação e interação social, comportamentos repetitivos e epilepsia em aproximadamente 20% dos casos.

Metade dos casos de deficiência intelectual ligada ao cromossomo X corresponde à síndrome do X frágil e, portanto, é importante investigar essa condição quando a criança apresentar deficiência intelectual sem causa aparente associada ou não ao espectro autista.

Distúrbios do sono

Os distúrbios de sono afetam de 50 a 80% das pessoas no espectro e afetam a qualidade, o tempo e a quantidade de sono. Além disso, a presença de distúrbios de sono causa impactos nos comportamentos diurnos, leva a cansaço excessivo, irritabilidade e compromete a qualidade de vida de toda a família.

Obesidade infantil

Crianças autistas apresentam até 50% mais chances de estarem acima do peso ou serem obesas quando comparadas à população em geral. Isso é consequência do padrão alimentar seletivo e repetitivo, dificuldade em introduzir alimentos novos e menos calóricos, uso de algumas medicações e distúrbios do sono.

Pica é o ato de comer ou colocar na boca itens não comestíveis, como pedra, terra, metal e fezes. A razão pela qual o autista pode apresentar pica pode ser médica (sintoma de deficiência de ferro), sensorial (busca por textura ou sabor; aliviar ansiedade, dor ou desconforto) ou comportamental (não compreender o que é comestível ou não; solicitar atenção; evitar exigência).

Hipotonia muscular

Cerca de 30% das crianças com autismo apresentam hipotonia ou tônus muscular baixo. Elas costumam assumir uma postura inadequada, têm dificuldades em coordenação motora fina e grossa e, pelas alterações proprioceptivas, sensoriais e de qualidade motora, tendem a ficar sentadas em W pela maior estabilidade e segurança dessa posição; com isso, podem ter prejuízos ainda maiores em seu desenvolvimento global.

Conclusões

Em virtude do significativo aumento no número de diagnósticos de TEA, esta condição vem se tornando uma das mais pesquisadas por neurocientistas no mundo todo.

Um estudo publicado em 2019 na revista *Comprehensive Psychiatry* mostra que, em 66% dos casos, o TEA vem associado a duas ou mais comorbidades neuropsiquiátricas, o que pode indicar uma origem etiológica genética comum ou semelhante.

A presença de outros transtornos e condições associadas ao autismo afeta a qualidade de vida das pessoas no espectro. A quantidade de comorbidades e a intensidade dos sintomas que podem estar presentes causam prejuízos nas diversas áreas da vida dos autistas. Dessa forma, é preciso compreender as características das condições mais comuns no TEA para melhor identificá-las e realizar um tratamento mais completo e eficaz.

Em 2018, foi publicado um estudo no *Journal of Autism and Developmental Disorders* que sugere que algumas condições podem alterar significativamente o tempo para diagnóstico do autismo. A presença de TDAH atrasou esse diagnóstico em um ano em média; já a presença de ansiedade ou TOD atrasaram as avaliações para TEA em pelo menos 10 meses. Esse atraso no diagnóstico do autismo pode levar as crianças a perder os incontáveis benefícios de uma intervenção precoce.

Tão importante quanto realizar o diagnóstico precoce do autismo é identificar também precocemente estas e tantas outras comorbidades que podem se manifestar no TEA. Por vezes, a comorbidade causa mais prejuízos que o próprio autismo e acaba por agravar seus sintomas e comprometer a resposta ao tratamento.

Portanto, é fundamental que pais, professores e profissionais que trabalham com TEA conheçam suas principais comorbidades. A identificação e o tratamento adequado dessas condições promovem maior qualidade de vida para o autista e toda sua família.

Referências

CALHOUN, M. *et al*. Gait patterns in children with autism. *Clinical Biomechanics*, Epub ahead of print (2010).

GARCIA, A. C.; VIVEIROS, M. M.; SCHWARTZMAN, J. S.; BRUNONI, D. Transtornos do espectro do autismo: avaliação e comorbidades em alunos de Barueri, São Paulo. *Psicologia: Teoria e Prática*, v. 18, n. 1, pp. 166-177, 2016.

MOREIRA, D. P. *Estudos de comorbidades e dos aspectos genéticos de pacientes com transtorno do espectro autista*. 2012. Dissertação (Mestrado em Ciências) – Instituto de Biociências da Universidade de São Paulo, São Paulo, 2012.

PEREIRA, A.; PEGORARO, L. F. L.; CENDES, F. Autismo e epilepsia: modelos e mecanismos. *Journal of Epilepsy and Clinical Neurophysiology*, v. 18, n. 3, pp. 92-96, 2012.

SOKE, G. N. *et al*. Prevalence of co-occurring medical and behavioral conditions/symptoms among 4 and 8-year-old children with autism spectrum disorder in selected areas of the United States in 2010. *Journal of Autism and Developmental Disorders*, v. 48, n. 8, pp. 2.663-2.676, 2018.

SOUZA NEVES, R. *Transtorno do espectro autista: conhecer, diagnosticar, intervir e orientar*. São Paulo: Souza & Neves Edições/Clube de Autores, 2019.

15

AUTISMO E EPILEPSIA
COMO EXPLICAR ESSA RELAÇÃO?

Embora a correlação entre epilepsia e autismo seja alvo de muitos estudos ao longo dos últimos anos, ainda não foi esclarecido exatamente como uma influencia o outro. O autismo leva à epilepsia, a epilepsia contribui para o autismo ou as duas condições coexistem? Ainda não está claro. O que sabemos é que indivíduos autistas são mais acometidos por epilepsia do que a população em geral.

ELLEN BALIELO MANFRIM

Ellen Balielo Manfrim

Contatos
www.clinicaintegrar.com.br
ellenmanfrim@hotmail.com
Instagram: @ellenmanfrim_neuropediatra
14 99737 3777

Neuropediatra, fundadora e diretora clínica da INTEGRAR – Clínica de Saúde Interdisciplinar, em Santa Cruz do Rio Pardo/SP e em Santo Antônio da Platina/PR. Graduada em Medicina pela Faculdade Evangélica do Paraná. Residência em Pediatria no Hospital de Clínicas da Universidade Federal do Paraná. Residência em Neuropediatria no Hospital Infantil Pequeno Príncipe. Especialização em Eletroencefalograma e epilepsia no Hospital de Clínicas da Universidade de São Paulo. Neurofisiologista Clínica com ênfase em Eletroencefalograma pela Sociedade Brasileira de Neurofisiologia Clínica. Tem ampla experiência com transtornos do desenvolvimento neurológico, especialmente os Transtornos do Espectro Autista. Atualmente cursa pós-graduação em Análise do Comportamento Aplicada pelo CBI of Miami.

Introdução

A relação entre autismo e epilepsia tem sido fonte de diversos estudos científicos ao longo dos anos. Já nas descrições iniciais do Transtorno do Espectro Autista (TEA), realizadas por Leo Kanner há mais de 70 anos, encontramos evidências da ligação da epilepsia ao autismo, quando ele descreve a presença de convulsões em um dos seus pacientes (KANNER, 1943, 1968, 1971). Posteriormente, na década de 1960, surgiram estudos aprofundados que discutiram essa relação, buscando uma explicação para a ocorrência de alterações no eletroencefalograma (EEG) e sugerindo que o autismo fosse um distúrbio na funcionalidade do cérebro (HUTT *et al.*, 1965; SCHAIN; YANNET, 1960).

Apesar das descrições mais remotas de epilepsia terem sido registradas por volta de 3500 a.C. (LIBERALESSO, 2009), foi apenas na década de 1960 que a Organização Mundial de Saúde (OMS) a classificou como um transtorno neurológico (GASTAUT *et al.*, 1964). Em 1964, Gastaut publicou uma proposta moderna para a classificação de crises, o que contribuiu para mudar a visão anterior sobre epilepsia, levando-nos a entendê-la como uma doença que envolve as redes neuronais e não apenas como um resultado de anomalias cerebrais circunscritas (BLUMENFELD, 2014; CENTENO; CARMICHAEL, 2014). Em 1981, a comissão da International League Against Epilepsy - ILAE (Liga Internacional contra Epilepsia, fundada em 1909) avaliou centenas de crises por meio de gravações de videoeletroencefalogramas (vídeo-EEG) e dividiu-as em parciais e generalizadas (PROPOSAL..., 1981). Embora esta classificação ainda esteja em uso, periodicamente a ILAE lança modificações com o objetivo de auxiliar no entendimento sobre a epilepsia e direcionar o tratamento (FISHER *et al.*, 2017).

A evolução histórica da classificação do autismo e da epilepsia favoreceu a investigação clínica e científica sobre essa sobreposição. Desde então, pautados nos conceitos sobre epilepsia e autismo, seguem os estudos sobre qual seria a melhor maneira de classificar crianças com autismo ou com epilepsia, bem como aquelas com autismo e epilepsia associados.

A epilepsia é caracterizada pela presença de crises recorrentes, sejam elas visíveis ou não (GUERRINI, 2006). Nesta categoria diagnóstica há diversos distúrbios com etiologias, fisiopatologia e prognósticos distintos (GUERRINI, 2006). Já o autismo é caracterizado por comprometimento precoce e persistente na comunicação e interação social, associado a interesses fixos e restritos de comportamento. Assim como na epilepsia, não há uma explicação única para o transtorno (AMERICAN PSYCHIATRIC ASSOCIATION, 2014). Dessa forma, podemos dizer que ambos representam transtornos complexos e clinicamente heterogêneos, o que por vezes dificulta a compreensão da relação entre ambos.

Epilepsia e suas nuances

Define-se epilepsia como a ocorrência de duas crises não provocadas (portanto, não secundárias a eventos agudos como febre, infecção, traumatismo e distúrbios metabólicos). Independentemente do tipo das crises ocorridas, é necessário um intervalo maior que 24 horas entre os dois episódios para que esta classificação seja feita (FISHER *et al.*, 2017).

É importante lembrar que o termo crise é utilizado para descrever eventos clínicos caracterizados por interrupções paroxísticas, estereotipadas e relativamente breves do comportamento em curso, associadas a padrões de crise eletrográfica (TUCHMAN; CUCCARO; ALESSANDRI, 2010). Segundo Fisher *et al.* (2005), tecnicamente uma crise é definida como "a presença de sinais e/ou sintomas transitórios resultantes de uma atividade neuronal síncrona e excessiva". Embora o termo "convulsão" seja popularmente usado em referência às crises, ele não faz parte da classificação oficial promovida pela ILAE em 2017 (FISHER *et al.*, 2017).

De acordo com a OMS, a epilepsia ocupa uma parcela significativa no ranking mundial de doenças, afetando cerca de 50 milhões de pessoas em todo o mundo. A proporção estimada da população geral com epilepsia ativa (ou seja, convulsões contínuas ou com necessidade de tratamento) em um determinado momento está entre 4 e 10 para cada 1.000 pessoas, e quase 80% das pessoas com epilepsia vivem em países de baixa e média renda (WHO, 2019). Observa-se que a epilepsia ocorre com maior frequência nos dois primeiros anos de vida, decaindo durante a infância e adolescência, e aumentando novamente no idoso (LIBERALESSO, 2009). Ainda que exista essa variação entre as faixas etárias, a prevalência mundial da epilepsia varia de 1 a 2% (WHO, 2019).

Embora seja um transtorno complexo em sua apresentação, etiologia e prognóstico, o diagnóstico da epilepsia é relativamente simples, pois deve ser realizado com enfoque clínico. Assim, a anamnese é o aspecto mais importante durante todo o processo diagnóstico, devendo ser conduzida pelo médico assistente juntamente ao relato do paciente e seus familiares.

Exames neurofisiológicos, como o EEG e o vídeo-EEG, assim como os exames de neuroimagem (ressonância magnética do encefálico e tomografia computadorizada do crânio) podem ou não confirmar o diagnóstico da epilepsia, já que em muitos casos estes exames serão normais (LIBERALESSO, 2009). Não há dúvida quanto à importância do EEG na investigação dos quadros suspeitos de epilepsia. Portanto, segundo Liberalesso, além de ser utilizado para confirmar o diagnóstico clínico, seu uso pode estabelecer o diagnóstico diferencial com eventos de natureza não epiléptica, bem como distinguir as crises generalizadas das focais, estabelecendo assim a melhor opção terapêutica e o prognóstico.

Alguns casos devem seguir avaliação com exames genéticos e moleculares, com o objetivo de definir etiologia, tratamento e prognósticos adequados.

Após definida a presença da epilepsia, a opção do tratamento medicamentoso e a escolha de qual fármaco é o mais indicado levará em consideração o tipo de crise apresentada (generalizada, focal etc.), as alterações nos exames neurofisiológicos, as condições clínicas gerais do paciente, a idade do paciente e questões socioeconômicas para a manutenção do tratamento.

Enquanto alguns pacientes serão medicados por 2 a 3 anos e logo receberão alta, outros permanecerão utilizando os medicamentos ao longo da vida. Portanto, a duração do tratamento e o prognóstico do paciente são bastante individualizados, variando de acordo com a etiologia do quadro, a idade de início de crises e a resposta ao medicamento, devendo sempre serem discutidos e informados à família e ao paciente, caso este possa compreender.

Entender a problemática em questão e o caminho longo e trabalhoso a ser percorrido para uma evolução satisfatória é, sem dúvida, a melhor forma de garantir uma correta adesão ao tratamento.

Epilepsia e autismo ou autismo e epilepsia: como funciona essa relação?

Embora se tenha conhecimento da forte associação que existe entre o TEA e a epilepsia, essa relação ainda não é muito bem compreendida (BERG; PLIOPLYS, 2012).

Ambos são transtornos neurológicos comuns e cada dia mais prevalentes, porém há lacunas que nos impedem de entender melhor a associação biológica e os tratamentos mais efetivos (TUCHMAN; HIRTZ; MAMOUNAS, 2013).

Com base em vários estudos de meta-análise e revisão de dados agrupados, sabemos que o autismo e a epilepsia tendem a ocorrer simultaneamente em cerca de 30% dos indivíduos.

Segundo Tuchman, Hirtz e Mamounas, há dois grandes estudos prospectivos que analisaram as taxas de autismo em uma população com epilepsia e descobriram que aproximadamente 4 a 5% das crianças com epilepsia tinham TEA (TUCHMAN; HIRTZ; MAMOUNAS, 2013). Em outro estudo que analisou indivíduos com epilepsia com 16 anos ou mais, examinando a presença de comorbidades do neurodesenvolvimento e psiquiátricas, a prevalência de autismo foi de 8,1%; porém, ao se reajustar os resultados de acordo com o quociente de inteligência (QI) verbal, mostrou-se que um indivíduo com epilepsia teve um aumento de sete vezes nas chances de ter TEA (RAI *et al.*, 2012). De acordo com Berg e Plioplys, pessoas com epilepsia têm maior risco de autismo se tiverem também deficiência intelectual (DI) (BERG; PLIOPLYS, 2012).

Em relação à prevalência de epilepsia em indivíduos com autismo, meta-análises de estudos conduzidos mostraram que epilepsia com autismo e DI ocorre em 21,5 a 23,7% dos indivíduos, enquanto epilepsia em autistas sem DI ocorre em 8 a 8,9% (AMIET *et al.*, 2008; WOOLFENDEN *et al.*, 2012).

A associação entre doenças genéticas, epilepsia e autismo pode fornecer uma indicação adicional dos mecanismos que relacionam a epilepsia ao autismo e vice-versa (TYE *et al.*, 2019), já que distúrbios genéticos associados à epilepsia (como esclerose tuberosa, síndrome de Dravet e síndrome de Angelman) estão associados a taxas mais altas de sintomas autísticos (TYE *et al.*, 2019).

Ainda assim, a DI é um fator comum, independentemente se o indivíduo desenvolve primeiro autismo e depois a epilepsia, ou para os casos de encefalopatias epilépticas de início precoce que desenvolvem características autistas. Portanto, parece existir um mecanismo compartilhado entre autismo, epilepsia e DI (JESTE; TUCHMAN, 2015).

Contudo é importante lembrar que, mesmo quando a deficiência intelectual não está presente, o risco de epilepsia em autistas, bem como de autismo na epilepsia, é significativamente maior do que o encontrado na população em geral, causando danos significativos à qualidade de vida desses indivíduos e de suas famílias, justificando a atenção e os estudos voltados ao tema.

Epilepsia no autismo: o que muda no dia a dia?

Apesar da maior prevalência dos casos de epilepsia em indivíduos autistas, o EEG e os exames de neuroimagem não devem ser realizados como rotina para o diagnóstico ou seguimento de pacientes autistas (MONTENEGRO *et al.*, 2021).

Dessa forma, a aplicabilidade desses exames será apenas para casos específicos, devendo ser avaliada individualmente pelo médico.

Referências

AMERICAN PSYCHIATRIC ASSOCIATION. *Manual diagnóstico e estatístico de transtornos mentais*: DSM-5. 5. ed. Porto Alegre: Artmed, 2014.

AMIET, C. *et al*. Epilepsy in autism is associated with intellectual disability and gender: evidence from a meta-analysis. *Biological Psychiatry*, v. 64, pp. 577-582, 2008.

BERG, A. T.; PLIOPLYS, S. Epilepsy and autism: is there a special relationship? *Epilepsy & Behavior*, v. 23, n. 3, pp. 193-198, 2012.

BLUMENFELD, H. What is a seizure network? Long-range network consequences of focal seizures. Advances in Experimental Medicine and Biology, v. 813, pp. 63-70, 2014.

CENTENO, M.; CARMICHAEL, D. W. Network connectivity in epilepsy: resting state fMRI and EEG-fMRI contributions. *Frontiers in Neurology*, v. 5, p. 93, 2014.

FISHER, R. S. *et al*. Epileptic seizures and epilepsy: definitions proposed by the International League Against Epilepsy (ILAE) and the International Bureau for Epilepsy (IBE). *Epilepsia*, v. 46, pp. 470-472, 2005.

FISHER, R. S. *et al*. Operational classification of seizure types by the International League Against Epilepsy: Position Paper of the ILAE Commission for Classification and Terminology. *Epilepsia*, v. 58, n. 4, pp. 522-530, 2017.

GASTAUT, H. *et al*. A proposed international classification of epileptic seizures. *Epilepsia*, n. 5, pp. 297-306, 1964.

GUERRINI, R. Epilepsy in children. *Lancet*, v. 367, pp. 499-524, 2006.

HUTT, S. J. *et al*. A behavioural and electroencephalographic study of autistic children. *Journal of Psychiatric Research*, v. 3, pp. 181-197, 1965.

JESTE, S. S.; TUCHMAN, R. Autism spectrum disorder and epilepsy: two sides of the same coin? *Journal of Child Neurology*, v. 30, n. 14, pp. 1963-1971, 2015.

KANNER, L. Autistic disturbances of affective contact. *Nervous Child*, v. 2, pp. 217-250, 1943.

KANNER, L. Early infantile autism revisited. *Psychiatry Digest*, v. 29, pp. 17-28, 1968.

KANNER, L. Follow-up study of eleven autistic children originally reported in 1943. *Journal of Autism and Childhood Schizophrenia*, v. 1, pp. 119-145, 1971.

LIBERALESSO, P. Manual de diagnóstico e tratamento das epilepsias na infância. Curitiba: UTP, 2010. Reynolds EH, Trimble MR. Epilepsy, psychiatry, and neurology. *Epilepsia*, v. 50, Supl. 3, p. 30, 2009.

MONTENEGRO, M. A. et al. *Proposta de padronização para o diagnóstico, investigação e tratamento do transtorno do espectro autista*. Sociedade Brasileira de Neuropediatria, 2021.

PROPOSAL for revised clinical and electroencephalographic classification of epileptic seizures. From the Commission on Classification and Terminology of the International League Against Epilepsy. *Epilepsia*, v. 22, pp. 489-501, 1981.

RAI, D. *et al.* Epilepsy and psychiatric comorbidity: a nationally representative population-based study. *Epilepsia*, v. 53, pp. 1095-1103, 2012.

SCHAIN, R. J.; YANNET, H. Infantile autism. An analysis of 50 cases and a consideration of certain relevant neurophysiologic concepts. *The Journal of Pediatrics*, n. 57, pp. 560-567, 1960.

TUCHMAN, R.; CUCCARO, M.; ALESSANDRI, M. Autism and epilepsy: historical perspective. *Brain & Developement*, v. 32, n. 9, pp. 709-718, 2010.

TUCHMAN, R.; HIRTZ, D.; MAMOUNAS, L. A. NINDS epilepsy and autism spectrum disorders workshop report. *Neurology*, v. 81, n. 18, pp. 1630-1636, 2013.

TYE, C. *et al.* Characterizing the interplay between autism spectrum disorder and comorbid medical conditions: an integrative review. *Frontiers in Psychiatry*, v. 9, p. 751, 2019.

WOOLFENDEN. S. *et al.* A systematic review of two outcomes in autism spectrum disorder: epilepsy and mortality. *Developmental Medicine and Child Neurology*, v. 54, pp. 306-312, 2012.

WORLD HEALTH ORGANIZATION (WHO). *Epilepsy*. 20 jun. 2019. Disponível em: <https://www.who.int/news-room/fact-sheets/detail/epilepsy>. Acesso em: 2 fev. de 2022.

16

FARMACOTERAPIA NO TRANSTORNO DO ESPECTRO AUTISTA

A farmacoterapia do Transtorno do Espectro Autista (TEA) tem se expandido recentemente, tanto em termos de porcentagem de indivíduos em uso de medicações quanto em relação às faixas etárias estudadas. Isso torna ainda mais importante um entendimento de suas indicações e limitações. Este capítulo revisa e atualiza, muito brevemente, o papel de substâncias farmacoterápicas no TEA e em algumas de suas comorbidades associadas mais frequentes. São apresentadas sugestões de posologia, em forma de tabela, dos medicamentos mais comumente utilizados.

CARLOS GADIA

Carlos Gadia

Contatos
carlosgadia@gmail.com
Instagram: @eyecontactlivesshapedbyautism
19 54336 5301

Associate Director, Dan Marino Center – Nicklaus Children's Hospital, FL, USA. Professor- assistente Voluntário, Departamento de Neurologia, University of Miami Miller School of Medicine. Professor-adjunto voluntário de Neurologia, Herbert Wertheim College of Medicine – Florida International University. Professor assistente voluntário de Pediatria – Dr. Kiran C. Patel College of Medicine – Nova Southeastern University.

Entre 50 e 60% das crianças com Transtorno do Espectro Autista (TEA) recebem algum medicamento para reduzir comportamentos disruptivos ou para alguma comorbidade e entre 30 e 40% delas usam mais de um medicamento ao mesmo tempo (PASTORINO *et al.*, 2020). No entanto, é extremamente importante ressaltar que, atualmente, não existem medicamentos específicos para o TEA. Por outro lado, medicações podem ser utilizadas quando tivermos identificado, adequadamente, sintomas-alvo que possam estar interferindo na resposta a terapias apropriadas. O controle ou diminuição desses sintomas, sejam eles ansiedade, irritabilidade, hiperatividade, agressão (hetero ou auto), déficits atencionais, anormalidades do sono etc., podem ser muito úteis para o manejo adequado de intervenções não medicamentosas indicadas para cada paciente. Outro ponto importante é a decisão de quando usar medicamentos com esses pacientes: a introdução, troca ou retirada de uma droga só deve ser considerada depois uma avaliação detalhada do sintoma apresentado, incluindo-se início dos sintomas, fatores agravantes, gravidade, possíveis intervenções não medicamentosas e efeitos colaterais.

Duas abordagens principais têm sido adotadas para desenvolver agentes farmacológicos para TEA. Uma é redirecionar tratamentos de outros transtornos psiquiátricos que apresentam sintomas em comum com o TEA. A segunda abordagem é atingir os supostos processos neurobiológicos subjacentes ao TEA, visando atingir subpopulações potencialmente mais homogêneas, como aquelas com anormalidades genéticas raras que têm TEA, por exemplo, indivíduos com síndrome de Rett ou síndrome do X frágil.

Nos últimos 20 anos, os antipsicóticos de "segunda geração" têm sido amplamente usados em pacientes com TEA. Dados iniciais, que sugeriam menor frequência de efeitos colaterais associados a essas drogas, quando comparadas com medicações de "primeira geração", foram um dos principais motivos para essa escolha. No entanto, estudos mais recentes sugerem que a diferença entre antipsicóticos típicos e atípicos, em termos de efeitos colaterais, pode não ser tão significativa quanto inicialmente indicado. A risperidona, um dos exemplos desse grupo de drogas, foi aprovada em 2002 pela Food and Drug Administration (FDA) e, subsequentemente, pela Agência Nacional de Vigilância Sanitária (Anvisa), para uso no tratamento de irritabilidade e agressividade severas em pacientes com TEA, a partir dos 5 anos de idade. No estudo inicial (duplo-cego, randomizado, controlado por placebo), com 101 participantes com idades entre 5 e 17 anos, a risperidona foi usada por 8 semanas com uma redução muito significativa da irritabilidade (59% no grupo da risperidona *vs.* 14,1% no grupo placebo). No entanto, efeitos adversos como fadiga e sonolência foram listados, além de um ganho de peso médio de 2,7 kg por paciente após 8 semanas de tratamento (MCCRACKEN *et al.*, 2002). A risperidona parece ser razoavelmente bem tolerada, mas o uso a longo prazo (6 meses) foi associado a efeitos colaterais persistentes, incluindo aumento do apetite, ganho de peso, sedação leve, hipersalivação e hiperprolactinemia (LUBY *et al.*, 2006; NAGARAJ et al., 2006). A hiperprolactinemia, potencialmente causada por um bloqueio dos receptores de dopamina no sistema tuberoinfundibular (HOWES et al., 2009), pode normalizar a longo prazo (FINDLING; MCNAMARA, 2004), mas também há evidências de aumento da prolactina após seis meses de tratamento (LUBY *et al.*, 2006). A Cochrane avaliou dez estudos envolvendo risperidona, quetiapina e ziprasidona, com um total de 896 participantes entre 5 e 18 anos: a risperidona (a faixa de dose típica vai de 0,25 a 6 mg/dia) foi a droga com efeito mais significativo no comportamento agressivo em pacientes com TEA, quando comparada ao placebo (LOY *et al.*, 2017).

O aripiprazol (com doses tipicamente variando entre 2 e 15 mg/dia) também é um medicamento aprovado pelo FDA e pela Anvisa para o tratamento de irritabilidade severa em indivíduos com TEA a partir dos 6 anos de idade. Esse medicamento foi testado em dois estudos duplo-cegos, controlados por placebo, e os resultados mostraram melhora nos aspectos comportamentais, por meio da escala ABC-I. Um efeito colateral de curto e médio prazo associado a esse medicamento pode ser o ganho de peso (estudos iniciais sugeriam que em menor grau do que a risperidona) e sedação (apesar de que, em alguns casos, pode causar dificuldades para iniciar o sono). Deve-se salientar que nenhum aumento da prolactina sérica foi observado nos estudos com aripiprazol e reduções foram observadas em algumas crianças. Isso sugere que o aripiprazol seria preferível à risperidona em casos com preocupações relacionadas à hiperprolactinemia. Outros efeitos colaterais de maior preocupação, como diabetes, problemas cardiovasculares, discinesia tardia e doenças hepáticas podem ocorrer com o uso prolongado, particularmente associado a doses elevadas, tanto com risperidona quanto com aripiprazol. Outras medicações desta geração de antipsicóticos têm sido estudadas, como a quetiapina, a olanzapina e a ziprasidona. Os antipsicóticos de primeira geração, como o haloperidol e a clorpromazina, entre outros, são cada vez menos usados e há cerca de 20 anos não são mais considerados a primeira escolha nos casos de TEA. Isso se deve a maior incidência de efeitos colaterais, principalmente sedação e reações extrapiramidais.

Inibidores seletivos da recaptação da serotonina (ISRS) e outros antidepressivos são amplamente prescritos para pessoas com TEA (COURY *et al.*, 2012). No entanto, não existem estudos rigorosos que investiguem o papel dessas medicações no tratamento de transtornos de humor em crianças com TEA. O uso de ISRS para tratar a depressão é, portanto, baseado na extrapolação de ensaios em pacientes sem TEA. Além disso, existe evidência de aumento da sensibilidade aos efeitos colaterais desses fármacos em crianças com TEA (KING *et al.*, 2009). Por isso, ISRS, se e quando usados, devem ser iniciados em doses baixas, titulados gradualmente e monitorados cuidadosamente quanto a efeitos colaterais (NADEAU et al, 2011).

Quanto a comportamentos obsessivo-compulsivos, dois grandes estudos não relataram efeito dos ISRS (citalopram e fluoxetina) nos sintomas (HOLLANDER *et al.*, 2005; KING *et al.*, 2009). Uma recente revisão sistemática e meta-análise da eficácia dos medicamentos disponíveis para o tratamento de comportamentos restritivos/repetitivos em TEA não encontrou nenhuma diferença significativa entre as substâncias estudadas (fluvoxamina, risperidona, fluoxetina, citalopram, oxitocina, N-acetilcisteína, buspirona) e placebo no tratamento desses comportamentos (YU *et al.*, 2020).

Problemas de atenção e hiperatividade estão presentes em 30 a 50% das crianças com TEA (LEITNER, 2014) e, nesses casos, os neuroestimulantes são a primeira linha de tratamento. A possível mudança que essas drogas causam nos níveis de dopamina pode ajudar o paciente a manter o foco e diminuir a hiperatividade/impulsividade. Os neuroestimulantes são o segundo grupo de medicamentos mais usados no TEA. Estudos duplo-cegos, controlados por placebo, usando derivados de metilfenidato em pacientes com transtorno do déficit de atenção com hiperatividade (TDAH) e TEA foram relatados, com resultados positivos (STURMAN; DECKX; VAN DRIEL, 2017). Efeitos adversos como insônia e irritabilidade podem ser observados (REICHOW; VOLKMAR; BLOCH, 2013). Há também evidências de que a taxa de resposta ao metilfenidato em indivíduos com TEA e TDAH é menor do que em indivíduos com TDAH sem TEA. Um estudo de médio porte relatou uma taxa de resposta de 50% em indivíduos com TEA com sintomas de TDAH (RESEARCH UNITS ON PEDIATRIC PSYCHOPHARMACOLOGY AUTISM NETWORK, 2005) em comparação com taxas de resposta de 70-80% em crianças com TDAH sem TEA (JENSEN, 1999). A gravidade dos efeitos colaterais também pode ser maior em indivíduos com TEA e TDAH em comparação com indivíduos com TDAH sem TEA. As taxas de descontinuação em decorrência de efeitos colaterais foram muito maiores em estudo de TEA com TDAH (18%) em comparação ao estudo com TDAH, mas sem TEA (1,4%). Os efeitos colaterais comumente relatados em crianças com TEA foram diminuição do apetite, dificuldades para dormir, desconforto abdominal, retraimento social, irritabilidade e explosões emocionais, em sua maioria semelhantes aos observados no tratamento do TDAH para pessoas sem TEA. Tomados em conjunto, esses achados sugerem que, embora eficaz, o metilfenidato pode não ser tão eficaz em pessoas com TEA quanto em pessoas com TDAH e que indivíduos com TEA são mais propensos a sofrer efeitos colaterais. Alguns não neuroestimulantes também são usados neste contexto, como a guanfacina (SCAHILL et al., 2015) e a atomexetina (ambos não comercializados no Brasil). Em relação à atomoxetina, resultados de três ensaios clínicos randomizados, controlados por placebo, envolvendo 241 crianças, foram revisados em 2019 e demonstraram uma melhora muito pequena no nível de hiperatividade e desatenção (impressão clínica dos pais) (PATRA et al., 2019).

A combinação de medicamentos não é incomum em pacientes com TEA, porém é importante ressaltar que uma avaliação adequada pode indicar o medicamento adequado para o paciente naquele momento e o acúmulo de vários medicamentos pode mascarar comportamentos, além de inibir possíveis avanços. A heterogeneidade das características dos TEA e das comorbidades associadas pode ser fator complicador para que estudos com excelência metodológica sejam realizados na busca de novos fármacos.

A Tabela 1 resume os principais medicamentos usados para comorbidades associadas ao TEA.

Tabela 1. Medicações ocasionalmente utilizadas para comorbidades associadas ao Transtorno do Espectro Autista.

Sintoma-alvo	Nome genérico	Variação típica de dose	Classe	Possíveis efeitos colaterais
Irritabilidade	Risperidona	0,5-3,0 mg/dia	Antipsicótico de segunda geração	Ganho de peso, sedação, diabetes, reações alérgicas, boca seca, síndrome metabólica, aumento do risco de doença cardiovascular, hepatopatias e transtornos de movimento "tardios" (p. ex., discinesia tardia)
Irritabilidade	Quetiapina	50-300 mg/dia	Antipsicótico de segunda geração	
Irritabilidade	Aripiprazol	2-15 mg/dia	Antipsicótico de segunda geração	
Agressão, autoagressão, estereotipias	Haloperidol[1]	0,5-3,0 mg/dia	Antipsicótico de primeira geração	
Agressão, autoagressão, estereotipias	Clorpromazina	50-400 mg/dia	Antipsicótico de primeira geração	

1 Formas líquidas disponíveis com dosagens diferenciadas.

Problemas relacionados à atenção	Metilfenidato	5-40 mg/dia	Neuroestimulante	Dor de cabeça, dor abdominal, insônia, perda de apetite *Efeitos menos frequentes*: taquicardia, aumento significativo da pressão arterial, diminuição do ritmo de crescimento, ansiedade, aumento de comportamentos obsessivo-compulsivos *Efeitos para clonidina e guanfacina*: sedação, diminuição da pressão arterial (raramente significativa) e constipação
	Lisdexanfetamina	10-70 mg/dia	Neuroestimulante	
	Clonidina	0,05-0,4 mg/dia	Neuroestimulante	
	Guanfacina[2]	0,5-1,5 mg/dia	Não estimulante	
	Atomoxetina[2]	0,05-1,2 mg/dia	Não estimulante	
Depressão/ TOC/ ansiedade	Fluoxetina	5-200 mg/dia	ISRS	Inquietação, irritabilidade, boca seca, constipação
	Citalopram	10-40 mg/dia		
	Paroxetina	10-50 mg/dia		
	Sertralina	50-200 mg/dia		

ISRS: inibidores seletivos da recaptação da serotonina; TOC: transtorno obsessivo-compulsivo.

Referências

COURY, D. L. *et al.* Use of psychotropic medication in children and adolescents with autism spectrum disorders. *Pediatrics*, v. 130, supl. 2, S69-S76, 2012.

FINDLING, R. L.; MCNAMARA, N. K. Atypical antipsychotics in the treatment of children and adolescents: clinical applications. *The Journal of Clinical Psychiatry*, v. 65, supl. 6, pp. 30-44, 2004.

HOLLANDER, E. *et al.* A placebo controlled crossover trial of liquid fluoxetine on repetitive behaviors in childhood and adolescent autism. *Neuropsychopharmacology*, v. 30, pp. 582-589, 2005.

HOWES, O. *et al.* Mechanisms underlying psychosis and antipsychotic treatment response in schizophrenia: Insights from PET and SPECT imaging. *Current Pharmaceutical Design*, v. 15, pp. 2550-2559, 2009.

---

[2] Medicamentos não comercializados no Brasil.

KING, B. H. et al. Lack of efficacy of citalopram in children with autism spectrum disorders and high levels of repetitive behavior: Citalopram ineffective in children with autism. *Archives of General Psychiatry*, v. 66, pp. 583-590, 2009.

LEITNER, Y. The co-occurrence of autism and attention deficit hyperactivity disorder in children – what do we know? *Frontiers in Human Neuroscience*, v. 8, p. 268, 2014.

LOY, J. H. et al. Atypical antipsychotics for disruptive behavior disorders in children and youths. *The Cochrane Database of Systematic Reviews*, v. 8, n. 8, CD008559-CD008559, 2017.

LUBY, J. et al. Risperidone in preschool children with autistic spectrum disorders: an investigation of safety and efficacy. *Journal of Child and Adolescent Psychopharmacology*, v. 16, pp. 575-587, 2006.

MCCRACKEN, J. T. et al. Risperidone in children with autism and serious behavioral problems. *The New England Journal of Medicine*, v. 347, n. 5, pp. 314-321, 2002.

NADEAU, J. et al. Treatment of comorbid anxiety and autism spectrum disorders. *Neuropsychiatry* (London), v. 1 ,n. 6, pp. 567-578, 2011.

NAGARAJ, R.; SINGHI, P.; MALHI, P. Risperidone in children with autism: randomized, placebo-controlled, double-blind study. *Journal of Child Neurology*, v. 21, pp.450-455, 2006.

PASTORINO, G. M. G.; OPERTO, F. F.; COPPOLA, G. Pharmacology in autism spectrum disorder: how, when and why. *Broad Research in Artificial Intelligence and Neuroscience*, v. 11, pp. 47-56, 2020.

PATRA, S. et al. Atomoxetine for attention deficit hyperactivity disorder in children and adolescents with autism: a systematic review and meta-analysis. *Autism Research*, v. 12, n. 4, pp. 542-552, 2019.

REICHOW, B.; VOLKMAR, F. R.; BLOCH, M. H. Systematic review and meta-analysis of pharmacological treatment of the symptoms of attention-deficit/hyperactivity disorder in children with pervasive developmental disorders. *Journal of Autism and Developmental Disorders*, v. 43, n. 10, pp. 2435-2441, 2013.

RESEARCH UNITS ON PEDIATRIC PSYCHOPHARMACOLOGY AUTISM NETWORK. Randomized, controlled, crossover trial of methylphenidate in pervasive developmental disorders with hyperactivity. *Arch Gen Psychiatry*. 2005 Nov;62(11):1266-74

SCAHILL, L. *et al.* Extended-release guanfacine for hyperactivity in children with autism spectrum disorder. *The American Journal of Psychiatry*, v. 172, n. 12, pp. 1197-1206, 2015.

STURMAN, N.; DECKX, L.; VAN DRIEL, M. L. Methylphenidate for children and adolescents with autism spectrum disorder. *Cochrane Database of Systematic Reviews*, v. 11, n. 11, Cd011144, 2017.

YU, Y. *et al.* Pharmacotherapy of restricted/repetitive behavior in autism spectrum disorder: a systematic review and meta-analysis. *BMC Psychiatry*, v. 20, n. 1, p. 121, 2020.

The MTA Cooperative Group. A 14-Month Randomized Clinical Trial of Treatment Strategies for Attention-Deficit/Hyperactivity Disorder. *Arch Gen Psychiatry.* 1999;56(12):1073–1086.

17

TRANSTORNO DO ESPECTRO AUTISTA E OBESIDADE: UMA DIFÍCIL RELAÇÃO

A obesidade prejudica a saúde em muitos aspectos. Este problema fica ainda mais grave quando afeta pessoas com transtorno do espectro do autismo. Tratamento adequado e prevenção de doenças secundárias associadas à obesidade são fatores determinantes para uma vida mais longa e com qualidade.

RUTH ROCHA FRANCO

Ruth Rocha Franco

Contatos
www.ruthfranco.com.br
www.clinicagrowingup.com
ruthrocha@clinicagrowingup.com.br
Instagram:@draruthfranco
YouTube: DRA.RUTH ROCHA FRANCO
11 4306 4198 / 11 4306 4199
WhatsApp: 11 98942 6690

Graduação em Medicina pela Universidade São Francisco. Residência em Pediatria e UTI Pediátrica no Hospital Infantil Menino Jesus. Complementação especializada em Endocrinologia Pediátrica pelo Instituto da Criança do Hospital das Clínicas da Faculdade de Medicina da Universidade de São Paulo (ICr-HCFMUSP). Título de especialista em Pediatria e Endocrinologia Pediátrica. Mestre em Ciências pelo HCFMUSP. Assistente do Grupo de Endocrinologia Pediátrica do ICr-HCFMUSP. Coordenadora dos ambulatórios de Cirurgia Bariátrica do Adolescente e Síndrome de Prader-Willi e colaboradora do Ambulatório de Obesidade Infantil do ICr-HCFMUSP.

Introdução

Pedro é um adolescente de 14 anos que foi diagnosticado com Transtorno do Espectro Autista (TEA) aos 6 anos de idade. Seus pais procuraram um endocrinologista, pois Pedro estava muito acima do peso e com diabetes. Ele frequenta a escola e tem aulas diárias de educação física, porém não gosta de participar e fica sentado o tempo todo. Pedro volta para casa e vai assistir à televisão. A dieta de Pedro tem pouca variedade de frutas e vegetais. Seus alimentos favoritos são empanados de frango e cachorro-quente. Embora sua mãe tente variar sua dieta com opções saudáveis, ele se recusa a experimentar novos alimentos e escolhe a comida pela textura e pela cor. A exposição a novos alimentos provoca acessos de raiva na hora das refeições, muitas vezes fazendo com que Pedro saia da mesa. Pedro faz uso de um antipsicótico para controlar a agressão, o comportamento autolesivo e as mudanças de humor. O ganho de peso de Pedro vem aumentando, apesar do esforço de todos.

Este caso ilustra a dificuldade na manutenção do peso de crianças e adolescentes com TEA. Neste capítulo, abordarei a obesidade no contexto do TEA e como preveni-lo e tratá-lo adequadamente.

Influenciadores do peso no Transtorno do Espectro Autista

O peso corporal é regulado por um complexo sistema que coordena a ingestão alimentar e o gasto energético. Para que não ocorram falhas e déficit calórico, esse sistema gera constantemente impulsos para comer. Os principais componentes desse sistema são o cérebro, o tecido adiposo e o trato gastrointestinal. O cérebro monitora o meio interno por meio de hormônios e mecanismos neurais, mas está sob influência do meio ambiente, pelos sentidos e do cérebro cognitivo/emocional. A associação entre TEA e obesidade é influenciada por vários fatores, como seletividade alimentar, baixos níveis de atividade física, uso de medicamentos, alterações no padrão de sono e anormalidades metabólicas.

Quase 90% dos indivíduos com TEA demonstram comportamentos alimentares problemáticos e seletividade alimentar, com aversão a texturas, cores, cheiros, temperaturas e marcas de alimentos. Em geral, apresentam um consumo reduzido de alimentos saudáveis e preferem os ricos em energia, como empanados de frango, cachorro-quente, pasta de amendoim; bolos, batata frita, macarrão, pizza e sorvete. Consomem significativamente menos frutas e vegetais do que as outras crianças, além de mais porções diárias de bebidas açucaradas. Além disso, mais de 70% dos indivíduos com TEA demonstram problemas gastrointestinais, incluindo constipação crônica, desconforto abdominal, diarreia e refluxo, bem como alergias alimentares, como intolerância à lactose e reações inflamatórias ao glúten e caseína. Essas comorbidades comprometem os hábitos nutricionais de crianças com TEA.

Crianças que apresentam alto funcionamento podem perceber suas dificuldades com os colegas, o que, por sua vez, pode levar a sentimentos de depressão e isolamento e tendência à compulsão alimentar. Mais de 50% das crianças com TEA demonstram dificuldades de movimento que comprometem sua capacidade de participar com sucesso de atividades físicas. Problemas de comportamento, interesses altamente restritos, rigidez a horários e uma preferência por atividades previsíveis podem limitar as escolhas de novas brincadeiras e reduzir a participação nas atividades em grupos. Em razão das incapacidades motoras, eles preferem atividades simples e sedentárias, como assistir à televisão ou usar o computador por longos períodos.

Os problemas de sono são comuns em crianças com TEA. Existe uma ligação entre a curta duração do sono e o aumento do peso. A privação de sono leva à hiperfagia, pois aumenta hormônios que geram a fome e diminuem hormônios que geram saciedade. A dinâmica familiar, o estresse, a depressão materna e a coesão familiar podem contribuir para o desenvolvimento da obesidade. Em virtude do tempo gasto em tratamentos intensos, a questão alimentar muitas vezes acaba ficando em segundo plano.

O uso de medicação antipsicótica é prevalente em indivíduos com TEA. Os efeitos adversos dessas medicações sobre o peso são bem compreendidos como fator de risco para obesidade tanto em crianças como em adultos com TEA. As crianças parecem ser mais suscetíveis do que os adultos a desenvolver obesidade e anormalidades lipídicas com algumas medicações. O ganho de peso está ligado ao aumento do apetite pela interação do medicamento com os receptores neuronais de dopamina, serotonina e histamina. Da mesma forma, os antipsicóticos podem dessensibilizar os receptores de leptina no cérebro e reduzir a sensibilidade do centro da saciedade aos sinais periféricos. É importante saber qual o potencial de induzir ganho de peso das medicações usadas em pessoas com TEA (Tabela 1). Se o uso de medicamentos antipsicóticos atípicos é indicado, os prescritores devem fornecer orientação antecipatória sobre a probabilidade de ganho de peso e discutir estratégias para controle do peso.

Tabela 1. Medicações e potencial de ganho de peso

Medicação	Classe terapêutica	Potencial de ganho de peso
Aripiprazol	Antipsicótico	Baixo
Clorpromazina	Antipsicótico	Moderado
Clozapina	Antipsicótico	Alto
Haloperidol	Antipsicótico	Baixo
Olanzapina	Antipsicótico	Alto
Quetiapina	Antipsicótico	Moderado
Risperidona	Antipsicótico	Moderado
Ziprazidona	Antipsicótico	Baixo
Carbamazepina	Anticonsulsivante Estabilizador de humor	Baixo
Lamotrigina	Anticonvulsivante Estabilizador de humor	Baixo
Lítio	Anticonvulsivante Estabilizador de humor	Moderado
Ácido valproico	Antidepressivo	Moderado
Amitriptilina	Antidepressivo	Alto
Bupropiona	Antidepressivo	Baixo
Citalopram	Antidepressivo	Baixo
Fluoxetina/ Desvenlafaxina	Antidepressivo	Moderado
Escitalopram	Antidepressivo	Baixo
Sertralina	Antidepressivo	Baixo

Como diagnosticar a obesidade

A melhor forma de definir obesidade é pelo índice de massa corporal (IMC), que é calculado pelo peso em quilogramas dividido pelo quadrado da altura em metros (kg/m^2). Em adultos, um IMC ≥ 25 é considerado sobrepeso e um IMC ≥ 30, obesidade. Para crianças e adolescentes, utilizam-se gráficos de percentis ou gráficos de Z-score de IMC (Tabela 2).

Tabela 2. Valores de referência para diagnóstico do estado nutricional utilizando as curvas de IMC para idade para crianças acima de 5 anos (OMS)

Valor encontrado na criança	Valor encontrado na criança	Diagnóstico nutricional
< Percentil 0,1	< Escore z-3	Magreza acentuada
≥ Percentil 0,1 e < Percentil 3	≥ Escore z -3 e < Escore -2	Magreza
≥ Percentil 3 e < Percentil 85	≥ Escore z -2 e < Escore +1	Eutrofia
≥ Percentil 85 e < Percentil 97	≥ Escore z +1 e < Escore +2	Sobrepeso
≥ Percentil 97 e ≤ Percentil 99,9	≥ Escore z +2 e ≤ Escore +3	Obesidade
> Percentil 99,9	> Escore z +3	Obesidade grave

Tratamento da obesidade no Transtorno do Espectro Autista

Programas relacionados ao tratamento da obesidade em crianças com deficiências de neurodesenvolvimento são mais efetivos quando todo o núcleo que convive com a criança participa. Portanto, um plano de tratamento eficaz deve envolver um esforço colaborativo entre família, educadores, cuidadores, fisioterapeutas, terapeutas ocupacionais, educadores físicos, psicólogos, nutricionistas e médicos, para garantir bons resultados a longo prazo. Toda criança com diagnóstico de TEA deve ser rastreada rotineiramente para sobrepeso e/ou obesidade. A classificação de IMC é recomendada em todas as visitas de puericultura. Em geral, o ganho de peso que ocorre entre crianças com TEA começa na idade pré-escolar; assim, a prevenção da obesidade já deve começar aos 2 anos de idade.

Discutir a evolução do peso durante as consultas, falar sobre estigmatização do peso, provocar e intimidar pode afetar o estado emocional e o bem-estar psicológico e social, além de contribuir para um ganho de peso adicional. Se a pessoa com TEA tem limitações comportamentais e cognitivas que impeçam seu envolvimento nas discussões, deve-se optar por trabalhar diretamente com os pais. Fazer uma avaliação mais abrangente para os indivíduos com obesidade grave. Revisar todos os sistemas e explorar condições médicas que possam aumentar o risco de obesidade. O exame físico deve incluir: peso, estatura, frequência cardíaca; pressão arterial; palpação da tireoide e do abdome; ausculta cardíaca e pulmonar; avaliação da pele (incluindo infecção em regiões intertriginosas e acantose nigricans), alterações de quadris e joelhos. Crianças com TEA podem ser intolerantes ao exame físico e isso pode impedir a obtenção desses dados.

A abordagem terapêutica deve ser feita em estágios com base na idade da criança, no IMC, nas comorbidades e no progresso do tratamento. O tratamento pode ser dividido em 4 estágios:

- **estágio 1** – Manutenção do peso: a manutenção do peso durante o crescimento resulta na diminuição do IMC com o aumento da idade. Recomenda-se avaliação mensal; após 6 meses, se não houver nenhuma melhora no IMC, avançar para estágio 2;
- **estágio 2** – Perda de peso estruturada: as recomendações incluem consulta com nutricionista para avaliar os padrões alimentares da criança e auxiliar na elaboração de um plano alimentar adequado. Oferecer refeições e lanches estruturados (café da manhã, almoço, jantar e 1-2 lanches por dia). Planejar refeições para introduzir alimentos. Incluir pelo menos um alimento de que a criança goste em cada refeição. Apresentar à criança novos alimentos, deixando-a primeiro que veja, cheire, toque e, eventualmente, experimente. Evitar a privação e não usar alimentos como recompensa. Oferecer água em vez de bebidas açucaradas (saborizar a água com frutas e ervas). Oferecer opções para dar à criança algum controle sobre o que ela come. Envolver as crianças no planejamento das refeições, nas compras e até mesmo no processo de cozinhar (quando possível). Incentivar exercícios físicos. Limitar o tempo de tela. Considerar boa resposta uma perda de 0,5 kg/mês para crianças de 2 a 11 anos ou uma média de 1 kg/semana para adolescentes e adultos. Se não houver melhora no IMC após 3-6 meses, o estágio 3 é recomendado;
- **estágio 3** – Intervenção especializada: pacientes cujo IMC não melhorou após 3-6 meses no estágio 2 devem ser encaminhados para uma equipe multidisciplinar especializada no tratamento da obesidade. Programar visitas mais frequentes (quinzenais ou mensais) para ajudar na manutenção de novos comportamentos;
- **estágio 4** – Intervenção medicamentosa: recomendada para crianças de 11 anos de idade com IMC p95% que apresentem comorbidades ou para crianças com IMC no p99% que não mostraram nenhuma melhora nos estágios anteriores. Deve-se avaliar iniciar medicamentos para perda de peso (discutir com endocrinologistas e equipe as melhores opções terapêuticas). Embora alguns tratamentos farmacológicos tenham demonstrado

eficácia na redução do peso induzida por antipsicóticos, as estratégias comportamentais permanecem como prioridade. A liraglutida, um análogo do peptídeo-1 semelhante ao glucagon (GLP-1), é um medicamento aprovado para controle de peso em adultos e adolescentes maiores de 12 anos. Os efeitos benéficos do tratamento com liraglutida na compulsão alimentar, no ganho de peso e nos problemas comportamentais têm sido descritos em relatos de caso de pessoas com TEA e deficiência intelectual moderada. Os principais eventos adversos relatados foram associados ao trato gastrointestinal. A metformina também pode ser útil na redução do ganho de peso relacionado aos medicamentos e tem baixo risco de efeitos colaterais graves. Outras medicações podem ajudar na perda de peso, como o topiramato e a bupropiona, que demonstraram diminuir o peso quando associados com o início de antipsicóticos. Nos casos graves e com falha ao tratamento medicamentoso, a cirurgia bariátrica pode ser considerada, desde que avaliada caso a caso para as necessidades do paciente e desde que a pessoa tenha capacidade de se envolver nas mudanças dietéticas e/ou estilo de vida exigido antes e depois da cirurgia.

Referências

CURTIN, C. *et al*. Weight management in primary care for children with autism: expert recommendations. *Pediatrics*, v. 145, supl. 1, S126–S139, 2021.

HILL, A. P.; ZUCKERMAN, K. E.; FOMBONNE, E. Obesity and autism. *Pediatrics*, v. 136, n. 6, pp. 1.051-1.061, 2015.

KAHATHUDUWA, C. N. *et al*. The risk of overweight and obesity in children with autism spectrum disorders: a systematic review and meta-analysis. *Obesity Reviews*, v. 20, n. 12, pp. 1.667-1.679, 2019.

KILLIAN, H. J. *et al*. Weight management outcomes of youth with autism spectrum disorder seeking treatment from a multidisciplinary team. *Journal of Autism and Developmental Disorders*, 52, n. 2, pp. 1-9, 2021.

SHEDLOCK, K. *et al*. Autism spectrum disorders and metabolic complications of obesity. *The Journal of Pediatrics*, v. 178, pp. 183-187.e1, 2016.

18

ESTEREOTIPIAS
DEFINIÇÕES E MANEJOS COMPORTAMENTAIS

As estereotipias são repetições de comportamentos sem função alguma presentes na vida de uma pessoa com Transtorno do Espectro Autista que podem se tornar uma grande barreira na aprendizagem de uma criança sem o manejo adequado, impossibilitando a interação com o mundo externo, causando prejuízos físicos e sociais na vida adulta.

SAMANTA TIELE

Samanta Tiele

Contatos
samantatielepsico@gmail.com
Instagram: @samantatielepsico
11 96382 8938

Psicóloga coordenadora no Instituto Singular. Pós-graduanda em Análise do Comportamento Aplicada ao Autismo e Atrasos de Desenvolvimento Intelectual e de Linguagem pela Universidade Federal de São Carlos (UFSCar) e especializada em Psicanálise pelo Núcleo de Psicanálise Aplicada. Colaboradora na Autismo Conference Brasil 2019. Cursos de capacitação profissionalizante reconhecidos pelo MEC em: Análise do Comportamento Aplicada (ABA) e Estratégias Naturalistas; Autismo – Treinamento para Pais; Formação de Acompanhante Terapêutico; Hora de Brincar; Neurociências do Autismo e Protocolo VB-MAPP pelo Instituto de Educação e Análise do Comportamento (IEAC).

O que são estereotipias e tipos existentes

As estereotipias são comportamentos repetitivos presentes no cotidiano de pessoas com o Transtorno do Espectro Autista (TEA), que podem causar prejuízos físicos e sociais. São comportamentos que ocorrem várias vezes ao dia, com duração variável.

Existem três principais tipos de estereotipias: motoras, vocais e estereotipias com objetos.

- **Estereotipias motoras**: movimentos de balançar o corpo para frente e para trás ou de um lado para o outro, girar o corpo, correr em volta de objetos, *flappings* (movimentar mãos e braços ao lado do corpo), olhar pelo canto dos olhos, ficar pulando sem uma função.
- **Estereotipias com objetos**: alinhar objetos ou brinquedos, girar objetos em formato de círculo, balançar objetos repetidamente para ver o movimento, jogar brinquedos atrás de móveis ou portas.
- **Estereotipias vocais**: repetição de frases de desenhos, sons, barulhos ou palavras sem função de comunicação de forma repetitiva.

As estereotipias surgem, em geral, em momentos de ociosidade, excitação e euforia. Algumas vezes aparecem com funções de fuga/esquiva, por isso se faz necessária uma análise funcional quando tais comportamentos aparecem para se realizar o procedimento mais adequado.

Diferença entre estereotipias e comportamentos autoestimulatórios

As estereotipias, como vimos, são comportamentos repetitivos que surgem com determinadas funções na vida de uma pessoa. Para a diferença ficar mais clara, vamos para alguns exemplos:

- **autoestimulação**: quando o indivíduo é exposto a momentos de ociosidade ou tédio, os comportamentos surgem com a função de satisfazer sensações físicas prazerosas e promover regulação sensorial do próprio organismo. Ex.: enquanto os pais estão trabalhando ou realizando alguma

tarefa doméstica e a criança fica sozinha em um ambiente, sem ninguém interagindo e estimulando, tais comportamentos tendem a surgir, pelo baixo repertório e interesse em brincar funcional;
- **autorregulação**: quando frustrada, com raiva ou eufórica, tais comportamentos surgem com a função de se acalmar. Ex.: mediante instruções com palavras inibitórias como "não", "para", "vem", quando dito que a brincadeira acabou e está na hora de ir embora ou quando a criança é exposta a um estímulo que lhe causa grande satisfação, como assistir a algo de que goste, ganhar algo, ver alguém de quem goste muito, o cérebro não consegue modular, ou seja, ter um controle sobre o grau, intensidade, frequência, duração, com que esse estímulo sensorial chega de uma forma adaptativa;
- **fuga/esquiva**: mediante pedidos, tarefas que a criança não quer realizar, ela tende a usar este recurso para se livrar da demanda. Ex.: foi pedido para que a criança pegasse algo; em seguida, ela começa a emitir o comportamento de *flappings* (balançar braços e mãos ao lado do corpo), ou ainda, trabalhando as saídas sociais e o custo de resposta aumentar, a pessoa começa a emitir *rocking* (balanceio).

Como podemos ver, as estereotipias surgem com determinadas funções de acordo com a interação com o ambiente.

As estereotipias são respostas emitidas com a função exclusiva de satisfazer essas necessidades sensoriais fisiológicas, tornando-se uma grande barreira à aprendizagem, pelo fato de a criança não conseguir interagir com o meio e não prestar atenção às oportunidades de ensino ao seu redor, buscando apenas essas sensações de forma intensa, repetitiva e por um período variável que não se tem controle, parecido com um *looping* (movimentos circulares). A criança não se desenvolve porque fica andando em círculos e não responde quando chamada pelo nome, por não perceber esse mundo externo.

Já os comportamentos autoestimulatórios, para a Análise do Comportamento, são emitidos de acordo com uma função específica, portanto, fazendo-se necessária uma análise funcional de tal resposta, para entendê-la, mantê-la ou modificá-la por meio de consequências estabelecidas.

Quando se preocupar com as estereotipias

As estereotipias tornam-se uma barreira à aprendizagem da criança quando ela só emite este comportamento, pois as oportunidades de ensino se fazem presentes no meio, na interação com o outro. Alguns comportamentos estereotipados podem até colocar a saúde física da criança em risco, uma vez que ela pode se machucar ou ter problemas musculares.

Mas se a criança emite tais estereotipias com determinadas funções para se autorregular, autoestimular com função apropriada e os comportamentos não estão atrapalhando no desenvolvimento de forma geral dessa criança, não há com o que se preocupar.

Comportamentos autoestimulatórios e de autorregulação fazem parte do cotidiano das pessoas, por exemplo: pessoas ansiosas tendem a balançar as pernas em momentos de frustração, ou quando algo está para acontecer; alguns adultos tendem a usar um paninho na hora de dormir para esfregar nas mãos como uma forma de se autoestimular para relaxar e dormir. São muitos os comportamentos autoestimulatórios presentes no dia a dia de pessoas neurotípicas e atípicas, portanto podemos manter alguns comportamentos desde que tenham uma funcionalidade e sejam usados no momento adequado.

Devemos estar atentos se estes comportamentos estão sendo prejudiciais ou não para o desenvolvimento e a interação social da criança em desenvolvimento.

Como diminuir as estereotipias presentes na rotina da criança

Como vimos, as estereotipias não são benéficas para uma criança que se encontra no início de seu desenvolvimento. Portanto, não devemos deixá-la se autoestimular o tempo inteiro; é importante reduzir a ocorrência desses comportamentos, uma vez que a criança deixa de fazer atividades e interagir com o meio, substituindo por respostas sensoriais imediatas.

Uma criança com nível de modulação sensorial desordenado, ou seja, que não consegue controlar a emissão dessas respostas estereotipadas, precisa de acompanhamento com uma equipe multidisciplinar. A terapia de integração sensorial ajudará a criar estímulos apropriados de acordo com a necessidade da criança, ativando áreas no cérebro que a ajudem a integrar o sistema sensorial.

A intervenção comportamental ajudará a equipe a fazer uma análise da função na emissão dessas estereotipias, pois para cada tipo de função o manejo será diferente.

Intervenção comportamental nas estereotipias

Um dos principais manejos comportamentais mediante a emissão de estereotipias é redirecionar a atenção da criança para algo que tenha função, tirando o foco daquela resposta repetitiva e proporcionando maiores oportunidades de ensino em sua rotina. Todas as vezes que tivermos a oportunidade de mostrar algo diferente para a criança quando ela emitir o comportamento estereotipado, podemos, por exemplo, redirecionar para uma atividade ou brincadeira.

É importante ter uma escuta ativa para entender qual sensação essa criança está buscando e tentar proporcionar atividades funcionais que propiciem uma sensação próxima.

Existem ainda estereotipias autolesivas, como se morder, bater a cabeça na parede, no chão, bater com as mãos em suas próprias pernas. Quando se trata dessas estereotipias, se faz necessária uma conduta diferente. Não deixaremos jamais que essa criança se machuque; assim sendo, todas as vezes que ela emitir uma estereotipia autolesiva, podemos bloquear ou antecipar o movimento e já redirecionar para outra tarefa, a fim de extinguir a emissão desse comportamento. Ressalto que é importante analisar qual está sendo a função para saber o manejo mais adequado.

Vamos para alguns exemplos de como dar função para as estereotipias.

Como dar função para estereotipias com objetos?

> Maria tem um ano e meio. Sua mãe percebeu que a criança adora brincar com carros, entretanto não os usa de maneira funcional: a criança pega os carros e fica girando as rodinhas. Quando a mãe retira o objeto, a criança procura por objetos que proporcionem a mesma sensação. Após início das intervenções, a mãe recebeu orientação para se sentar com a criança, entrar na brincadeira dela e ir fazendo tentativas discretas de correr o carro sobre superfícies, usar onomatopeias, mas com outro carro, não retirando o objeto da criança. Após algumas tentativas, a criança começou a gostar da brincadeira e passou a imitar a mãe, dando outras funções para o carro e diminuindo o girar as rodinhas.

Podemos observar neste caso que a criança emitia a estereotipia para se autoestimular, pois não sabia brincar de forma funcional. A partir do momento que a mãe começou a se sentar com a criança, a fazer trocas sociais, mostrar que havia um par ali no ambiente, a criança começou a observar o meio e a desenvolver um brincar funcional que também satisfazia suas necessidades sensoriais.

Como dar função para estereotipias motoras?

> Guilherme tem sete anos e recentemente recebeu o diagnóstico de TEA. Os pais procuraram a intervenção comportamental porque todas as vezes em que Guilherme é exposto a um número maior de pessoas, ou seja, tem de interagir com pessoas que não fazem parte de seu convívio diário, tende a começar a balançar o corpo e as mãos de uma maneira sutil e diz querer ir embora daquele lugar. O trabalho inicial com a criança foi trabalhar aproximações sucessivas com um número de pessoas menor, associadas a técnicas de respiração. Assim sendo, após alguns meses de intervenção comportamental, todas as

vezes que a criança se deparava com algo que lhe causasse medo ou frustração, começava a respirar inspirando e expirando o ar por 10 segundos, conseguindo controlar seu nível de modulação sensorial de forma adequada e não emitir os comportamentos estereotipados.

Neste exemplo, temos uma criança com um bom repertório de comunicação verbal, imitação e seguimento de instrução, todavia seu repertório social estava abaixo do esperado. O trabalho neste caso foi quebrado em etapas utilizando-se aproximações sucessivas para que a interação social não se tornasse aversiva e que a criança conseguisse lidar com algumas situações de forma independente.

Como dar função para estereotipias vocais?

Laura tem dois anos e meio e acaba de iniciar a intervenção comportamental. Durante o período em que estava brincando sozinha, foram colocados alguns objetos no chão, como anel empilhador, jogos de encaixe e peças de montar. A criança explorou os brinquedos, mas não brincou de forma funcional; ficava apenas falando "pato", "cocó", "ovelha". A terapeuta pegou os animais que criança dizia, entretanto Laura recusou. Ou seja, estava falando palavras sem ato comunicativo algum, apenas repetindo falas de desenhos. Então, terapeuta e família começaram a dar função às falas todas as vezes que criança nomeava um animal, cantando a música do Seu Lobato. Após tentativas, a criança começou a olhar para os pares e falar o nome dos animais como ato comunicativo para que continuassem a cantar a música e completar quando faziam pausas no meio da música.

As ecolalias verbais tendem a surgir sem ato comunicativo algum, reproduzindo alguma fala ou frase de desenhos ou algo que a criança tenha escutado. Devemos fazer um investimento diário no desenvolvimento inicial de uma criança com TEA, proporcionando oportunidades de ensino, redirecionando as estereotipias para que ela veja o mundo externo, dando funções a tais comportamentos e ensinando novas formas de brincar para a criança, pois somente assim ela terá acesso a novos estímulos ambientais e sensoriais.

Assim sendo, se faz necessário que uma criança em início de seu desenvolvimento seja acompanhada por uma boa equipe multidisciplinar especializada na área, visto que, quanto mais cedo as intervenções forem iniciadas, maior será o aproveitamento dessa criança em relação às oportunidades de ensino que o meio apresenta. Atividades físicas são parceiras para diminuição dessas estereotipias e medicações se fazem necessárias para algumas crianças, depen dendo do quanto esses comportamentos estão se tornando prejudiciais em seu desenvolvimento, porém é necessária uma avaliação médica para tal indicação.

Referências

AMERICAN PSYCHIATRIC ASSOCIATION (APA). *Manual Diagnóstico e Estatístico de Transtornos Mentais*: DSM-5. 5. ed. Porto Alegre: Artmed, 2014. pp. 50-59.

GAIATO, M. *S.O.S Autismo: guia completo para entender o transtorno do espectro autista*. São Paulo: nVersos, 2018. pp.179-183.

19

IMITAÇÃO
IMPORTANTE HABILIDADE NO PROCESSO DE APRENDIZAGEM

Somos seres observadores que aprendem e evoluem de forma constante desde o início da vida. A imitação faz parte de todo esse processo, como uma ferramenta sublime e poderosa de aprendizagem que se consolida em meio às interações sociais recíprocas. Convido você para mergulhar na leitura deste capítulo, que tem como objetivo elucidar cada passo para estimular nossos pequeninos com Transtorno do Espectro Autista.

LIDIANE FERREIRA

Lidiane Ferreira

Contatos
www.institutosingular.org
lidianeferreira@institutosingular.org
Instagram: @psicolidianeferreira
11 97207 5396 / 11 99944 2309

Psicóloga e diretora do Instituto Singular, onde coordena, supervisiona, treina e conduz capacitação de pais e profissionais. Leciona nos cursos do Instituto e ministra palestras. Pós-graduada em ABA (*Applied Behavior Analysis*) pela Universidade Federal de São Carlos (UFScar), aprimoramento em Análise Cognitivo-comportamental (TCC), formação profissional avançada no modelo Denver de intervenção precoce pelo Mind Institute e inúmeros cursos e extensões acadêmicas com estratégias de intervenção cientificamente comprovadas. Dedica-se há 12 anos aos estudos e intervenção com crianças e jovens no espectro autista e as comorbidades associadas. Fez parte do quadro de colaboradores da primeira instituição de autismo no país, a Associação de Amigos do Autista (AMA), e atuou, na área do esporte, com paratletas da Seleção Brasileira Paralímpica de Judô.

> *As pessoas no espectro autista não pensam da mesma maneira que você faz. Na minha vida, as pessoas que fizeram a diferença eram aquelas que não viram rótulos, que acreditavam na construção do que estava lá. Estas eram pessoas que não tentaram me arrastar para o mundo deles, mas entraram no meu em vez disso.*
> TEMPLE GRANDIN

Introdução

Você provavelmente já se deparou com a informação de que a imitação é uma poderosa ferramenta para o aprender. Diversos estudos apontam que essa habilidade está ligada intimamente à construção das habilidades comunicativas e sociais. E o que isso significa?

Somos observadores e copiamos ações dos outros naturalmente, como fazer o movimento de "tchau" quando o outro inicia a despedida ou observar a tarefa que o colega está realizando ao lado na tentativa de reproduzi-la.

Aprender sons, palavras, gestos sociais que transmitem significados específicos ("joia", não, mandar beijo) são frutos da capacidade imitativa quando a criança interage com seus cuidadores e pessoas com as quais convive.

Outros comportamentos, da mesma forma, são aprendidos por observação e imitação, como manipular brinquedos e expressões faciais, nas trocas de turno, interações sociais com os pares da mesma idade, sentimentos e ações básicas da vida diária.

Sendo um dos pilares do desenvolvimento, a imitação se inicia nos primeiros meses de vida e trilha o caminho na vida adulta.

Neurônios-espelho e sua relação com o déficit de imitação no autismo

Nos inúmeros aprendizados envolvidos nos aspectos motores, emocional, social e cognitivo, simples ou complexos, positivos ou negativos, a imitação tem papel indispensável, conectado em partes com os neurônios-espelho, que executam uma função fundamental para o comportamento humano.

Esses neurônios são ativados quando uma pessoa observa a ação de outra. Se alguém faz um movimento corporal, nossos neurônios-espelho rastreiam, no nosso sistema de padrão de ações (proprioceptivos e musculares), os recursos correspondentes para iniciar a imitação do que observamos, ouvimos ou percebemos de alguma forma e permitem não apenas a compreensão direta das ações dos outros, mas também das intenções, do significado social do comportamento e das emoções envolvidas (IACOBONI *et al.*, 2005).

Crianças com autismo apresentam dificuldades na compreensão, motivação social, comunicação verbal, não verbal e habilidade de imitação, que leva a dificuldades para compartilhar a atenção, interesses, emoções e problemas de reciprocidade socioemocional que afetam o iniciar e responder às interações sociais (GALLESE, 2006; ROGERS, *et al.*, 2003).

É possível observar que as funções atribuídas aos neurônios-espelho são compatíveis com o quadro de comportamentos alterados no desenvolvimento de uma pessoa com autismo. Embora exista essa falha, não significa que a pessoa com autismo é incapaz de aprender, ou seja menos afetiva. Significa que, com as estimulações adequadas do repertório de imitação, será possível ativar esse sistema e contribuir para a melhoria de sua qualidade de vida.

Autismo e imitação

> Cauã mudou de colégio e teve que enfrentar desafios para se adaptar à nova rotina, professores e colegas. O momento mais esperado era a hora do parque, local em que todas as crianças ficavam livres para escolherem as brincadeiras. Os amigos chamaram Cauã para brincar de "vivo ou morto", no entanto, a brincadeira era desconhecida para a criança. Todos se posicionaram um ao lado do outro em pé, Cauã observou e se posicionou da mesma forma que todos os colegas. Um amigo ficou à frente para ser o instrutor da brincadeira e logo disse "VIVO". Cauã observou e fez igual à amiga Bianca, que não mudou de posição. Depois o instrutor disse "MORTO"; Bianca ficou agachada e Cauã fez igual enquanto outros colegas saíam da brincadeira porque não agiram conforme as instruções fornecidas. Depois de algumas rodadas, Cauã entendeu as regras e ficou animado por ter conseguido. Agora ele sempre propõe essa brincadeira aos amigos.

Já sabemos que a habilidade de imitação é uma ferramenta poderosa de aprendizagem que possibilita ganhos em todas as áreas do desenvolvimento, sendo considerada pré-requisito do repertório de comunicação e afeta diretamente nas interações sociais, o que a torna prioridade no ensino de pessoas com autismo.

Felizmente, a história do Cauã teve um final positivo; o repertório de imitação do pequeno era consistente, o que possibilitou o aprendizado de forma rápida e eficaz de uma nova tarefa e promoveu a ligação social com os colegas. Sendo assim, a criança que não tem a habilidade de imitação bem estabelecida perde mais chances de aprendizado comparada aos pares da mesma idade. Essas perdas atrasam a aquisição de variadas competências e aumentam as lacunas no desenvolvimento.

Ensinando a habilidade de imitação

Como base de qualquer ensino, é necessário que a motivação da criança esteja todo tempo sob a nossa atenção. Quanto mais motivada a criança estiver, maior será a chance de ela observar nossa ação e tentar reproduzi-la. Para tal acontecimento, é fundamental mostrar primeiro o modelo a ser imitado e reforçar de imediato a conquista com a continuidade da brincadeira, um som específico que a criança gosta ou até mesmo o movimento de uma ação.

Podemos estruturar o ensino da seguinte forma:

1. Motive: observe e imite o que a criança está fazendo. Por exemplo, se Rael está batendo o dinossauro no chão, pegue outro dinossauro; caso não tenha, pegue outro boneco e bata no chão da mesma forma que Rael. Com o movimento, faça sons "poc poc poc" e comente a ação da criança ("subiu, desceu, tum, tum, tum") com diferentes entonações. Essa ação possibilita que a criança perceba você como parceiro que se importa e valoriza o que ela escolheu.

2. Demanda: seguindo a descrição anterior, possivelmente a criança olhará mais vezes para você, de forma espontânea. Nesse momento, dê a sua ideia de movimento, como levantar mais alto o dinossauro e deixá-lo cair no chão. Repita a ação para deixar claro o que você quer que a criança faça.

3. Reforço: após o modelo da ação, considere: a criança realizou o que você propôs? Reforce imediatamente a imitação com sons que a criança gosta, movimento do interesse dela e/ou a própria continuidade da brincadeira. Se possível, o reforço deverá ser congruente com a brincadeira. A criança não imitou? Dê um lembrete "faz assim", subindo o dinossauro. Mesmo com a dica ela não realizou? Dê uma ajuda motora com muito cuidado para completar o movimento, volte rapidamente para o que a criança estava realizando e volte ao passo um da estrutura de ensino.

A estrutura mostrada ocorre em sequência contínua em um fluxo circular.

Quando ensinamos habilidade de imitação, é de suma importância ter clareza das necessidades específicas da criança para adequar o que será exigido. Por exemplo, pedir uma imitação de palavra sem a criança ter consistência na imitação motora grossa tornará a tarefa difícil e afetará sua motivação e aprendizagem.

Sugestão de sequência de ensino:

1. **imitação de ações com objeto:** subir com o carro na parede, bater em um tambor;
2. **imitação motora de movimentos grossos** (p. ex., bater palma, bater os pés);
3. **imitação motora fina** (p. ex., fazer o número 2 com os dedos, "joia", tocar os dedos na mesa);
4. **imitação orofacial:** mandar beijo, bolinha de sabão, abrir a boca;
5. **imitação de sons e palavras:** sons de animais, palavras com uma sílaba, palavras com duas sílabas.

A imitação requer repetição para o aprendizado. Caso note que a criança perdeu a motivação, não peça para repetir a ação; inicie uma nova brincadeira. Preste atenção ao custo de resposta: caso perceba que a ação está difícil, apresente um movimento fácil já consistente no repertório da criança e garanta sempre a diversão e motivação na estimulação.

Referências

GALLESE, V. Intentional attunement: A neuropsyological perspective on social cognition and its disruption in autism. *Brain Research*, v. 1079, pp. 15-24, 2006.

IACOBONI, M. *et al.* Grasping the intentions of others with one's own mirror neuron system. *PLoS Biology*, pp. 3 e 79, 2005.

ROGERS, S. J.; BENNETTO, L. Intersubjectivity in autism: the roles of imitation and executive function. In: WETHERBY, A. M.; PRIZANT, B. M. (eds.). *Autism spectrum disorders. A transactional developmental perspective*. Baltimore: Paul H. Brookes, 2000. pp. 79-107.

ROGERS, S. J.; DAWSON, G. *Intervenção precoce em crianças com autismo*. Lisboa: Lidel, 2014. pp. 153-164.

ROGERS, S. J, *et al.* Imitation performance in toddlers with autism and those with other developmental disorders. *Journal of Child Psychology and Psychiatry*, v. 44, n. 5, pp. 763-781, 2003.

20

MATURIDADE SIMBÓLICA

Este capítulo tem como objetivo apresentar a importância do "brincar" na infância e sua influência no desenvolvimento infantil. Nas crianças com Transtorno do Espectro Autista, observa-se que existe um déficit no jogo simbólico, ou seja, a brincadeira de "faz de conta". Este capítulo também busca despertar, nos leitores, a visão da relação da brincadeira com o desenvolvimento da fala.

MARIANE RICHETTO DA S. ANTONIACI

Mariane Richetto da S. Antoniaci

Contatos
mariane.fonoaudiologa@gmail.com
Instagram: @mariane.fonoaudiologa
11 97281 5215

É fonoaudiológa clínica com atuação em Linguagem Infantil e Processamento Auditivo Central. Realizou graduação pela Universidade Federal de São Paulo (UNIFESP). É mestre em Distúrbios da Comunicação Humana pela Universidade Federal de São Paulo (UNIFESP). Realizou Aprimoramento em Processamento Auditivo Central (CEFAC) e atualização em Processamento Auditivo Central para Surdos (UNIFESP).

Atualmente realiza atendimento clínico, supervisões e aulas dentro do desenvolvimento infantil. Tem formação nos Workshops Introdutório e Avançado do Modelo Denver de Intervenção Precoce, *Picture Exchange Communication System* (PECS), *Spanish Introduction to PROMPT* e Introdutório Modelo Jasper.

> *"As crianças não brincam de brincar. Brincam de verdade".*
> MARIO QUINTANA

A comunicação é o que nos diferencia das outras espécies de animais. Temos a capacidade de simbolizar, capacidade gramatical e não temos um único sistema de comunicação. A linguagem, além de ter caráter simbólico, tem caráter comunicativo.

Para compreendermos sobre a aquisição e linguagem, precisamos pensar sobre o crescimento *versus* desenvolvimento infantil. O crescimento significa aumento do corpo físico da criança (aumento de tamanho e de células). O desenvolvimento significa a capacidade de realizar funções cada vez mais complexas (maturação e diferenciação celular).

A linguagem vai sendo construída pouco a pouco desde o nascimento.

A brincadeira, que também chamamos de "faz de conta", ou de uma forma mais técnica o jogo simbólico, tem uma função muito importante no desenvolvimento sociocognitivo infantil.

Brincar é uma coisa séria; a função simbólica é a capacidade de representar o mundo que a criança experimenta e vive. A criança, na sua essência, é o brincar.

Brincar é um dos ingredientes principais para aprender.

A criança com Transtorno do Espectro Autista (TEA) apresenta dificuldade na habilidade de brincar, ou seja, no simbolismo.

No primeiro ano de vida, a criança explora o ambiente, os objetos de forma tátil, visual e oral. O grande brinquedo da criança nesse primeiro ano é o próprio corpo, por meio dos sentidos, se descobrindo e descobrindo o outro.

Em torno dos 12 meses, essa exploração começa a ficar mais complexa, com isso chegamos ao início da brincadeira simbólica. Algo novo está acontecendo no cérebro da criança, um novo processo está em formação em relação à linguagem. Esse momento no desenvolvimento está relacionado com a capacidade de representar, formar imagens mentais e, não menos importante, simbolizar.

A construção simbólica é uma habilidade cognitiva complexa, que está relacionada com a formação do signo linguístico, ou seja, com a linguagem oral.

O início da fala é um ponto crucial no desenvolvimento infantil, um momento muito esperado pela família. Muitas vezes é a queixa inicial da criança com TEA.

A avaliação da maturidade simbólica é de suma importância na intervenção de crianças com autismo. Entender o nível do simbolismo que a criança apresenta ajuda a compreender o atraso no desenvolvimento e orientar a terapia.

O estudo de Befi-Lopes *et al.* (2000) propôs um protocolo de avaliação da maturidade simbólica, o qual avalia o desempenho cognitivo e simbólico das crianças.

No protocolo, o jogo simbólico da criança é classificado por estágios, sempre pensando na cronologia do desenvolvimento infantil.

Os estágios são:

- esquema pré-simbólico: a criança reconhece o uso apropriado de um objeto. Não há jogo simbólico ainda, são as propriedades do próprio objeto;
- esquema autossimbólico: a criança brinca desenvolvendo ações que são parte de seu repertório (simulando), por exemplo, fingir tomar mamadeira;
- jogo simbólico assimilativo: em que a criança simula ações com outras pessoas, nas quais seu próprio papel é revertido, incluindo outros receptores da ação (p. ex., a criança alimenta a mãe);
- jogo simbólico imitativo: a criança simula ações que são associadas a atividades de outras pessoas, desempenhando o papel do outro (p. ex., a criança finge ler um livro);
- jogo simbólico objeto substituto: a criança brinca utilizando objeto substitutos para realizar as ações (p. ex., fingir que o bloco de madeira é comida);
- jogo simbólico combinatorial simples: a criança aplica um mesmo esquema de jogo simbólico sequencialmente para uma série de diferentes agentes ou objetos (p. ex., a criança alimenta a mãe, depois o avaliador e depois a boneca);
- jogo simbólico combinatorial múltiplo: a criança aplica uma sequência de esquemas diferentes, relacionados ao mesmo objeto (p. ex., mexer bloquinhos na panela com colher, dar comida para a boneca e colocá-la para dormir).

A imitação é muito importante no desenvolvimento infantil e, sem dúvida, na brincadeira. Ela está relacionada de forma intimista com o desenvolvimento da linguagem.

Observa-se que crianças com TEA apresentam dificuldade em imitar, e isso também acarreta prejuízos às habilidades sociocomunicativas.

De acordo com as autoras Befi-Lopes *et al.* (2000), podemos avaliar a imitação por meio de esquemas gestuais simples e esquemas gestuais sequencias em rotinas familiares. Durante a intervenção em crianças com TEA, a imitação é um dos pilares da terapia, sendo essencial ser avaliada.

Por meio da capacidade de imitar, a criança consegue reproduzir modelos (gestos, ações, sons) anteriormente observados e que mais tarde podem ser realizados. Isso está ligado de forma direta à capacidade de simbolizar, assim a criança vai conseguir, por exemplo, reproduzir situações vividas no seu dia a dia (tomar banho, comer, dormir...).

Pela brincadeira, podemos analisar a "atenção compartilhada", que é direcionar a atenção para um parceiro comunicativo com a intenção de dividir um momento de comunicação. A atenção compartilhada tem sido considerada um aspecto importante para o diagnóstico de crianças com Transtorno do Espectro Autista (TEA). Ela pode ocorrer de forma verbal e não verbal.

No estudo de Menezes e Perissinoto (2008), sugeriu-se uma adaptação no protocolo de maturidade simbólica para avaliar a atenção compartilhada. Foram observados os comportamentos de atenção compartilhada de: alternar, apontar, mostrar (por iniciativa ou resposta da criança) e olhar para a ação do adulto (sempre por resposta da criança).

A intervenção e direcionamento do adulto na brincadeira da criança faz com que os comportamentos de atenção compartilhada aumentem. Esse dado é um marcador de evolução terapêutica muito significativo.

O mundo das crianças dentro da brincadeira simbólica é uma delícia de vivenciar. É um mundo de pôneis, super-heróis, comidinhas, e tudo que faz o "faz de conta" ser encantado. É estranho pensar que as crianças que têm tanto para aprender com o mundo real vivem tanto tempo em um mundo imaginário. A verdade é que a capacidade de conseguir imaginar um mundo que não é real é uma das maiores capacidades do ser humano.

Aos olhos das crianças, qualquer objeto é um brinquedo; aproveitar-se disso no momento da brincadeira é muito rico.

Com as crianças com TEA, cabe encontrarmos essa criança dentro dos níveis das brincadeira, compreender o que devemos estimular na intervenção e não perdermos de vista a "régua" do desenvolvimento típico da linguagem, pois isso nos direcionará em nosso planejamento.

Quando a terapia é baseada em um momento divertido, cheio de brincadeiras, faz com que a criança aprenda com mais facilidade.

Podemos utilizar as atividades diárias, como tomar banho, fazer as refeições, vestir a roupa, andar de carro, para estimular a brincadeira (jogo simbólico).

A vida da criança é leve, e esse é o momento que ela precisa e deve brincar. Aproveite esse momento a seu favor.

Referências

BEFI-LOPES, D. M. Avaliação diagnóstica e aspectos terapêuticos nos distúrbios específicos de linguagem. In: FERNANDES, F. D. M.; MENDES, B.C.A.; NAVAS, A. L. (org.). *Tratado de fonoaudiologia*. São Paulo: Roca, 2009.

BEFI-LOPES, D. M.; TAKIUCHI, N.; ARAÚJO, K. Avaliação da maturidade simbólica nas alterações do desenvolvimento da linguagem. *Jornal da Sociedade Brasileira de Fonoaudiologia*, v. 2, n. 3, pp. 3-15, 2000.

MENEZES, C. G. L.; PERISSINOTO, J. Habilidade de atenção compartilhada em sujeitos com transtornos do espectro autístico. *Pró-Fono Revista de Atualização Científica*, v. 20, n. 4, pp. 273-278, out-dez. 2008.

21

COMO ENCONTRAR REFORÇADORES PARA A PESSOA COM AUTISMO

Após a leitura deste capítulo, você vai saber como distinguir entre itens preferidos de itens reforçadores. Além disso, vai aprender a utilizar os reforçadores, dentro da contingência de quatro termos, para ensinar habilidades novas para sua criança, sempre de forma respeitosa e prazerosa para ela.

Natalia Silva

Contatos
psicologanataliasilva.com.br
nattallia.silva@gmail.com
Instagram: naty_mococa
11 93256 7209

Psicóloga, pós-graduada em Análise do Comportamento pela Universidade Federal de São Carlos (UFSCar) e pós-graduada em Intervenção Precoce pelo CBI of Miami. Atualmente está no curso de certificação *Qualified Autism Service Practitioner-Supervisor* (QASP-S) para tornar-se uma profissional credenciada internacionalmente no trabalho com Análise do Comportamento Aplicada (ABA). Trabalha desde 2012 com crianças e adolescentes com autismo e, atualmente, é coordenadora no Instituto Singular, no qual trabalha desde 2018. Atua com psicoeducação e intervenção em crianças autistas no grupo Livance.

Para iniciar este capítulo, a primeira coisa que você, como leitor, precisa pensar é em consequências.

Fazemos o que fazemos em razão do que acontece depois do que fazemos, por causa da maneira que o ambiente reage às nossas ações. Chamamos essas reações do ambiente de consequências comportamentais.

As consequências comportamentais se relacionam com nossos comportamentos, fortalecendo-os ou não no ambiente, determinando se esses comportamentos vão voltar a ocorrer no futuro, em condições semelhantes. Observe a contingência de quatro termos, demonstrada a seguir.

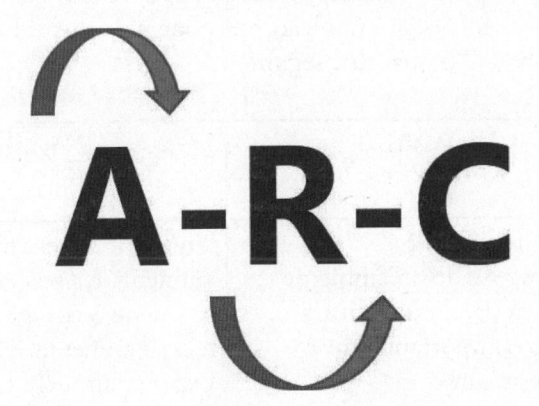

$$A\text{-}R\text{-}C$$

Sendo:
A: estímulos antecedentes presentes no ambiente;
R: nosso comportamento;
C: as consequências comportamentais que mantêm o comportamento;
⟳ : a motivação, que influencia os três termos anteriormente descritos.

As consequências comportamentais presentes no ambiente podem ser nomeadas como **reforço** e **punição**. Para você entender quando uma consequência é um reforço e quando ela é uma punição, basta olhar para o **comportamento (R)**.

Se a consequência ocorre contingente ao comportamento e a probabilidade de esse comportamento se repetir no futuro **aumenta**, temos, portanto, um exemplo de **reforço**.

Se a consequência ocorre contingente ao comportamento e a probabilidade de esse comportamento se repetir no futuro **diminui**, temos, portanto, um exemplo de **punição**.

Veja o exemplo a seguir: você compra um lanche em um estabelecimento e, ao experimentar aquele alimento, o gosto agrada muito. No outro dia, você está voltando do trabalho, passa em frente ao estabelecimento e compra outro lanche para se alimentar mais tarde. Veja: como o sabor do alimento o agradou (consequência), você comprou o lanche de novo (resposta). Podemos dizer que nessa situação a consequência foi um reforço, pois aumentou a probabilidade de você comprar o lanche em outra oportunidade no futuro.

Agora, se o sabor do lanche não fosse do seu agrado (consequência), provavelmente você não compraria o mesmo lanche novamente (resposta). Nessa situação, temos em exemplo de punição, uma vez que o sabor, que não agradou, diminui a probabilidade de você comprar o mesmo lanche no futuro.

Ainda falando em reforço e punição, eles podem ser divididos em **positivos** e **negativos**. Observe o quadro a seguir.

	Positivo	**Negativo**
Reforço	Um estímulo é acrescentado ao ambiente e a probabilidade futura de o comportamento se repetir aumenta. Ex.: a criança executa uma tarefa e ganha o *slime* para brincar.	Um estímulo é removido do ambiente e a probabilidade futura de o comportamento se repetir aumenta. Ex.: a criança chora e consegue ficar sem executar uma tarefa pedida pelo seu cuidador.
Punição	Um estímulo é acrescentado ao ambiente e a probabilidade futura de o comportamento se repetir diminui. Ex.: a criança mexe na tomada e toma um choque.	Um estímulo é removido do ambiente e a probabilidade futura de o comportamento se repetir diminui. Ex.: a criança quebra seu brinquedo e deixa de ver televisão por 1 dia.

Sabemos que as consequências podem diminuir ou aumentar a ocorrência de uma determinada resposta. Pensando nisso, nas situações de ensino para qualquer pessoa com autismo, seja ela criança, adolescente ou adulto, as primeiras coisas que precisamos observar são:

1. O que chama atenção desse meu aluno?
2. O que ele gosta de fazer?
3. Tem algo aqui nesse ambiente que o incomoda? Por quais itens ele se interessou nesse ambiente em que estamos juntos?

Respondendo a essas perguntas, você vai descobrir quais os itens de preferência do seu aluno. Esses itens auxiliam no momento do ensino e podem tornar-se possíveis reforçadores, a depender de quanto acesso nosso aluno teve àquele item ou do quanto foi privado dele. Para saber se um item de preferência é ou não reforçador naquele dia e situação específica de ensino, precisamos olhar para o comportamento (R).

Ao longo do dia, da semana e até do mês, percebemos que o nosso aluno se interessa por diferentes itens, com diferentes intensidades. De uns ele gosta mais, de outros ele gosta menos, com uns ele passa um tempo brincando ou explorando, outros ele apenas pega e depois já solta. A alguns itens, nosso aluno tem acesso o tempo todo; a outros itens, ele só tem acesso em determinados momentos. Às vezes, o aluno comporta-se de diferentes formas para pegar um determinado item; às vezes você disponibiliza o mesmo item ou outro item na frente dele e ele nem sequer toca no objeto.

Isso acontece porque todos nós temos uma hierarquia de preferências. Nós gostamos muito de alguns itens e fazemos muitas coisas para ter acesso a eles; já de outros itens nem tanto, e aí não ligamos se por alguma eventualidade não conseguimos ter acesso àquele item menos preferido.

Pensar no que o aluno gosta, se interessa e gostaria de ter acesso é uma parte importante de qualquer processo de ensino. Depois de ter feito isso, você escolhe o que precisa ensinar, lembrando que tudo o que vamos ensinar para o aluno precisa ser relevante para a vida dele, além de tornar a vida do aluno com autismo mais autônoma e independente.

Quando eu já conheço o item de preferência do aluno e sei o que eu quero ensinar, preciso propor o momento de ensino e observar se o aluno responde, para ter acesso àquele item que, *a priori*, eu sei que é um item de preferência dele, mas eu ainda não sei se será um reforçador. Esse item de preferência só será um reforçador quando ele aumentar a frequência da resposta que meu aluno precisa emitir. Por exemplo:

A - B - C

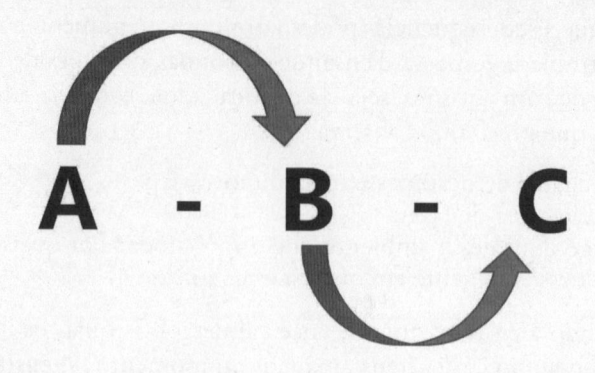

Em ambiente clínico, o terapeuta diz que, toda vez que o aluno cumprir uma tarefa, ele terá acesso ao tablet.

Ex.: (Lave a mão)　　　　(Criança lava)　　　(Acesso ao tablet)
Ex.: (Guarde o brinquedo)　(Criança guarda)　(Acesso ao tablet)

No outro dia em casa, a mãe pede novamente para a criança guardar seus brinquedos.

Ex.: (Guarde o brinquedo)　(Criança guarda)　(Acesso ao tablet)

Na semana seguinte, na casa dos avós.

Ex.: (Leve para ela)　　　(Criança leva o item)　(Acesso ao tablet)
Ex.: (Guarde o brinquedo)　(Criança guarda)　　(Acesso ao tablet)

Supondo que, para esse aluno, o tablet seja um item de preferência.

Contudo, nessa situação de ensino, o acesso ao tablet foi uma consequência comportamental, que **aumentou** a probabilidade de esse aluno em cumprir tarefas como guardar suas coisas, lavar as mãos, entregar itens às pessoas. Então podemos afirmar que o tablet, além de ser um item de **preferência** desse aluno, também é um **reforçador** para ele.

Ainda pensando no exemplo mostrado, suponhamos que o nosso aluno não cumprisse essas tarefas para ter acesso ao tablet, porque, por exemplo, em casa ele brinca com o tablet sempre que quiser. Então, temos aqui uma situação em que o tablet é algo que meu aluno prefere, mas não é um reforçador, porque não aumentou a resposta do meu aluno para cumprir as tarefas propostas pelo terapeuta ou pela família.

Sempre que você for escolher um item para ser a consequência comportamental do seu procedimento de ensino, você deve considerar algumas coisas:

- É um item de preferência do meu aluno?
- O que eu vou ensinar é muito difícil para meu aluno?
- Se é muito difícil, esse item que eu escolhi é uma coisa muito preferida para ele?
- Se o item é muito preferido, meu aluno está privado do acesso ao item, ou seja, faz tempo que ele não mexe nesse item ou ele ficou com esse item o dia todo?

Seguindo esses passos, a probabilidade de escolhermos um item que realmente será um reforçador para o nosso aluno é bem maior. Cabe ressaltar que, em se tratando de consequência comportamental, todo **reforçador** é um item de **preferência**, mas nem todo item de preferência é um reforçador.

Espero que, com esta pequena explicação, fique mais fácil a você, leitor, sendo terapeuta ou familiar de uma criança ou pessoa com autismo, escolher os reforçadores para seu procedimento de ensino.

Referências

MARTIN, G.; PEAR, J. *Modificação de comportamento: o que é e como fazer*. 8. ed. São Paulo: Roca, 2009.

MILTENBERGER, R. G. *Modificación de conducta: principios y procedimientos*. 6. ed. ABA España, 2020. pp. 66-89.

22

BRINCAR É O CAMINHO, PRÁTICAS BASEADAS NO MODELO DENVER DE INTERVENÇÃO PRECOCE

Neste capítulo, abordo o quanto a ciência ABA e os modelos que se originam dessa ciência, como o modelo Denver de intervenção precoce, podem ser leves, eficazes e divertidos, quebrando paradigmas e dogmas reproduzidos pelo senso comum. Assim, com base na minha atuação, apresento dicas práticas e acessíveis de como desenvolver sua criatividade e unir a teoria e a prática para conseguir avanços significativos com crianças com atraso de desenvolvimento, em especial o autismo, entrando nesse maravilhoso território no qual só é possível entrar brincando.

NATALY OLIVEIRA S. CORREIA

Nataly Oliveira S. Correia

Contatos
www.equipedoben.com.br
natalycorreia@equipedoben.com.br
Instagram: natalycorreiapsico / equipedoben_
Facebook: Nataly Correia
11 96671 4558 / 11 96467 7725

Psicóloga. Pós-graduada em Psicopedagogia e em Análise do Comportamento Aplicada (ABA). Formada no Modelo Denver de Intervenção Precoce (ESDM), pelo Mind Institute, realizado no Canadá. Acompanhamento de avaliações e aplicação de Programa de Avaliação e Colocação de Marcos do Comportamento Verbal (VB-MAPP), em Miami. Psicóloga e sócia na Equipe do Ben. Especialista em atendimento a pessoas com atraso de desenvolvimento em geral e autismo. Palestrante de cursos voltados para treinamento na ciência ABA e baseados na metodologia Denver. Coautora dos livros *Educando filhos para a vida* e *educação inclusiva e a parceria da família*.

O principal motivo de o modelo Denver ser um sucesso é o fato de ele ter como princípio o ambiente natural da criança e aproveitar todas as oportunidades espontâneas do paciente para seguir a liderança e construir uma conexão afetiva na qual o ambiente seja fértil e acolhedor para o ensino de habilidades.

Nesse sentido, precisamos ser humildes e nos despirmos da vontade de colocar objetivos e ensinar habilidades. Em primeiro lugar, observar o que o nosso paciente gosta, qual tema ele está desenvolvendo no momento, o que ele faz de forma espontânea, ou seja, o que está sob o holofote dele no momento, pois as preferências mudam. Mesmo na avaliação, isso é necessário. Se já iniciamos testando habilidades, o outro tem maior probabilidade de se sentir invalidado e apresentar um bloqueio. Dessa forma, não conseguirmos criar vínculos e desenvolver uma conexão genuína para uma avaliação fidedigna.

Precisamos lembrar que a criança com Transtorno do Espectro Autista (TEA) apresenta como maior prejuízo um déficit na comunicação atrelada à socialização, ou seja, o coração do nosso trabalho deve se tornar o ambiente social, algo reforçador, aceitando o outro com suas particularidades por intermédio dessas trocas de turnos naturais, colocando as variações (objetivos do programa individualizado) ou testagem do *checklist*, no tema que foi estabelecido pelo paciente. Assim conseguiremos trabalhar os dois prejuízos mais importantes que a pessoa com autismo geralmente apresenta, sendo eles: socialização, rigidez mental de querer seguir sempre um mesmo *script* mental e brincadeiras estereotipadas, que se apresentam sem muita variação.

Segundo Rogers *et al.* (2012), crianças com autismo apresentam dificuldade em experimentar recompensas naturais da mesma forma que as crianças sem autismo. Apesar disso, o sistema biológico é moldável e receptivo a experiências.

Após conseguirmos identificar o interesse da criança, o que geralmente fazemos é nos mostrarmos interessados pela ideia dela, narrando o que ela está fazendo, fazendo sons lúdicos engraçados e imitando o que o ela está fazendo. Isso é importante para que a criança não se sinta ameaçada, mas sim empoderada por perceber que ela também tem ideias legais, o que desenvolve a criatividade e a autonomia.

Outra etapa que se origina desse modelo é, sempre que possível, se posicionar de frente para a criança. Isso é fundamental, pois outro sinal que a criança dentro do espectro pode apresentar é um atraso no contato visual, então devemos facilitar indo a seu encontro para que o outro tenha mais oportunidades de ver nossas expressões teatrais e sorrisos, assim garantimos mais chances de aprendizados.

Também procuramos eliminar elementos distratores que sejam concorrentes à interação, como eletrônicos e muitos estímulos, pois outro sintoma que se repete no espectro é a dificuldade de controle inibitório, atenção dividida e sustentada.

Se a criança precisar de ajuda e permitir proximidade, devemos nos antecipar e ser prestativos, entregando objetos, abrindo potes e auxiliando para que o tema que a criança criou seja realizado com sucesso.

Devemos ser sensíveis para perceber se algo não está favorável, ou seja, se a criança está aversiva. Ela mostra alguns sinais sutis, como a tonalidade de voz ou sensibilidade ao toque ou proximidade, lembrando que a alteração sensorial também é comum em pessoas com autismo. Iremos, portanto, identificar a zona de conforto e nos manter lá até que haja uma conexão.

Rogers *et al.* (2012) descrevem que todas as pessoas possuem uma zona de conforto; algumas precisam de mais distância social do que outras, no entanto, outras necessitam de mais proximidade.

Segundo Grandin e Panek (2015), reação emocional ou agressiva ao toque pode ser um indicador de sensibilidade tátil, assim como medo de cair, medo de altura etc. pode ser um indicador de sensibilidade motora.

Exemplo de caso: criança de 3 anos entra em meu consultório pela primeira vez com os pais e, quando me vê, se esconde debaixo do sofá e chora toda vez que eu tento me aproximar. Então, tento chegar sem o estímulo brinquedo, seguindo a liderança, porém a criança aumenta o choro. Então, me afasto, me deito igual à criança e começo a fazer onomatopeia de ronco. Ela esconde o rosto e eu faço igual, seguindo seu ritmo. A criança se levanta, eu narro e faço igual ainda distante; ela se deita e eu volto a me deitar; ela pega umas peças e joga na minha direção e eu faço sons lúdicos, narro e jogo novamente para ela fazendo os mesmos sons e narrações. A criança faz alcance dirigido para pegar outro brinquedo e eu entrego na sua mão; após isso, ela começa a me olhar e sorrir. Percebo então que, a partir daí, ela permite maior proximidade e a conexão ocorre.

Em que momento podemos começar a testar tópicos de uma avaliação ou ensinar habilidades?

Quando a criança mostra sinais de que está conectada, como ocorreu no exemplo acima.

Nessa hora podemos tomar turno, entrando em cena com a nossa ideia. No entanto, o ideal é que as demandas comecem próximas do que a criança já está fazendo e depois vamos gradativamente ampliando-as.

E quando a criança não faz o que é colocado como proposta de variação na brincadeira?

Antes de aumentar o suporte, é necessário conferir se a demanda ficou clara ou ambígua. A clareza é uma qualidade imprescindível para o analista do comportamento ou qualquer pessoa que esteja ao redor de uma pessoa com autismo, pois ela tende a entender as coisas de forma literal, apresentando dificuldade com coisas abstratas, metáforas, duplo sentido ou figuras de linguagem.

Também é importante dar o modelo para que fique ainda mais claro o que está sendo solicitado, pois um déficit comum também está ligado à comunicação receptiva, ou seja, a compreensão dos comandos.

Outra orientação que garante que o aprendizado seja realizado com o mínimo de erro é o aumento de suporte, uma vez que, quando trabalhamos baseados no modelo Denver, vamos do menor suporte para o maior suporte, assim: daremos suporte verbal, repetindo a demanda de forma clara; suporte gestual, fazendo um gesto do que é esperado; suporte físico parcial, dando um toque na mão ou iniciando a ação junto da criança para que ela a termine; e suporte físico total, fazendo a ação completa junto à mão da criança.

Após a criança realizar a demanda, independente ou não, voltaremos a fazer o que ela estava fazendo antes da demanda, pois assim produziremos reforço e isso aumentará a probabilidade de ela estar mais receptiva à demanda no próximo turno. Isso acontece de forma natural, como se fosse uma dança.

O que mais ajuda a não "travarmos" durante o brincar é buscarmos a espontaneidade e a felicidade. É necessário emocionar para que o parceiro consiga ser espontâneo e desenvolver seu pleno potencial, então não se prenda a uma forma certa de brincar; não existe só uma função para um brinquedo: o céu é o limite.

Uma dica é quando ficarmos sem ideias com um determinado brinquedo é nos sentarmos em frente a ele em algum momento, tocando esse brinquedo e nos desafiando a questionar de qual outra forma poderíamos brincar, explorando assim o universo de possibilidades.

Vamos, juntos, pensar em variações?!

Um carro, por exemplo, pode ser um telefone, um avião, uma máquina de mercado para passar as compras, um controle remoto para ligar a TV, uma aranha que sobe e desce ao som de música infantil, um ferro para passar roupa, ele pode parar, andar, ir rápido, devagar, bater, capotar, pular, ser um ônibus em que os passageiros sobem e descem e virar um pente para pentear o cabelo.

Com peças de montar, podemos, além de empilhar, trabalhar discriminação de cores, grande e pequeno, pareamento, fazer torre, virar chapéu, fazer chuva, ser uma escova de dentes, copo, comidinhas, bolo de aniversário, sabonete para trabalhar simbólico e partes do corpo, sinal de trânsito, munições para acertar um alvo, montar um trem, elevador, óculos, injeção, batom etc.

Quebra-cabeça não serve só para montar, como muitos pensam: ele pode virar uma ponte, dá para trabalhar o apontar para escolher, ou discriminar algum desenho, virar um biscoito, além de ser um excelente recurso para contar história, cantar música com objeto que tem no estímulo, quantificação, empilhar, brincar de esconder e achar, brincar de batata-quente, malabarismo, trabalhar o sim e o não, rolar as peças etc.

Outro desafio que os pais e acompanhantes terapêuticos enfrentam, quando brincam com crianças com atraso no desenvolvimento de forma geral, é as crianças não apresentarem interesse nos brinquedos. Eles questionam como motivar e arrancar sorrisos, qual entrada para o ensino de habilidades, principalmente como treinar atos comunicativos. Uma das possibilidades é usar as atividades sensório-sociais a nosso favor, ou seja, atividades em que usamos música, corpo, massagem, onomatopeias e narrações divertidas, alternando o ritmo a nosso favor, ou seja, se criança está apática, aumentamos o quociente de diversão e, se está muito agitada, diminuímos o ritmo, narrando com tonalidade baixa, diminuindo a luz e usando massagem.

Isso é importante, pois para aprender o nível de alerta deve estar organizado, lembrando que a via sensorial é uma via de aprendizagem muito eficaz, principalmente tratando-se de crianças pequenas.

O segredo é repetir para que se torne algo familiar, assim a criança incluirá isso na rotina e terá maiores chances de pedir por essas brincadeiras de forma verbal ou não verbal.

Quais exemplos de brincadeiras podemos utilizar?

Pula pula pipoquinha, cosquinha, bolinha de sabão, bexiga, esconder o rosto, fazer a criança voar igual a um avião, girar junto e parar, formiguinha, polegares, janela janelinha, marcha soldado, sanduíche com almofadas, dançar ao som de músicas, correr, estátua, fantoche, cavalinho, instrumentos musicais.

O grande diferencial nessas brincadeiras é fazermos a brincadeira sem pedir nada por no máximo três vezes para gerar interesse, porém depois fazermos pausas dramáticas e cobrarmos um ato comunicativo para produzir reforço e dar continuidade à ação legal esperada. O ato comunicativo pode ser olhar, apontar, balbuciar, falar, alcance dirigido, gesticular, sorrir, entre outros.

Exemplo de caso: a criança corre, eu corro igual, pego a criança e giro, canto "Roda, roda, roda, rodouuu", coloco a criança no chão, faço pausa e pergunto: "Você quer mais?". Quando a criança olha e ergue os braços, eu recomeço cada vez mais animada a rodar e cantar a musiquinha.

Essas brincadeiras podem ser uma porta de entrada para criar vínculos, treinar atos comunicativos, parear atividades sensório-sociais e com brinquedos, aumentar ainda mais o repertório da criança.

Um treino constante que sempre oriento as famílias a fazer é utilizar as atividades do dia para trabalhar habilidades, como a hora da alimentação, na qual é possível trabalhar pedidos, contato visual, apontar, autonomia, imitação e interação.

Outros momentos ricos são a hora do banho e a troca de fralda, pois podem-se trabalhar segmentos de comando, contato visual, imitação orofacial e corporal, partes do corpo, entre outros objetivos.

Por isso, conclui-se que brincadeira é coisa séria e, para alcançar um desenvolvimento pleno, precisamos usar todas as cartas que temos na manga, pois a evidência científica é clara. É preciso acreditar no potencial da criança e saber onde estamos e aonde queremos chegar e, assim, por meio da interação e de técnicas comprovadas, é que a criança com atraso no desenvolvimento e autismo aprende. Convido todos para colocar em prática as dicas contidas neste capítulo e aproveitar juntos essa jornada, que pode sim ser leve, caminhando com o paciente, com afeto e objetivos claros.

Referências

AMERICAN PSYCHIATRIC ASSOCIATION (APA). *Manual Diagnóstico e Estatístico dos Transtornos Mentais*: DSM-5. Porto Alegre: Artmed, 2014.

GAIATO, M. *O reizinho autista*. Guia para lidar com comportamentos difíceis. São Paulo: nVersos, 2018.

GRANDIN, T.; PANEK, R. *O cérebro autista: pensando através do espectro*. Rio de Janeiro: Record, 2015.

NATEL, M. C.; TARCIA, R. M. L.; SIGULEM, D. A aprendizagem humana: cada pessoa com seu estilo. *Revista Psicopedagogia*, v. 30, n. 92, 2013. Disponível em: <http://pepsic.bvsalud.org/scielo.php?script=sci_arttext&pid=S0103-84862013000200008>. Acesso em: 10 fev. de 2022.

ROGERS, S. J.; DAWSON, G.; VISMARA, L. A. *Autismo: compreender e agir em família*. Lisboa: Lidel, 2012.

SILVA, A. B. B.; GAIATO, M. B.; REVELES, L. T. *Mundo singular: entenda o autismo*. Rio de Janeiro: Objetiva, 2012.

23

TREINO PARENTAL
A IMPORTÂNCIA DOS CUIDADORES NO ENSINO DE CRIANÇAS COM TRANSTORNO DO ESPECTRO AUTISTA

No presente capítulo, será enfatizada a relevância de incluir-se o treino parental e formas de fazê-lo no atendimento de autistas. Trouxemos algumas pesquisas recentes realizadas por analistas do comportamento de vários países que discutem os impactos do TEA na vida das famílias e os efeitos da capacitação de seus cuidadores.

CELESTE BARRA E
MILENA SILVA

Celeste Barra

Contato
91 99172 2895

Psicóloga, especialista em Análise do Comportamento Aplicada (ABA). Durante a graduação, trabalhou como bolsista de Iniciação Científica no projeto APRENDE (Atendimento e Pesquisa sobre Aprendizagem e Desenvolvimento) na Universidade Federal do Pará, focando nos temas Intervenção em Análise Comportamental Aplicada, Treinamento de Cuidadores e Comportamento Verbal. Atua como coordenadora e psicóloga clínica na intervenção em crianças com desenvolvimento típico e atípico. Desde a atuação como estudante em seu projeto de pesquisa, observou a importância do treino parental para a efetividade e a adesão do tratamento baseado em Análise do Comportamento Aplicada Desta forma, promove treinamentos parentais na sua intervenção clínica por meio de cursos de cunho teórico e prático.

Milena Silva

Contato
19 99679 7583

Psicóloga, formada pela Universidade Federal do Pará, especialista (Ufscar) e mestranda em Análise do Comportamento Aplicada (Centro Paradigma). A paixão pelo trabalho com crianças diagnosticadas com Transtorno do Espectro Autista (TEA) despertou na graduação, quando começou a trabalhar com intervenção em ABA ao TEA. Mudou-se para o interior de São Paulo em 2018 com o intuito de cursar pós-graduação e capacitar-se na área, mas acabou fixando raízes, passando a dedicar-se ao trabalho clínico com crianças autistas. Deparando-se com a realidade de escassez de profissionais na região, decidiu treinar pais para serem os aplicadores de programas em ABA em seus próprios filhos, alcançando lindos resultados. Hoje, é psicóloga e supervisora no espaço clínico idealizado por ela mesma, realizando intervenção, especialmente em crianças e adolescentes diagnosticados com TEA e suas famílias.

> *Educação e conscientização sobre o autismo simplesmente não são o suficiente – eduque os pais usando práticas baseadas em evidências para ajudar a educar efetivamente seus filhos.*
> (BOOTH, KEENAN; GALLAGHER)

Introdução

O Transtorno do Espectro Autista (TEA) é uma condição cuja prevalência vem aumentando no mundo todo. Para receber o diagnóstico, o indivíduo deve apresentar dificuldades persistentes na comunicação e interação social e apresentar padrões de comportamentos e interesses restritos e repetitivos. Porém, outras condições podem estar associadas ao autismo, como ocorrência de comportamentos desafiadores, dificuldades cognitivas e problemas de aprendizagem, além de comorbidades como transtorno do déficit de atenção e hiperatividade (TDAH) e epilepsia. Diante disso, o TEA é um quadro do neurodesenvolvimento que representa grandes desafios para professores, terapeutas e familiares, muitas vezes decorrente da gravidade dos problemas de comportamento. A literatura aponta que alguns dos comportamentos mais frequentemente identificados são acessos de raiva, agressão, estereotipia e autolesão.

Por que ensinar pais de crianças autistas?

Diante das peculiaridades do transtorno, é de fundamental importância a capacitação de professores e terapeutas. Já é entendido, e até mesmo assegurado por lei, por exemplo, que crianças diagnosticadas com TEA necessitam de acompanhantes especializados para auxiliá-los em ambiente escolar. Se a formação adequada dos profissionais responsáveis pelo atendimento de pessoas autistas é fundamental, o próximo passo lógico seria capacitar os pais a implementar programas para o ensino de novas habilidades e para mudança de comportamento. Esses programas de ensino podem ser úteis para reduzir a ocorrência de comportamentos disruptivos e para aprendizagem de habilidades sociais e de comunicação, além de melhorar, de modo geral, as práticas parentais.

Considerações sobre os impactos do Transtorno do Espectro Autista na saúde mental dos pais

Alguns dos papéis principais dos pais são cuidar, educar e socializar seus filhos. Pode parecer simples, mas isso requer uma série de habilidades cujo repertório comportamental os pais muitas vezes ainda não desenvolveram. Normalmente, suas referências são apenas os cuidados que receberam de seus próprios cuidadores. Sendo assim, mesmo no desenvolvimento típico, é comum que certo nível de estresse esteja presente durante os cuidados de uma criança. Porém, tantas dificuldades e comorbidades relacionadas ao TEA podem ocasionar forte estresse em seus cuidadores.

Quanto mais severo o TEA, mais frequentes podem ser os episódios de problemas de comportamento e, consequentemente, maior o nível de estresse para os pais. Uma pesquisa realizada no ano de 2014 por estudiosos de laboratórios no Brasil e no Canadá mostrou dados interessantes. Os pesquisadores avaliaram a gravidade dos sintomas de ansiedade e depressão em 102 pais de crianças diagnosticadas com TEA, e correlacionaram esses dados com a gravidade dos sintomas comportamentais de seus filhos. Para isso, foi realizado um estudo observacional transversal por meio da aplicação de uma escala que avalia ansiedade e depressão nos pais e um *checklist* voltado a identificar a gravidade dos problemas de comportamento nas crianças. Entre os principais resultados do estudo, observou-se depressão em 26,7% e ansiedade em 33,7% dos pais participantes da pesquisa. Segundo os pesquisadores, a ocorrência de sintomas comportamentais graves aumenta a probabilidade de serem identificados sinais de ansiedade grave e sintomas depressão nos pais. Além disso, a presença de comorbidades foi identificada como um fator significativo, de modo que 38,1% dos pais com filhos com comorbidades apresentaram sinais de adoecimento, em comparação com os pais de crianças apenas com TEA.

Outros dados alarmantes indicam que as taxas de divórcios são maiores entre pais de crianças autistas quando comparadas às taxas de divórcios entre pais de crianças com desenvolvimento típico, em virtude alto grau de estresse, acarretando menor qualidade conjugal. Em uma pesquisa publicada pela Associação Americana de Psicologia (American Psychological Association – APA) em 2010, foram comparadas a ocorrência e o momento do divórcio entre 391 pais de crianças com TEA e uma amostra representativa de pais de crianças sem deficiência. Os pais de crianças com TEA tiveram uma taxa maior de divórcio (23,5%) do que o grupo de comparação (13,8%).

Além do enfrentamento das dificuldades relacionado aos sintomas do TEA e dos impactos na relação conjugal dos pais como aspectos negativos, outro fator estressor para os cuidadores é o fato de reconhecerem sua própria inabilidade em lidar com o TEA. O ensino de estratégias de intervenção comportamental a pais pode se refletir diretamente em melhoras expressivas na sua saúde mental. Uma pesquisa realizada em 2018 por pesquisadores norte-americanos comparou dois grupos de pais de crianças diagnosticadas com TEA. Um dos grupos recebeu instruções para aplicar estratégias baseadas em evidências por meio de um tutorial para melhorar o envolvimento das crianças na rotina diária, como na hora de dormir ou tomar banho. Os pesquisadores concluíram que, em relação ao grupo controle, os pais do grupo que recebeu tutorial alcançaram maior envolvimento das crianças na rotina diária, além de relatarem menor estresse parental.

Treino parental e análise do comportamento aplicada

A Análise do Comportamento Aplicada (ABA, do inglês *Applied Behavior Analysis*) é uma ciência devotada a compreender e melhorar o comportamento humano. Os analistas do comportamento aplicado se concentram em intervir em comportamentos objetivamente definidos e de relevância social, buscando promover melhorias no comportamento enquanto demonstram uma relação confiável entre suas intervenções e as melhorias comportamentais, utilizando-se de métodos científicos de pesquisa.

Décadas de estudo na área têm fundamentado intervenções consideradas mais competentes no tratamento de pessoas diagnosticadas com TEA. Uma dessas formas de intervenção é conhecida como treino parental, que se refere a uma capacitação para pais ou cuidadores que têm como objetivo ensiná-los a lidar com comportamentos difíceis de seus filhos e aprender como avaliar funcionalmente um comportamento, para prever e melhorar esses comportamentos, além de aprender a aplicar protocolos para o ensino de habilidades.

Modalidades de treino parental

Existem modalidades de treino parental e cada uma se adequa à necessidade e à disponibilidade dos pais e cuidadores. Dentre essas modalidades são utilizadas estratégias conceituais, instrucionais e práticas. Uma característica que a maioria dessas modalidades tem em comum é a estratégia conceitual de princípios básicos em análise do comportamento, que consiste em oferecer um treinamento teórico para familiarizar os cuidadores com conceitos básicos da ABA.

A literatura especializada aponta que existem diversas modalidades de treino parental. Algumas delas são:

- **videomodelação**: ou treinamento por meio de vídeos instrucionais, os quais detalham cada passo do procedimento de intervenção utilizando cenas de modelos comportamentais, narrações e legendas;
- **treino pivotal**: intervenção baseada em ABA que consiste em ensinar novas habilidades em situações naturais e com variação ambiental, focando na motivação da criança;
- **treinamento didático e piramidal**: quando o profissional treina um pai ou cuidador e este treina outro pai ou cuidador, disseminando técnicas de intervenção.

Vale ressaltar que existem outros tipos de treino parental. Um levantamento feito em 2021 cita no total sete modalidades, incluindo as citadas anteriormente (LOPES *et al.*, 2021).

Por que é importante essa modalidade de intervenção ser inserida e em quais casos ela se adequa ao contexto brasileiro?

No Brasil, a intervenção baseada em ABA é oferecida em sua maioria em redes privadas, dificultando o acesso a esse serviço. Além disso, a carga horária alta requerida para a obtenção de resultados importantes na intervenção de crianças com TEA costuma ser muito elevada, aumentando mais ainda os custos do serviço. Para que mais famílias brasileiras alcancem a intervenção especializada em ABA, são necessários métodos alternativos que garantam a qualidade nos procedimentos e resultados, e o treino de cuidadores pode ser uma dessas alternativas.

Outras possíveis formas de os pais e cuidadores contribuírem com a intervenção

Algumas famílias ou cuidadores, por diversos fatores, inclusive relacionados à sobrecarga do trabalho e de outros filhos, não possuem disponibilidade para intervir diretamente no manejo comportamental ou aquisição de habilidades em seus filhos. Nesses casos, os cuidadores podem ser envolvidos, por exemplo, em atividades de manutenção e generalização. Manutenção consiste em continuar a estimular habilidades já aprendidas com os terapeutas, possibilitando que tais habilidades não sejam perdidas. Já no treino de generalização, os pais são ensinados a estimular, em situação natural, habilidades que foram aprendidas em terapia, para assegurar que a criança seja capaz de emitir os comportamentos aprendidos na presença de outras pessoas e em outros lugares.

Dessa forma, a aproximação entre famílias e profissionais é muito importante, pois possibilita a troca de experiências, o esclarecimento de dúvidas e planejamentos mais simples de acordo com os objetivos terapêuticos.

Resultados de algumas pesquisas na área

O impacto do treino de cuidadores sob outros cuidadores

Um interessante estudo norte-americano avaliou o efeito da propagação de um programa de educação para pais sob a aprendizagem de outros cuidadores. Os resultados indicaram que os pais submetidos a programas de treinamento em ABA foram capazes de treinar outros cuidadores a respeito de como implementar técnicas ensinadas durante o programa. Além disso, observaram-se melhorias na comunicação e no comportamento das crianças com os cuidadores que foram ensinados pelos pais.

Treinamento virtual

Cada vez mais a literatura vem apontando a eficácia e aceitabilidade de treinamentos virtuais baseados em ABA para pais. Em 2020, foi conduzido um estudo clínico randomizado para avaliar um programa de treinamento virtual baseado em ABA para pais, no qual os módulos teóricos foram apresentados por meio de uma plataforma de educação a distância e o ensino com *role-playing* foi feito utilizando-se de uma rede privada virtual (VPN, do inglês *Virtual Private Network*). Os participantes foram divididos entre grupo de tratamento, que eram aqueles que receberiam o treinamento, e o grupo controle, que eram os pais que ficariam em espera. Os pais foram avaliados utilizando-se medidas de avaliação direta tanto no ensino de habilidades em ambiente estruturado quanto no brincar. Os pesquisadores observaram que os pais do grupo de tratamento mostraram grandes melhorias estatisticamente significativas em todas as áreas, ao contrário do grupo controle na lista de espera.

Videomodelação

Pesquisadores da Universidade Federal do Pará, em colaboração com um pesquisador da Utah State University, afirmaram, a partir de estudo realizado em 2015, que intervenções via cuidadores podem ser vantajosas para a propagação do atendimento baseado em ABA. Buscou-se avaliar o efeito de um pacote de videomodelação instrucional no desempenho dos cuidadores de crianças com TEA. Três cuidadores participaram desse estudo; seus desempenhos na linha de base foram de 6%, 25% e 45%, respectivamente (média de precisão do desempenho). Após a apresentação dos vídeos instrucionais, as médias subiram para 83%, 88% e 80%, respectivamente. Tais resultados sugerem que a videomodelação pode ser uma alternativa conveniente para o treinamento parental.

Pacote de ensino

O estudo de Borba em 2014 também explanou a eficácia na intervenção via cuidadores. Foi proposto um pacote de ensino composto por ensino conceitual, por meio de cartilhas com conteúdo básico relativo à Análise do Comportamento, *role-playing* com *feedback* imediato, no qual os pais eram expostos a treinos práticos com o profissional e acompanhamento feito semanalmente para avaliar a administração dos procedimentos aplicados pelos cuidadores.

Conclusões

É importante ressaltar que essa atuação dos pais e cuidadores não substitui a intervenção profissional baseada em Análise do Comportamento Aplicada. Porém à medida que os cuidadores são treinados para utilizar estratégias baseadas em evidências, tendem a sentir-se mais seguros e empoderados, podendo gerar diminuição na carga de estresse parental experimentada por eles. Além disso, os pais mostram-se satisfeitos ao perceberem que estão sendo capazes de contribuir diretamente para a aprendizagem e o desenvolvimento de seus filhos.

Embora ainda sejam necessárias mais investigações acerca do tema, pode-se afirmar que o treino parental tem se revelado uma eficiente maneira de ajudar famílias e promover maior qualidade de vida a pessoas diagnosticadas com TEA.

Referências

BARBOZA, A. A. *Efeitos de videomodelação instrucional sobre o desempenho de cuidadores na aplicação de programas de ensino a crianças diagnosticadas com autismo*. 2015. 66f. Dissertação (Mestrado em Teoria e Pesquisa do Comportamento) – Universidade Federal do Pará, Belém, 2015.

BOOTH N.; KEENAN, M.; GALLAGHER, S. Autism, interventions and parent training. *Psichologija*, v. 570, pp. 74-94, 2018. doi: 10.15388/Psichol.2018.0.11904.

BORBA, M. M. C. *Intervenção ao autismo via ensino de cuidadores*. 2014. 142f. Tese (Doutorado em Teoria e Pesquisa do Comportamento) – Universidade Federal do Pará, Belém, 2014.

CHAN, K. K. S.; LEUNG, D. C. K. The impact of child autistic symptoms on parental marital relationship: parenting and coparenting processes as mediating mechanisms. *Autism Research*, v. 13, n. 9, 2020.

COOPER, J. O.; HERON, T. E.; HEWARD, W. L. *Applied Behavior Analysis*. 3. ed. Hoboken, NJ: Pearson Education, 2019.

CRONE, R. M.; MEHTA, S. S. Parent training on generalized use of behavior analytic strategies for decreasing the problem behavior of children with autism spectrum disorder: a data-based case study. *Education and Treatment of Children*, v. 39, n. 1, pp. 64-94, 2016. Disponível em: <https://www.muse.jhu.edu/article/612000>. Acesso em: 9 fev. de 2022.

IBAÑEZ, L. V. *et al.* Enhancing interactions during daily routines: a randomized controlled trial of a web-based tutorial for parents of young children with ASD. *Autism Research*, 11, pp. 667–678, 2018.

LOPES, V. D., MURARI, S. C.; KIENEN, N. Capacitação de pais de crianças com TEA. *Revista Educação Especial*, v. 34, 2021.

MATSON, J. L. *Applied Behavior Analysis for children for children with autism spectrum disorders*. Springer, 2010.

SILVA, A. J. M. *Aplicação de tentativas discretas por cuidadores para o ensino de habilidades verbais a crianças diagnosticadas com autismo*. 2015. 51f. Dissertação (Mestrado em Teoria e Pesquisa do Comportamento) – Universidade Federal do Pará, Belém, 2015.

24

DISCUTINDO SOBRE CONDUTAS DE COMPORTAMENTOS INADEQUADOS

As crianças com Transtorno do Espectro Autista (TEA), em sua maioria, apresentam comportamentos disruptivos que muitas vezes podem causar danos físicos, emocionais e sociais. Muitas técnicas foram desenvolvidas baseadas na análise do comportamento aplicada (ABA) para ajudar a diminuir os comportamentos-problema e ensiná-las comportamentos adequados para alcançar seus objetivos e obter maior funcionalidade e autonomia.

JÉSSICA COELHO

Jéssica Coelho

Contatos
psicojessica1@gmail.com
Instagram: @psijessicacoelho
11 99592 1169 / 11 94140 1169

Psicóloga coordenadora no Instituto Singular. Pós-graduanda em Análise do Comportamento Aplicada ao Autismo e Atrasos de Desenvolvimento Intelectual e de Linguagem pela Universidade Federal de São Carlos (UFSCar). Pós-graduada em Intervenções Precoces no Autismo - Modelo Denver pela Universidade CBI of Miami. Colaboradora na Autismo Conference Brasil 2019. Cursos de capacitação profissionalizante reconhecidos pelo MEC em: ABA e Estratégias Naturalistas; Autismo – Treinamento para Pais; Transtornos do Sono; Formação de AT; Hora de Brincar; Neurociências do Autismo. Experiência com crianças e adolescentes com transtornos mentais no Centro de Atenção Psicossocial Infantil (CAPSi).

> *Dizem que tudo que vale a pena na vida vem com dedicação e dificuldade, baseando-se nisso, todas as crianças autistas valem a pena!*
> MARCOS MION

Introdução

A análise do comportamento é uma abordagem que busca compreender o ser humano a partir de sua interação com o ambiente, ou seja, para entendermos os comportamentos inadequados emitidos, precisamos entender a ideia central da análise do comportamento, que é a seguinte: consequências de determinado comportamento que influenciam se ele continua ou não a ocorrer.

Comportamentos inadequados e suas funções

Os comportamentos inadequados são todos aqueles que de alguma forma blindam a aprendizagem da criança e trazem prejuízos para sua vida familiar e social.

O cérebro das crianças com atrasos possui menor ativação em determinadas áreas e, com as intervenções, essas áreas são ativadas. Se a criança faz somente o que ela quer, o cérebro não cria redes neuronais e isso acaba se tornando uma barreira de aprendizagem.

Para atuar nos comportamentos inadequados, o primeiro passo necessário é entender qual é a função do comportamento, qual é objetivo que a criança tem ao emitir aquela ação, sendo os principais:

- acesso a item: as crianças dentro do espectro autista possuem maior dificuldade na comunicação expressiva e receptiva, portanto gritos e choros ocupam lugar da comunicação adequada, sendo uma das funções mais comuns para acesso a itens ou a uma atividade preferida;

- fuga/esquiva: as crianças emitem esses comportamentos quando não querem atender a uma solicitação de um adulto, se afastando e ignorando o que foi pedido a ela. Por exemplo: pedimos à criança para pegar o sapato e a criança simplesmente ignora, chora evitando cumprir a instrução pedida ou age com um comportamento afetivo (nos abraça na tentativa de não cumprir o que lhe foi pedido);
- obter atenção: o comportamento se estabelece após a criança obter atenção do adulto, sendo contato visual, broncas ou mudança no ambiente, durante a emissão de tal comportamento;
- autoestimulação: nesta função, o comportamento-alvo são os movimentos. Normalmente são estímulos que a criança realiza porque gosta e sente prazer em realizá-los, mais comum em crianças com baixo repertório de brincadeiras e trocas sociais.

Entendendo qual dessas funções está relacionada ao comportamento emitido é que será possível desenvolver a intervenção adequada.

A seguir, serão descritas as diversas estratégias de intervenção e prevenção para os comportamentos com as funções citadas.

Estratégias comportamentais

Existem diversas estratégias baseadas na análise do comportamento aplicada (ABA, do inglês *applied behavior analysis*) para manejar os comportamentos inadequados substituindo-os por comportamentos adequados, assim possibilitando que o cérebro realize novos caminhos neuronais.

Dentre essas técnicas temos o reforço, que nada mais é que dar uma consequência a uma classe de comportamentos ou um comportamento específico, assim aumentando ou mantendo a probabilidade de determinado comportamento ocorrer.

Para a aprendizagem de um novo comportamento ou a substituição de um comportamento inadequado para um adequado, a análise do comportamento nos mostra que a forma como as consequências são apresentadas também produz efeitos no comportamento-alvo. A seguir, dois exemplos de esquema de reforçamento:

1. esquema de reforçamento contínuo (CRF, do inglês *continuous reinforcement*): todo comportamento é seguido de reforçador;
2. esquema de reforçamento intermitente: como o próprio nome diz, o comportamento é reforçado intermitentemente, havendo diversas variações: razão fixa, razão variável, intervalo fixo e intervalo variável.

Há também a extinção, que traz como resultado o contrário do reforço, ou seja, quando se encerra o reforço de um comportamento, nota-se que ele diminui a ocorrência e o enriquecimento ambiental, que é uma técnica de intervenção para reduzir os comportamentos estereotipados.

Deve-se sempre reforçar os comportamentos desejados e funcionais para que esse cérebro entenda que são esses os comportamentos esperados e, assim, aumentar a probabilidade de ocorrência.

Intervenção dos comportamentos inadequados na prática

Para ajudar a entender e agir diante dessas funções, sempre serão analisados três pontos:

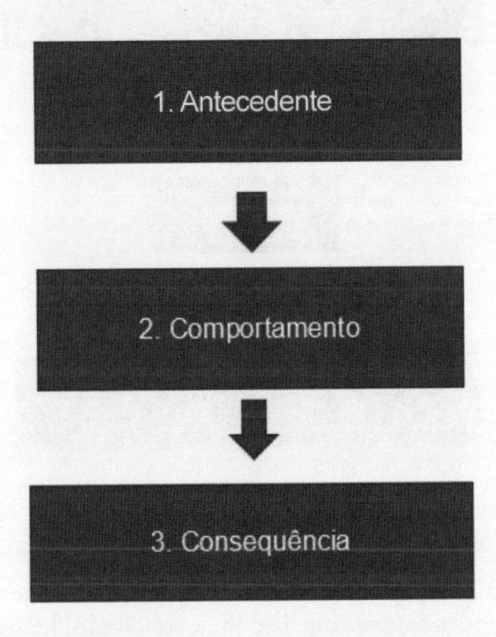

```
1. Antecedente
    ↓
2. Comportamento
    ↓
3. Consequência
```

1. antecedente: o que causou, o contexto anterior àquele comportamento-alvo, estando atento a todos os detalhes;
2. resposta/comportamento-alvo: exatamente o que a criança faz;
3. consequência: o que aconteceu imediatamente após a emissão do comportamento-alvo, entender quais foram as consequências, pois são elas que fazem o comportamento permanecer.

Como agir no dia a dia

Vejamos alguns exemplos:

• João chora, pois quer o carrinho que está na prateleira do seu quarto, fora de seu alcance. A mãe, sem entender, vai lhe oferecendo diversos itens, o choro se intensifica, até que ela acerta o que ele quer: o carrinho para acalmá-lo o quanto antes.

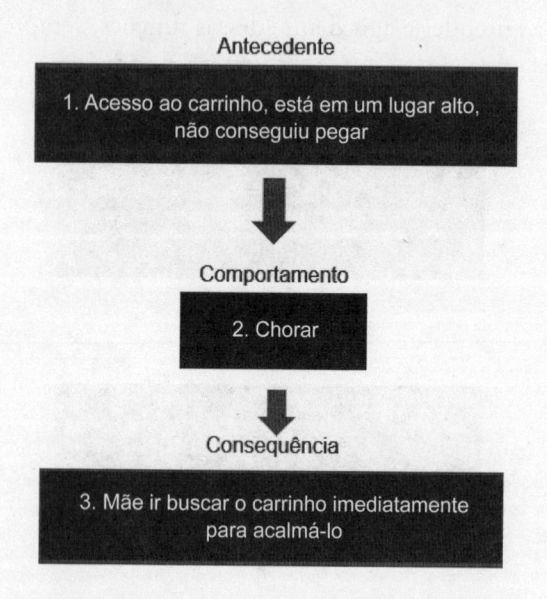

Antecedente
1. Acesso ao carrinho, está em um lugar alto, não conseguiu pegar

⬇

Comportamento
2. Chorar

⬇

Consequência
3. Mãe ir buscar o carrinho imediatamente para acalmá-lo

Como manejar? Espere a criança se acalmar e modele o comportamento dela para um comportamento adequado, concorrente ao choro, como apontar.

• A terapeuta pediu para João que se sentasse na cadeira e guardasse os brinquedos. Todas as vezes que isso lhe é solicitado, João vai até a porta do consultório e grita, como forma de protesto. O pai, que está do lado de fora, sempre entra na sessão para dar uma bronca na criança e conversar com a terapeuta, dando sugestões de como agir.

Antecedente

1. Pedindo para sentar e guardar brinquedos

⬇

Comportamento

2. Ir até a porta e gritar

⬇

Consequência

3. Pai entra na sessão para lhe dar uma bronca, fica conversando com a terapeuta e João não cumpre a demanda solicitada

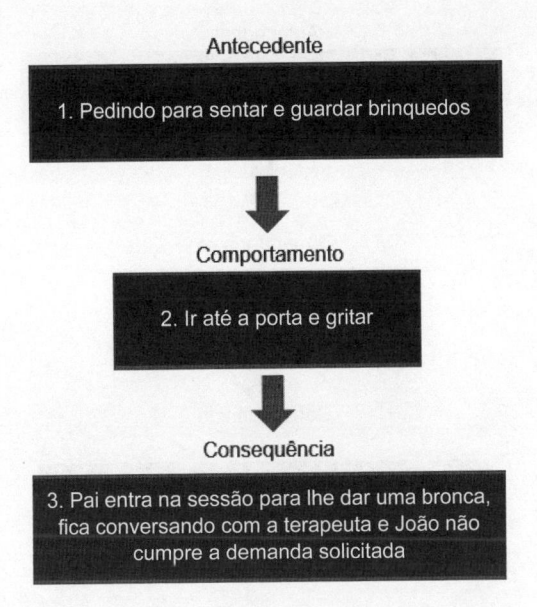

Como manejar? Neste caso, precisamos deixar claro para a família toda a análise funcional desse comportamento, conforme estamos aprendendo neste capítulo, para que essa família não interfira no manejo. Depois, precisamos diminuir o custo de resposta desta demanda, para que a criança cumpra ainda que um fragmento dela, mesmo com ajuda total. Neste exemplo, pode-se pedir para que a criança só se sente na cadeira enquanto a terapeuta guarda os brinquedos ou pode-se pedir que ela apenas guarde parte dos brinquedos solicitados, sem a necessidade de estar sentada.

Mas lembre-se: se você permitir que ela saia para se acalmar, ela vai entender que sempre que não quiser fazer algo basta agir de forma inadequada que consegue se livrar de tudo o que não quer.

- João apresenta gritos sempre que a mãe está ajudando o irmão mais novo a fazer a lição de casa. A mãe imediatamente para o que está fazendo para direcionar atenção a João e pedir que ele não fique gritando, pois está atrapalhando.

Antecedente

1. Ver a mãe ajudando o irmão na lição de casa

⬇

Comportamento

2. Gritar para que a mãe fique com ele

⬇

Consequência

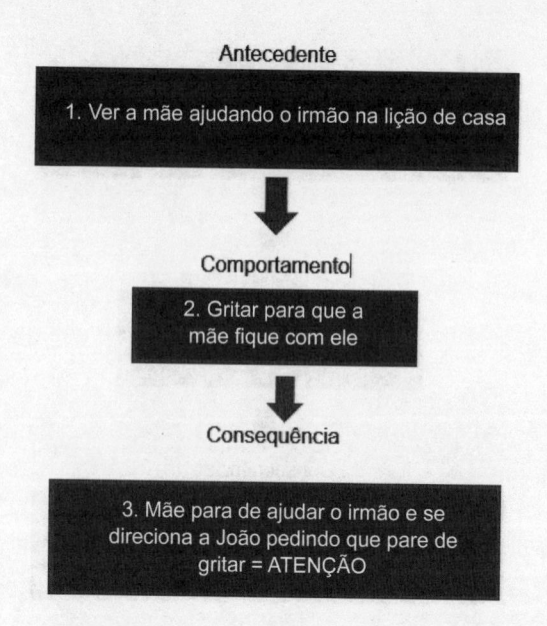

3. Mãe para de ajudar o irmão e se direciona a João pedindo que pare de gritar = ATENÇÃO

Como manejar? Ignorar o comportamento de grito emitido por João, não manter contato visual ou dirigir a palavra até que ele pare por completo de emitir esse comportamento. Quando ele emitir comportamento adequado, como buscar a mãe, chamá-la, brincar com o irmão, o ideal é que a família elogie, festeje, mostre a ele que aquele comportamento "é muito legal", ou seja, reforçar imediatamente; isso é o que chamamos de comportamentos alternativos.

Como prevenir?

Conforme as crianças vão adquirindo habilidades pontuais, como flexibilidade mental, elas vão conseguindo lidar com as situações diversas do dia a dia e com as intervenções adequadas. Entendendo o que foi citado anteriormente, conseguimos ter um bom manejo dos comportamentos disruptivos, mas existem algumas estratégias para que possamos prevenir os comportamentos inadequados em diversas situações.

O uso do apoio visual é uma estratégia eficiente para o entendimento de diversos combinados como:

- quadro de rotina: fotos com os afazeres do dia da criança, fotos das terapias daquele dia com a ordem das situações;
- rotina: falamos também sobre a rotina de mesa, ou seja, você que é terapeuta pode fazer a rotina das atividades que serão realizadas naquelas sessões, pode fazer combinados com a criança de uma maneira flexível, ou seja, você escolhe uma atividade, ela escolhe outra e, juntos, montam

essa rotina. Aqui podemos incluir também o uso de placas com antes e depois, para que a criança tenha acesso visualmente ao que ela precisa fazer primeiro e depois;
- histórias sociais: em descrição curta, clara e objetiva, podemos ensinar à criança a regra de um jogo, para que ela entenda o que seria esperado dela em determinadas situações;
- quadro de recompensa: ter comportamentos esperados em um determinado tempo para que no final ganhe um prêmio.

Além das pistas visuais, temos também a estratégia de realizar aproximações sucessivas, que nada mais é que exigir de maneira gradual respostas para um comportamento-alvo esperado.

As crianças desenvolvem vários comportamentos e, conforme o tempo vai passando, ampliam-nos. Com os comportamentos inadequados, acontece da mesma forma: ele nunca começa com uma agressão física dentro das sutilezas da dificuldade, como um choro ou um grito entre outros, portanto é muito importante saber as técnicas para prevenção, entender e praticar para uma intervenção adequada.

Referências

GAIATO, M.; TEIXEIRA G. *O reizinho autista: guia para lidar com comportamentos difíceis*. São Paulo: nVersos, 2018. pp. 44-51.

SELLA, A. C.; RIBEIRO, D. G. *Análise do comportamento aplicada ao transtorno do espectro autista*. Curitiba: Appris 2018. p. 219.

25

A IMPORTÂNCIA DA PRÁTICA DE HABILIDADES SOCIAIS NA INFÂNCIA

Este capítulo tem como objetivo mostrar ao público o quanto é importante voltarmos nosso olhar desde muito cedo às questões sociais na primeira infância para indivíduos com autismo. Sabemos que as crianças dentro do espectro autista apresentam como principais características déficits sociais como baixo contato visual, evitamento sistemático, tendência ao isolamento e dificuldades tanto em aquisição de novas habilidades como na comunicação, o que consequentemente afeta de forma negativa as relações sociais. Você também terá a oportunidade de ver conceitos e definição de comportamento social na visão de Skinner. Mostraremos que, independentemente da condição de seu filho, as intervenções, principalmente nos primeiros anos de vida, podem causar impactos profundos no desenvolvimento da criança. Apesar de habilidades sociais serem um desafio em diversas faixas etárias do desenvolvimento humano, é importante serem trabalhadas principalmente nos primeiros anos de vida, em razão da neuroplasticidade, que é a capacidade de o cérebro criar conexões fazendo novos caminhos e a facilidade em aprender diversas habilidades. As células nervosas têm a capacidade de se reprogramar pelas sinapses, permitindo que o sistema nervoso se adapte a diferentes eventos traumáticos. Essas conexões entre dois ou mais neurônios enviam e recebem informações para todo o corpo e o córtex cerebral. Dessa forma, quando o indivíduo com atraso no desenvolvimento recebe estimulações precoces e adequadas, lacunas são preenchidas, produzindo evolução e qualidade de vida ao ser humano.

REINALDO DE SOUZA ARAÚJO

Reinaldo de Souza Araujo

Contatos
reinaldoaraujo.ba@hotmail.com
Instagram: @reinaldoaraujopsi / @reinaldoaraujoba

Psicólogo clínico formado pela Universidade Paulista. Especialista em Intervenção Precoce em Autismo. Pós-graduado em Análise do Comportamento Aplicada (ABA) ao Transtorno do Espectro Autista e desenvolvimento atípico pelo Paradigma – Centro de Ciências e Tecnologia do Comportamento. Participante da International Conference – Autism Spectrum Disorder na Universidade Harvard, em Cambridge, Massachusetts. Formado no Modelo Denver de Intervenção Precoce (ESDM) pelo Mind Institute, no Canadá. Psicólogo coordenador no Instituto Singular, tem experiência com crianças em desenvolvimento atípico nos contextos escolar, domiciliar e clínico.

> *O importante sobre uma cultura assim definida é que ela evolui. Uma prática surge como uma mutação: afeta as probabilidades de o grupo vir a solucionar seus problemas; e, se o grupo sobreviver, a prática sobreviverá com ele.*
> (SKINNER, 1974)

Ao falarmos em Transtorno do Espectro Autista (TEA), rapidamente pensamos em um sintoma que talvez seja o mais marcante nos indivíduos, que é o déficit em habilidades sociais ou dificuldades nas trocas sociais. Dificuldades nas interações sociais podem ser consideradas uma característica importante e um alerta para o diagnóstico do TEA. Geralmente algumas dificuldades enfrentadas por pessoas com autismo são: baixo contato visual, evitamento sistemático, tendência ao isolamento e dificuldades tanto na aquisição de novas habilidades como na comunicação.

Em algumas situações, indivíduos com TEA não conseguem perceber os estímulos sociais, assim como reconhecer expressões faciais, emoções e ter a capacidade de se colocar no lugar do outro (empatia). Ainda apresentam déficits no planejamento e utilização de estratégias para iniciar, desenvolver um diálogo e responder adequadamente, justamente por serem pessoas com pensamentos concretos e literais, que apresentam dificuldades em entender expressões de duplo sentido (ironia).

Podemos definir habilidades sociais como as espertezas que nos beneficiam para interagir com as outras pessoas, levando em consideração a cultura, as normas, as regras e o que é esperado em algumas situações em um determinado contexto. Vamos chamar esse movimento de comportamento social.

Segundo Skinner (2003, p. 325), "comportamento social pode ser definido como comportamento de duas ou mais pessoas com respeito uma à outra ou em conjunto com respeito a um ambiente comum". Dessa forma, comportamento social está diretamente ligado às contingências controladas pelos estímulos antecedentes e consequentes, em que esse movimento depende de comportamentos de outras pessoas.

Algumas crianças que apresentam atrasos no desenvolvimento, principalmente na comunicação, tendem ao isolamento por não saberem se comunicar de maneira adequada e, consequentemente, não são reforçadas por outras crianças porque elas não interagem. Por exemplo, em um jogo de tabuleiro, futebol ou atividades recreativas de pega-pega, esconde-esconde etc., existem várias oportunidades de aprendizado e trocas sociais, entretanto, quando uma criança interage com outra e não é reforçada por dificuldades pessoais ou até mesmo por falta de habilidade social, automaticamente essa criança é "colocada de lado", não sendo inserida ao grupo. Neste momento precisamos intervir de forma inclusiva, respeitando as limitações de cada um, tornando essa dinâmica agradável e reforçadora.

Indivíduos dentro do espectro são pessoas objetivas, que apresentam dificuldades em entender ideias abstratas, como brincadeiras ou piadas de duplo sentido. Também têm problemas com o filtro social em virtude da falta de sensibilidade em perceber os sinais implícitos emitidos naquele contexto ou cultura. Por exemplo, geralmente elas falam o que vem à mente sem pensar nas consequências e esses comentários em algumas situações machucam o outro, além de serem desnecessários e constrangedores. Dessa forma, essas características tornam as interações sociais desafiadoras e essas pessoas são consideradas inconvenientes; consequentemente, são isoladas. Essas características têm a tendência de se manter ao longo da vida da pessoa com TEA.

É comprovado cientificamente que, quanto mais cedo voltarmos nosso olhar para essas questões sociais, melhores serão os resultados. Quando é feita a intervenção precoce, os avanços são impactantes, pois é na primeira infância que encontramos as melhores janelas de oportunidades de aprendizado. Nessa fase existe algo chamado neuroplasticidade, que é um período da vida no qual o indivíduo atravessa diversas mudanças e aquisição de novas habilidades e hábitos sociais. É nessa fase que o sistema nervoso está em construção e as sinapses são feitas em uma velocidade maior, por isso as crianças apresentam mais facilidades em aprender que os adultos. É relevante pontuar que a plasticidade neural acontece ao longo da vida, porém as pessoas idosas apresentam essa plasticidade reduzida em razão do "amadurecimento cerebral".

Na primeira infância, as crianças com TEA tendem a evitar contato visual no momento da amamentação e, posteriormente, apresentam comportamento de evitamento social, preferindo brincar afastadas das outras crianças e sozinhas. Geralmente a maioria das crianças neurotípicas pequenas brincam sozinhas, de maneira funcional, fazendo variações, usando a criatividade e próximas dos pares. Já as crianças atípicas brincam de forma repetitiva (estereotipada) e afastada dos pares, justamente pelos déficits sociais que apresentam. Como estratégia, podemos, com aproximações sucessivas, trabalhar essa questão social, expondo a criança com TEA a atividades compartilhadas com outros indivíduos em parques, praças, *playgrounds*, escolas, ambiente domiciliar e até mesmo no *setting* terapêutico, envolvendo outras crianças, pois, independentemente do nível de habilidade ou idade das crianças, quando elas estão juntas, sendo mediadas por adultos, sempre existem trocas sociais e aprendizado.

Quando expomos a criança à vivência de experiências com pares em ambientes compartilhados, estamos investindo em habilidades sociais, pensando em inclusão e, consequentemente, em qualidade de vida. Esses ambientes podem gerar aprendizados de uma série de habilidades, inclusive imitação. A imitação ativa um conjunto de neurônios chamados neurônios-espelho que permitem ao indivíduo atentar-se à ação do outro e fazer igual. Neurônios-espelho são importantes para o cérebro social, pois esse processo beneficia o convívio social, em que o indivíduo aprende a compartilhar e se relacionar de forma adequada com o outro, pois aprendemos vendo o que o outro faz.

De acordo com Silva, Del Prette e Del Prette (2013), ao falarmos em habilidades sociais, estamos querendo mostrar na prática a importância de ensinar os indivíduos com TEA a se relacionar de uma forma positiva com as pessoas nos diferentes ambientes sociais. Questões sociais afetam o desenvolvimento da criança de forma significativa, por isso não podemos esquecer o quanto é importante para o desenvolvimento infantil estabelecer relacionamentos saudáveis entre crianças e adultos desde os primeiros dias de vida.

A literatura mostra que o treino de habilidades sociais reduz o risco de uma ampla variedade de problemas psicológicos na infância, como timidez, fobia social, depressão, entre outros.

De acordo com Brasileiro e Pereira (2018), alguns indivíduos com autismo relatam maior solidão e desejo por interações e mais suporte social do que seus pares etários com desenvolvimento típico. Pessoas com TEA têm maior risco de rejeição social, pensamentos suicidas, enfrentam maior dificuldade para alcançar sucesso acadêmico e profissional e tendem a ter maior probabilidade de desenvolver transtornos de ansiedade e humor.

Exemplo de caso

Tenho um paciente que chegou à clínica antes dos dois anos de idade. No início das intervenções, R. só chorava, ficava no canto da parede, não se aproximava do terapeuta nem de outras crianças, manipulava apenas um brinquedo de forma repetitiva (estereotipada). R. não sabia brincar, vivia no "seu mundo", isolado e tranquilo na sua zona de conforto. Pensamos em estratégias para trabalhar habilidades sociais com R. Após o estabelecimento do vínculo terapêutico, começamos a introduzir outras crianças no *setting* terapêutico, realizando alguns atendimentos com outros profissionais e diversas crianças.

Foi um desafio, porque R. não apreciava estar próximo de outras pessoas ou crianças, mas com aproximações sucessivas fomos conseguindo trabalhar atividades recreativas envolvendo trocas de turno, controle inibitório, imitação, rigidez, flexibilidade, atividades sensório-sociais, entre outras. Com o passar das sessões, R. foi adquirindo habilidade de brincar e tolerar a presença de outras pessoas. Diante dessa exposição, as trocas sociais foram acontecendo tornando-se reforçadoras e, a partir desse momento, R. deu um grande salto de evolução. Atualmente R. brinca de forma funcional e independente com diversos brinquedos, tem prazer em chamar outras crianças para brincar e essa questão social não é tão complexa como no início das intervenções. A Análise do Comportamento Aplicada (ABA, do inglês *Applied Behavior Analysis*) fala que a repetição gera aprendizado e foi isso o que aconteceu com R.

Conclusões

Indivíduos com TEA são pessoas "puras", ingênuas, visuais e, para facilitar seu entendimento, as coisas precisam ser "preto no branco", apresentadas de forma clara, objetiva, direta, "na lata", justamente pelo fato de elas não entenderem essas expressões populares.

O treinamento em habilidades sociais contribui para a aquisição de repertório social com a intenção de reduzir comportamentos socialmente inadequados, promover qualidade de vida e evitar o desenvolvimento de transtornos no futuro.

O ser humano é um ser social e o treinamento em habilidades sociais é importante desde muito cedo, pois a criança um dia será um adulto. E o objetivo das intervenções é que essa criança que se tornou um adulto seja independente e tenha uma vida funcional, com a possibilidade de ir ao mercado, trabalhar, frequentar ambientes com pessoas diferentes, se relacionar, fazer parcerias e conseguir ter êxito, porque habilidades sociais são para a vida toda.

Referências

AMERICAN PSYCHIATRIC ASSOCIATION (APA). *Manual Diagnóstico e Estatístico de Transtornos Mentais*: DSM-5. 5. ed. Porto Alegre: Artmed, 2014.

BRASILEIRO, M.; PEREIRA, J. M. C. Intervenção em grupo para o desenvolvimento de habilidades sociais. In: DUARTE, C. D.; COLTRI, L.; VELOSO, R. L. *Estratégias da análise do comportamento aplicada para pessoas com transtorno do espectro do autismo*. São Paulo: Memnon Edições Científicas, 2018.

DEL PRETTE, A.; DEL PRETTE, Z. A. P. *Competência social e habilidades sociais*: manual teórico-prático. Petrópolis, RJ: Vozes, 2017.

DEL PRETTE, A.; DEL PRETTE, Z. A. P. Habilidades sociais e análise do comportamento: proximidade histórica e atualidades. *Revista Perspectiva*, v. 1, n. 2, pp. 104-115, 2010. Disponível em: <http://pepsic.bvsalud.org/scielo.php?script=sci_arttext&pid=S2177-35482010000200004>. Acesso em: 11 fev. de 2022.

EBERHARD FUCHS, E.; FLÜGGE, G. Adult neuroplasticity: more than 40 years of research. *Neural Plasticity*, 2014. Disponível em: <https://www.brainlatam.com/blog/neuroplasticidade-como-o-cerebro-se-adapta-a-situacoes-adversas-855>. Acesso em: 14 mar. de 2022.

GAIATO, M. *S.O.S. Autismo: guia completo para entender o transtorno do espectro autista*. São Paulo: nVersos, 2018, cap. 8, pp. 75-77.

KANIA, B. F.; WROŃSKA, D.; ZIĘBA, D. Introduction to neural plasticity mechanism. *Journal of Behavioral and Brain Science*, 2017. Disponível em: <https://www.scirp.org/pdf/JBBS_2017020615374293.pdf>. Acesso em: 11 fev. de 2022.

LOSARDO, A.; MCCULLOUGH, K.; LAKEY, E. R. Neuroplasticity and young children with autism: a tutorial. *Anatomy & Physiology*, v. 6, n. 2, pp. 1-5, 2016. Disponível em: <https://www.longdom.org/open-access/neuroplasticity-and-young-children-with-autism-a-tutorial-2161-0940-1000209.pdf>. Acesso em: 11 fev. de 2022.

SILVA, A. P. C.; DEL PRETTE, Z. A. P.; DEL PRETTE. A. *Brincando e aprendendo habilidades sociais*. Jundiaí: Paco Editorial, 2013.

SKINNER, B. F. Comportamento social. In: SKINNER, B. F. *Ciência e comportamento humano*. São Paulo: Martins Fontes, 2003, cap. 19, pp. 325-341.

SOBRINHO, J. B. R. Neuroplasticidade e a recuperação da função após lesões cerebrais. *Acta Fisiátrica*, v. 2, n. 3, pp. 27-30, 1995.

26

DESENVOLVIMENTO DAS HABILIDADES SOCIAIS EM ADOLESCENTES COM TRANSTORNO DO ESPECTRO AUTISTA

A adolescência é um período extremamente importante, em que as demandas sociais são adquiridas à medida que as redes de pares se tornam cada vez mais complexas e importantes. Por essa razão, precisamos estar atentos ao treino de habilidades sociais a fim de proporcionarmos melhores adaptações em diversos ambientes, como escola, vida efetiva e vida diária em ambiente domiciliar, garantindo uma transição mais adequada para a idade adulta.

THIAGO GUSMÃO

Thiago Gusmão

Contatos
gusmaothiago@hotmail.com
Instagram: @drthiagogusmao
Facebook: Thiago Gusmão e Neurologia Infantil
27 3026-8484 / 27 99907 8484

Neurologista da infância e adolescência. Especialista no Transtorno do Espectro Autista. Título de neurologista infantil pela Universidade Federal Fluminense (UFF). Título em Pediatra Geral pelo Hospital Infantil Nossa Senhora da Glória (HINSG) – Vitória-ES. Membro associado da Sociedade Brasileira de Neurologia Infantil (SBNI). Neurologista infantil (SBNI). Membro associado da Associação Brasileira de Neurologia e Psiquiatria Infantil e Profissionais Afins (ABENEPI). Professor de pós-graduação do CBI of Miami. Membro da Associação Brasileira de Psicoterapia e Medicina Comportamental (ABPMC). Membro do conselho profissional da Rede Unificada Nacional e Internacional em Defesa das Pessoas com Autismo (REUNIDA). Neurologista infantil da Associação de Pais e Amigos dos Excepcionais (APAE) Cariacica. Neurologista infantil e coordenador do Núcleo de Atendimento ao Autista Suécia Brasil (NASB), APAE – Cariacica. Mestrando em Psicologia Experimental: Análise do Comportamento pela Pontifícia Universidade Católica de São Paulo (PUC-SP).

Skinner, em seu livro *Ciência e Comportamento Humano*, de 1953, relata que o comportamento como um grupo tem grande valor, comportamento esse com alta probabilidade de ser reforçado, aumentando seu poder de conseguir o reforço. Ele faz uma citação de grande impacto e magnitude para o comportamento humano, descrevendo a importância do comportamento em grupo: "se é sempre o indivíduo que se comporta, o grupo que tem efeito mais poderoso" (SKINNER, 1953, p. 341).

O estímulo social de outra pessoa é de importância fundamental para estimulação dos vínculos afetivos, emocionais e educacionais, tornando-se importante no controle do comportamento pelas contingências envolvidas, por exemplo, pela cultura e pela história particular de cada indivíduo.

As triagens e diagnósticos cada vez mais precisos do Transtorno do Espectro Autista (TEA) ainda estão em processo de desenvolvimento e constante refinamento na população pediátrica, tendo, até certa forma, mais ferramentas disponíveis na literatura. Quando comparamos com o período da adolescência, o diagnóstico e o tratamento estão drasticamente descobertos e carentes tanto de critérios diagnósticos mais específicos quanto para continuidade de atendimentos nessa faixa etária, voltados para suas demandas sociais e buscando a funcionalidade para a vida adulta.

Temos visto um número sem precedentes de adolescentes com TEA, muitos ainda diagnosticados apenas pelas suas comorbidades, ou até mesmo sendo diagnosticados tardiamente, resultando em uma necessidade urgente de intervenções baseadas em evidências destinadas a melhorar os resultados do tratamento de manutenção e generalização dos estímulos aprendidos para esses jovens.

Ao contrário do que muitos pensam, a maioria dos indivíduos com TEA pode perceber com precisão seu nível de interação social, quer socializar e sabe das suas dificuldades, porém ainda carece de inúmeras habilidades de comunicação e socialização, evidenciando suas limitações e, na maior parte dos casos, imaturidade com seus pares. As dificuldades sociais associadas ao TEA durante os picos hormonais da puberdade, agravadas por muitas comorbidades comuns nessa faixa etária, como transtorno de ansiedade social, depressão, transtorno do déficit de atenção e hiperatividade, distúrbios do humor, transtorno opositivo-desafiador, dentre outras, nos levam a concluir que a adolescência pode ser um período particularmente difícil, complexo e de grandes desafios para esses jovens.

Na adolescência, pode haver complicações que podem dificultar a transição para a idade adulta, reduzindo o desejo dos adolescentes por uma vida independente e limitando os resultados de educação e emprego e funcionalidades da vida diária. O impacto cumulativo dessas experiências é evidente nos resultados de baixa qualidade de vida observados durante esse período, não só do adolescente, mas também de toda a família envolvida.

Retorno ao grande analista do comportamento e cientista, Skinner (1953), que descreve: "o comportamento social pode ser definido como um comportamento de duas ou mais pessoas em relação a outra ou em conjunto em relação ao ambiente", sendo esse comportamento diferente do comportamento individual e há situações sociais e forças sociais que não podem ser descritas na linguagem ciência natural.

Nesse sentido, o comportamento social e manejo de suas habilidades têm sido considerado um dos desafios centrais do TEA e, consequentemente, no TEA há uma escassez de compreensão e tratamento social.

O treinamento de habilidades sociais, que está abertamente ensinando habilidades sociais, foi proposto como um meio de amenizar as dificuldades de adolescentes com autismo, com grandes níveis de evidências mostrando um impacto positivo nas habilidades sociais, assim como para tratamento da ansiedade e qualidade de vida de toda a rede familiar envolvida. É provável que o treinamento de habilidades sociais nas primeiras etapas da vida da criança possa diminuir e, possivelmente, até prevenir maiores dificuldades sociais na vida adulta, garantindo melhor funcionalidade em ambientes diversos, como locais de encontros com grupos de pares, faculdade e trabalho.

Um conjunto de habilidades sociais intervenções de treinamento para adolescentes diagnosticados com TEA mais comumente descritas na literatura, que visam promover comunicação social e habilidades de interação, são implementadas para cobrir tópicos como reconhecimento de emoções, afirmação, iniciação, interpretação de pistas verbais e não verbais, gestão de conflitos, estratégias de enfrentamento, autocontrole, cooperação e desenvolvimento, além de manter um relacionamento e estratégias para lidar com o *bullying*, rumores e fofocas.

Uma vasta pesquisa na literatura mundial atual, avaliando o treino de habilidades sociais para adolescentes por meio de ensaios clínicos randomizados, identificou uma série de limitações de projeto e intervenção. Isso de certa forma é de caráter preocupante, dado o nível de discrepância entre as avaliações do autor, o relato do adolescente e o relatório dos pais nos domínios do funcionamento emocional e social.

É fato que uma proporção significativa de adolescentes com TEA em todo o mundo passa por exclusão social, e a condição desses muitas vezes é esquecida pelos profissionais de saúde, educação e assistência social, o que cria barreiras para o apoio e o acesso aos serviços de que precisam para viver de forma independente. Muitos adolescentes têm dificuldade em acessar uma avaliação diagnóstica, receber suporte de acompanhamento em virtude da ausência de serviços adequados ou de um caminho de atendimento acordado, por isso a importância de reconhecermos precocemente essas falhas e implementarmos o treino de habilidades sociais de modo precoce, não somente para garantirmos melhor funcionalidade na adolescência, mas também para proporcionar melhores condições de vida na fase adulta.

Referências

AFSHARNEJAD, B. *et al*. KONTAKT© for Australian adolescents on the autism spectrum: protocol of a randomized control trial. *Trials*, v. 20, n. 687, 2019. DOI: 10.1186/s13063-019-3721-9.

CHANDLER, L. K.; LUBECK, R. C.; FOWLER, S. A. Generalization and maintenance of preschool children's social skills: a critical review and analysis. *Journal of Applied Behavior Analysis*, 25(2), 415-428, 1992. DOI: 10.1901/jaba.1992.25-415.

CHOQUE OLSSON, N. *et al*. Social skills training for children and adolescents with autism spectrum disorder: a randomized controlled trial. *Journal of the American Academy of Child and Adolescent Psychiatry*, v. 56, n. 7, pp. 585-592, 2017. DOI: 10.1016/j.jaac.2017.05.001.

DEFILIPPIS, M.; WAGNER, K. D. Treatment of autism spectrum disorder in children and adolescents. *Psychopharmacology Bulletin*, v. 46, n. 2, pp. 18-41. 2016.

DEL PRETTE, Z. A. P.; DEL PRETTE, A. Habilidades sociais e análise do comportamento: Proximidade histórica e atualidades. *Perspectivas em Análise do Comportamento*, v. 1, n. 2, pp. 104-115, 2010. Disponível em: <http://pepsic.bvsalud.org/scielo.php?script=sci_arttext&pid=S2177-35482010000200004&lng=pt&tlng=pt>. Acesso em: 4 mar. de 2022.

GAYLORD-ROSS, R. J. *et al*. The training and generalization of social interaction skills with autistic youth. *Journal of Applied Behavior Analysis*, v. 17, n. 2, pp. 229-247, 1984. DOI: 10.1901/jaba.1984.17-229.

LIVINGSTON, L. A. *et al.* Good social skills despite poor theory of mind: exploring compensation in autism spectrum disorder. *Journal of Child Psychology and Psychiatry, and Allied Disciplines*, v. 60, n. 1, pp. 102-110, 2019. DOI: 10.1111/jcpp.12886.

SHIREMAN, M. L.; LERMAN, D. C.; HILLMAN, C. B. Teaching social play skills to adults and children with autism as an approach to building rapport. *Journal of Applied Behavior Analysis*, v. 49, n. 3, pp. 512-531. DOI: 10.1002/jaba.299.

SHOAFF, J. R. *et al.* Early infant behavioural correlates of social skills in adolescents. *Paediatric and Perinatal Epidemiology*, v. 35, n. 2, pp. 247-256, 2021. DOI: 10.1111/ppe.12723.

SKINNER, B. F. *Science and human behavior*. New York: The Macmillan Company, 1953. DOI: 10.1002/sce.37303805120.

STAUCH, T. A. *et al.* Teaching social perception skills to adolescents with autism and intellectual disabilities using video-based group instruction. *Journal of Applied Behavior Analysis*, v. 51, n. 3, pp. 647-666, 2018. DOI: 10.1002/jaba.473.

27

PARTICIPAÇÃO E DESEMPENHO OCUPACIONAL NAS ATIVIDADES DE VIDA DIÁRIA

São diversas as habilidades necessárias para se obter um bom desempenho e participação nas atividades de vida diária (AVDs). Um bom suporte da intervenção terapêutica ocupacional e a análise da atividade a ser desenvolvida são grandes aliados para essa conquista.

ALINE RODRIGUES SORCINELLI

Aline Rodrigues Sorcinelli

Contatos
ars.terapiaocupacional@gmail.com
Instagram: @to_alinesorcinelli

Terapeuta ocupacional pelo Centro Universitário São Camilo (CUSC). Residência Clínica em Reabilitação Infantil e Adulto pela Associação de Assistência à Criança Deficiente (AACD). Especialista em Reabilitação e Desenvolvimento Infantil pela Universidade Estadual de Campinas (Unicamp). Mestre em Distúrbios do Desenvolvimento pela Universidade Presbiteriana Mackenzie. Certificação internacional em Integração Sensorial pela University of Southern California (USC), Department of Occupational Science. Cursos de formação nas áreas de Neurologia Infantil e Adulto, Transtorno do Espectro Autista, Órteses e Próteses, Integração Sensorial, Desenvolvimento do Brincar – introdução à abordagem STAR, Motricidade Fina, Aprendizagem da Escrita Manual, Modelo Per^2, Seletividade Alimentar, entre outros. Visitas técnicas de Terapia Ocupacional e Reabilitação no Kennedy Krieger Institute – John Hopkins e Miami Children's Hospital (EUA). Experiência clínica como terapeuta ocupacional clínica em consultório, domicílio, hospital e centro de reabilitação. Docente universitária, supervisora de estágio e coordenadora de graduação em Terapia Ocupacional de 2007 a 2019 – CUSC. Empresária, gestora e terapeuta ocupacional de clínica de Terapia Ocupacional.

Segundo a Federação Mundial de Terapia Ocupacional (Word Federation Occupational Therapy – WFOT), as atividades de vida diária (AVDs) se referem a todas as atividades do dia a dia que o indivíduo faz, seja em família, seja individualmente, em grupos de comunidade, que fornecem sentido à vida, para sua rotina, sendo importantes para manter e promover a saúde (WFOT, 2012).

Ao longo da vida, as AVDs vão sendo adquiridas e se fazem necessárias nos mais diversos ambientes e contextos, como casa, escola, trabalho e lazer.

Alguns autores subdividem ou nomeiam as AVDs como: atividades de autocuidado, incluindo os cuidados gerais com seu próprio corpo, como higiene corporal, vestuário, alimentação; e atividades instrumentais de vida diária (AIVDs), incluindo as atividades de interação com outros ambientes, produtividade e lazer, sendo as AIVDs tarefas mais complexas, como ir ao banco, fazer compras no supermercado e realizar atividades domésticas, por exemplo.

O processo de aquisição de AVDs requer pré-requisitos motores, sensoriais, cognitivos e de aprendizagem para que ocorra com desempenho ocupacional eficaz e, consequentemente, satisfatório para o indivíduo.

Em pessoas com Transtorno do Espectro Autista (TEA), a aquisição de habilidades, a participação na tarefa e o desempenho ocupacional nas atividades de vida diária estão ligados diretamente às possíveis disfunções de integração sensorial (DIS), também conhecidas como transtorno do processamento sensorial (TPS), problemas relacionados a funções executivas, de cognição e comportamentais.

Cada indivíduo possui sua singularidade nas aquisições do desenvolvimento e isto é de extrema importância para a análise dos componentes que podem estar impedindo ou dificultando a funcionalidade e o desempenho das AVDs, sejam elas de autocuidado, sejam de produtividade e lazer.

Ser completa ou parcialmente independente para as AVDs, principalmente nas tarefas relacionadas ao autocuidado, é muito importante e significativo para a maioria dos indivíduos, para seus familiares e toda a rede de suporte.

Ao analisar as AVDs como uma atividade e fazer uma correlação com os domínios (atividades e participação social, estruturas e funções corporais) e contextos (fatores ambientais e fatores sociais) da Classificação Internacional de Funcionalidade, Incapacidade e Saúde (CIF), observa-se a quantidade de componentes envolvidos e não somente o ato em si de realizar determinada AVD.

Quando pensamos nas pessoas com TEA, a conquista dessas tarefas e habilidades é de suma importância, entrelaçando-as em diferentes constructos da funcionalidade.

O ponto inicial para que ocorra um desempenho satisfatório e funcional nas AVDs é a avaliação individual e a análise da atividade, a qual é estudada e de competência do profissional de Terapia Ocupacional, de onde serão obtidas informações acerca do potencial e principalmente das habilidades globais e dos contextos que estão presentes, para assim realizar o planejamento individualizado conforme a necessidade.

A realização e a participação nas AVDs não se limitam apenas ao ato de colocar a blusa, tirar as meias ou escovar os dentes, ou seja, à atividade em si. Existem fatores e componentes neurológicos, psicológicos, motores, sensoriais, atencionais e corporais, entre outros, que permeiam e antecedem o produto da atividade e que devem ser trabalhados antes ou em conjunto com um treinamento específico para determinada tarefa do dia a dia.

Assim como os marcos do desenvolvimento infantil e o que se espera tipicamente desse desenvolvimento ao longo dos anos, muitos estudos mostram a relação entre a realização de AVDs e a idade cronológica em que se espera que seja realizada.

A utilização, pelo profissional habilitado, de instrumentos de avaliação que têm por objetivo mensurar o desempenho, a funcionalidade e a participação nas AVDs, de preferência validados para a população brasileira, é excelente norteadora para o plano terapêutico de intervenção, aliada ao que tem sentido e interesse para o indivíduo e/ou seus pais e cuidadores e o raciocínio clínico do terapeuta.

Instrumentos de avaliação como: Inventário de Avaliação de Incapacidade Pediátrica (PEDI) ou sua nova versão computadorizada (PEDI-CAT); Medida Canadense de Desempenho Ocupacional (COPM) e Índice de Barthel são alguns exemplos que podem ser usados na prática clínica, conforme as especificidades de cada um deles e aplicabilidade do serviço e da população.

Apesar de teórica e didaticamente sabermos da importância de o profissional estar ciente da aquisição dessas tarefas e ter um embasamento comparativo entre o típico e o atípico, na clínica terapêutica o que tem mais sentido e significado é a forma que cada indivíduo será ensinado, independentemente de sua idade cronológica, mas sim diretamente relacionado a suas atuais aquisições e habilidades.

Indivíduos com TEA, assim como típicos, aprendem de forma diferente e possuem habilidades e costumes culturais diferentes. Nem sempre a mesma orientação e forma de ensinar as etapas para vestir a blusa ou retirar a calça, por exemplo, é igual para todos.

Estar atento e no constante raciocínio clínico que envolve a análise da tarefa são peças-chaves para o sucesso da intervenção, diminuindo o nível de ansiedade e as possibilidades de frustração do indivíduo, o que poderá acarretar maior resistência na realização das tarefas de AVDs e AIVDs.

Algumas orientações e sugestões gerais para um bom desempenho ocupacional e participação nas AVDs:

- propiciar o desenvolvimento dos pré-requisitos sensoriais, cognitivos, psíquicos e motores;
- favorecer o treino da AVD dentro de um contexto e ambiente próprio que tenha sentido para a criança, adolescente ou adulto;
- orientar, informar e, se necessário, reorientar pais e cuidadores sobre como realizar, para além do *setting* terapêutico;
- a atividade deve fazer parte da rotina e respeitar o tempo de execução da criança, adolescente ou adulto e da família;
- fracionar a tarefa em etapas, quando necessário, para posteriormente, e etapa por etapa, o indivíduo conseguir planejar e executar a atividade completamente;

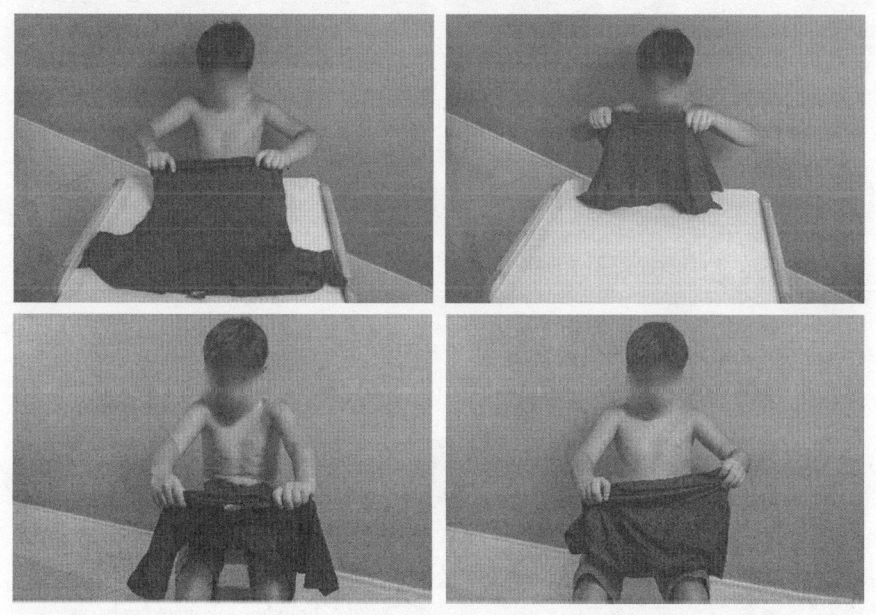

Figura 1 – A-D: diferentes formas de se iniciar um planejamento para a tarefa, passando de um suporte maior (mesa) para um menor (colo), gradativamente.

- em algumas atividades, pode ser necessária a utilização de adaptação ou recursos de tecnologia assistiva;

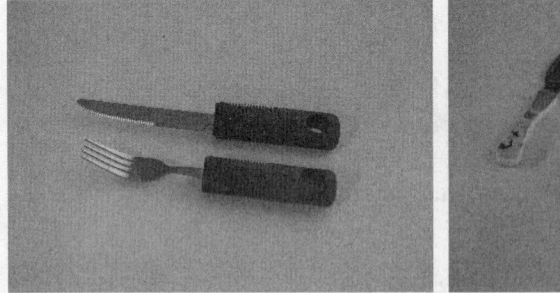

Figura 2 – A e B: talheres com engrossadores para facilitar a preensão e talheres infantis com cabo mais anatômico.

Figura 3 – A e B: uso de pratos com antiderrapante ou apoio do prato em antiderrapante.

Figura 4 – Copo antivazamento para início do treino da tarefa, com alça e sem alça.

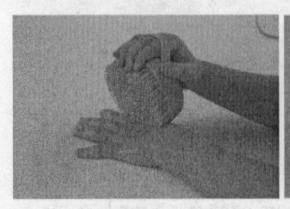

Figura 5 – A e B: esponjas de banho com alça para preensão, de sabonete líquido e sabonete em barra.

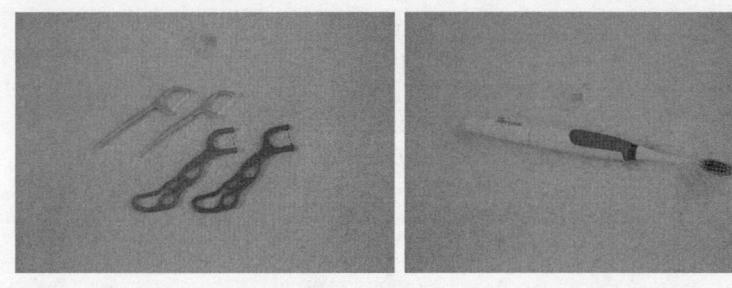

Figura 6 – A: fio dental que necessita do uso de uma mão e não da coordenação dos dois membros. B: escova dental elétrica com cabo mais grosso e pesado quando comparado à escova tradicional.

Figura 7 – Uso de tênis ou sapatos com cadarço elástico e/ou velcro.

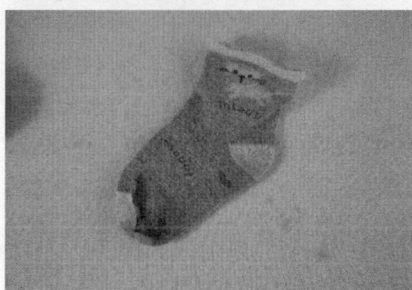

Figura 8 – Uso de meias com a abertura mais larga e demarcação de cores diferentes no local do calcanhar e ponta dos dedos para otimizar o vestir.

Figura 9 – Diferentes variações comercializadas de tesouras.

- ajuda física e modelagem são importantes;
- o uso apenas do comando verbal pode afetar o desempenho da habilidade ou até mesmo gerar frustração ao indivíduo, nos seus pais e cuidadores;
- utilizar figuras ou imagens impressas da própria pessoa realizando a sequência ou etapas da atividade pode ser um facilitador;

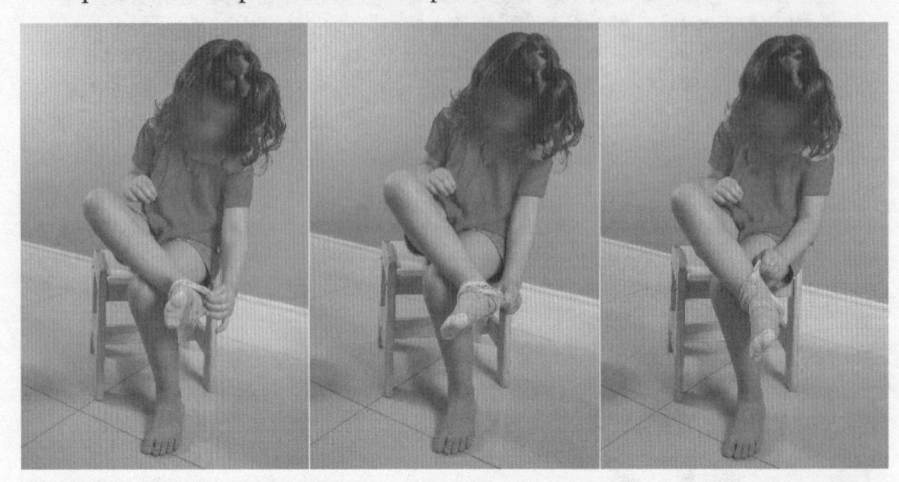

Figura 10. A-C: fracionar etapas para a execução, montando um passo a passo com fotos.

- uso de figuras e quadro de rotina muitas vezes é necessário;
- gravar e assistir a um vídeo da atividade sendo realizada pela pessoa ou por seus pares pode facilitar e ser usado como forma de aumentar a motivação.

Nem todos os indivíduos com TEA serão completamente autônomos e independentes para realização das AVDs e/ou de algumas e/ou específicas AVDs e AIVDs, ou podem demorar mais tempo para a aquisição da habilidade em determinada tarefa, mas estimular e otimizar o potencial individual de cada um é fundamental.

Referências

ASSOCIAÇÃO AMERICANA DE TERAPIA OCUPACIONAL (AOTA) et al. Estrutura da prática da Terapia Ocupacional: domínio & processo. 3. ed. traduzida. *Revista de Terapia Ocupacional da Universidade de São Paulo*, v. 26, n. esp, pp. 1-49, 2015.

BASTOS, S. C. DE A.; MANCINI, M. C.; PYLÓ, R. M. O uso da Medida Canadense de Desempenho Ocupacional (COPM) em saúde mental. *Revista de Terapia Ocupacional da Universidade de São Paulo*, v. 21, n. 2, pp. 104-110, 2010. doi: 10.11606/issn.2238-6149.v21i2p104-110.

CASE-SMITH, J. *Occupational therapy for children*. 5. ed. Missouri: Elsevier Mosby, 2005.

KIELHOFNER, G. *Model of human occupation: theory and application*. 4. ed. Baltimore: Lippincott Williams & Wilkins, 2008.

MANCINI, M. C. *Inventário da avaliação pediátrica de incapacidade (PEDI): manual da versão brasileira adaptada*/Inventory of pediatric evaluation of disability (PEDI): the adapted Brazilian version manual. Belo Horizonte: Universidade Federal de Minas Gerais, 2005. 193p.

MANCINI, M. C. *et al.* New version of the Pediatric Evaluation of Disability Inventory (PEDI-CAT): translation, cultural adaptation to Brazil and analyses of psychometric properties. *Brazilian Journal of Physical Therapy*, v. 20, n. 6, pp. 561-570, 2016.

ORGANIZAÇÃO MUNDIAL DA SAÚDE (OMS). *CIF: Classificação Internacional de Funcionalidade, Incapacidade e Saúde* [Centro Colaborador da Organização Mundial da Saúde para a Família de Classificações Internacionais]. São Paulo: Editora da Universidade de São Paulo, 2015.

SERRANO, P. *A integração sensorial no desenvolvimento e aprendizagem da criança*. Lisboa: Papaletras, 2016.

THE AMERICAN OCCUPATIONAL THERAPY ASSOCIATION (AOTA). *Living With an Autism Spectrum Disorder (ASD) - *The Preschool Child. Disponível em: <https://www.aota.org/-/media/Corporate/Files/AboutOT/consumers/Youth/Autism/Autism%20Preschool%20tip%20sheet.pdf>. Acesso em: 20 jan. de 2022.

WORLD FEDERATION OF OCCUPATIONAL THERAPISTS (WFOT). *About Occupational Therapy*. 2021. Disponível em: <https://www.wfot.org/about/about-occupational-therapy>. Acesso em: 2 set. de 2021.

28

USO DE INTERVENÇÕES BASEADAS EM ANTECEDENTES NA INFÂNCIA E ADOLESCÊNCIA

Este breve capítulo visa explicar o uso de intervenções baseadas em antecedentes, as quais fazem parte das práticas baseadas em evidências. Intervir para prevenir o comportamento inadequado pode ser uma prática utilizada ao longo da vida.

DANIELA D. P. LANDIM E
IZANIELE MARQUETTI

Daniela D. P. Landim

Contatos
danielalandim@stepsterapia.com.br
Instagram: @stepsterapia
11 2649 5000

Psicóloga, Board Certified Behavior Analyst (BCBA), Qualified Behavior Analyst (QBA) e mestre em Análise do Comportamento Aplicada (ABA) pela Columbia University em Nova York. Diretora e fundadora da Clínica Steps – terapia e pesquisa comportamental.

Izaniele Marquetti

Contatos
izaniele@stepsterapia.com.br
Instagram: @stepsterapia
11 2649 5000

Psicóloga graduada pela Pontifícia Universidade Católica do Paraná, especialista em Análise do Comportamento Aplicada (ABA) e mestranda em Análise do Comportamento Aplicada, pela Instituição Paradigma Centro de Ciências e Tecnologia do Comportamento. Psicóloga integrante da Clínica Steps – terapia e pesquisa comportamental.

Introdução

No decorrer da intervenção com uma pessoa com autismo, os objetivos mudam conforme os anos passam e novos desafios aparecem. Enquanto para uma criança pequena o desafio inicial pode ser ensiná-la a brincar funcionalmente com bonecos, o desafio na adolescência pode ser ensinar o adolescente a jogar videogame em vez de brincar com bonecos.

Ensinar novos repertórios faz parte do trabalho diário de um analista do comportamento. No entanto, comumente esse profissional recebe casos inicialmente em razão de comportamentos inadequados. Estes tendem a ser a principal queixa dos pais e cuidadores.

As estratégias antecedentes, conforme Cooper *et al.* (2020), são utilizadas para diminuir um comportamento inadequado e para aumentar o engajamento em tarefas.

Steinbrenner *et al.* (2020) complementam afirmando que as estratégias alteram o ambiente como uma tentativa de modificar ou prevenir um comportamento. Normalmente são implementadas após a identificação da função do comportamento a ser modificado e das condições ambientais em que o comportamento ocorre. Quando se sabe quais variáveis são responsáveis pela ocorrência de um comportamento, é possível modificar essas variáveis para que não provoquem mais os comportamentos inadequados.

Ao realizar as modificações no ambiente, também é possível aumentar o engajamento em tarefas. Se o aluno precisa fazer três atividades, pode-se dar escolhas ao sujeito, deixando-o selecionar a ordem que realizará as três atividades. Watanabe e Sturmey (2003) investigaram se dar escolhas aos participantes influenciaria no engajamento nas atividades. Eles descobriram que, ao deixar os participantes escolherem a ordem das tarefas, o engajamento nas atividades aumentou.

Existem diferentes pesquisas envolvendo estratégias de controle de antecedentes, como as de Kennedy (1994), Dunlap *et al.* (1991) e Horner *et al.* (1991).

Além disso, estratégias baseadas em antecedentes podem ser utilizadas durante toda a vida do sujeito, conforme descrito em Sam & AFIRM Team (2016).

Neste capítulo, descreveremos duas estratégias antecedentes: o Reforçamento Não Contingente e o Treino de Comunicação Funcional.

Reforçamento Não Contingente (*Non-Contingent Reinforcement* - NCR)

O reforçamento não contingente, conforme Cooper *et al.* (2020), consiste no fornecimento de reforço em um intervalo prefixado, independentemente de a pessoa emitir ou não o comportamento-alvo. Assim, o uso do reforço positivo não está relacionado à ocorrência do comportamento.

Kahng *et al.* (2000) acrescentam que existe a possibilidade de inserir o NCR conforme dados coletados ou arbitrariamente. Observar com que frequência o comportamento inadequado ocorre para, a partir dos dados, estabelecer o NCR, tende a ser mais eficaz do que estabelecer a intervenção arbitrariamente (KAHNG *et al.*, 2000).

Dessa maneira, se uma criança ou adolescente emitir um comportamento inadequado em média a cada 5 minutos, o ideal é entregar o reforçador antes desses 5 minutos e não arbitrariamente.

Higbee e Pellegrino (2018) acrescentam ainda que o NCR altera a motivação do indivíduo para se engajar em comportamentos inadequados e que é necessário avaliar a função do comportamento para realizar a intervenção.

Por exemplo, uma criança grita para acessar a atenção do professor em sala de aula em média a cada 15 minutos. Com a intervenção NCR, essa criança receberia atenção do professor no tempo predeterminado, ou seja, antes dos 15 minutos. Assim, a criança não precisaria emitir o comportamento inadequado para acessar a atenção, pois ela já estaria recebendo atenção do professor.

No caso de um adolescente em ambiente escolar, a intervenção com NCR ocorre da mesma maneira. Supondo que o comportamento inadequado seja falar palavrões para chamar a atenção do professor e esse comportamento ocorra em média a cada 30 minutos, antes dos 30 minutos a professora pode dar atenção ao adolescente.

Assim, conforme descrito em Higbee e Pellegrino (2018), o NCR atenua níveis de privação do reforçador específico, já que o indivíduo nos casos citados não estará privado de atenção.

Existem algumas limitações do NCR. Por exemplo, o NCR não ensina novos comportamentos e pode reforçar comportamentos inadequados, já que o reforço é liberado após um determinado tempo, independentemente da resposta do indivíduo (CARR; LEBLANC, 2006).

Alguns autores utilizam um pacote de NCR com outras intervenções. Goh *et al.* (2000) utilizaram NCR + DRA (Reforçamento Diferencial de Comportamentos Alternativos) para diminuir comportamentos inadequados. Fritz *et al.* (2017) também associaram NCR com DRA e obtiveram diminuição dos inadequados e aumentos dos mandos.

Treino de Comunicação Funcional (*Functional Communication Training* - FCT) <t1>

Indivíduos com TEA possuem dificuldade na comunicação. Esta falta de comunicação pode causar comportamentos inadequados (MITCHELL *et al.*, 2006).

O treino de comunicação funcional é uma intervenção que visa substituir esses comportamentos mal adaptativos com comportamentos comunicativos funcionais (MILTENBERGER, 2019).

Imagine que uma criança chute o colega para pegar a massinha que ele está usando. Utilizando o FCT, pode-se ensinar essa criança a pedir a massinha de uma forma mais aceitável, como dizendo "me empresta" ou apontando para a massinha.

Para realizar essa intervenção, o FCT identifica a função do comportamento inadequado de forma sistemática e fornece um comportamento substituto. Fornece, assim, a forma de comunicação apropriada que permite ao aluno suprir suas necessidades de uma forma mais aceitável (CARR; DURAND, 1985).

Conforme Sam e AFIRM (2016), os principais pontos para implementar um treino de comunicação funcional consistem em identificar o comportamento inadequado e sua função. Somente após esses passos será possível estabelecer um comportamento substituto para o inadequado.

Além disso, a função do comportamento substituto deve ser a mesma do inadequado, conforme os mesmos autores. Logo, se o comportamento inadequado tem a função de acessar um item tangível, então a criança/adolescente precisa aprender um comportamento comunicativo substituto com a função de acessar o item tangível.

Já a forma do comportamento substituto deve estar de acordo com o repertório e as habilidades comunicativas de cada indivíduo. Se ele se comunica utilizando sinais, por exemplo, o comportamento substituto deverá incluir sinais.

Outro ponto importante é que o esforço que o indivíduo precisa fazer para emitir o comportamento substituto deverá ser, inicialmente, mais baixo do que o esforço necessário para emitir o comportamento inadequado. Isso significa que, se for mais "fácil" emitir um comportamento inadequado do que emitir um comportamento adequado, o indivíduo muito provavelmente emitirá o comportamento inadequado (SAM; AFIRM, 2016).

Imagine que uma criança não queira dançar a música da apresentação de final de ano. Toda vez que tem ensaios, ela chuta sua acompanhante terapêutica. Quando isso acontece, a acompanhante faz a criança se sentar para evitar que ela machuque os outros colegas. Em um treino de comunicação funcional, primeiro identifica-se o comportamento inadequado: no caso, chutar. O segundo passo é avaliar a função do comportamento, ou seja, fugir da demanda. A partir disso, pode-se estabelecer qual será a resposta a ser utilizada para substituir o comportamento inadequado. A criança pode, por exemplo, apertar "Não quero" em seu aplicativo de comunicação.

Agora imagine um adolescente que, quando tem aula de natação, fala para o professor que vai se trocar no banheiro e só sai quando a aula termina. Como o professor precisa dar aula para os outros colegas, não pode sair e ir atrás do adolescente.

O primeiro passo é identificar o comportamento inadequado, que no caso é se esconder no banheiro. Já o segundo passo é identificar a função do comportamento: fugir da demanda (não fazer a aula de natação). Para um treino de comunicação funcional, o adolescente pode conversar com o professor e falar o que não quer fazer na aula e quais as possíveis alternativas, por exemplo, ajudar o professor a marcar o rendimento dos outros colegas.

Existem várias pesquisas referentes ao uso do treino de comunicação funcional para a diminuição de comportamentos inadequados, como Mace e Lalli (1991), Wacker *et al.* (1990), Fyffe *et al.* (2004), Vollmer e Vorndran (1998). Todas relatam a importância de ensinar o indivíduo a comunicar suas necessidades e vontades adequadamente. O indivíduo aprende que os comportamentos adequados darão acesso aos reforçadores, e não os comportamentos inadequados.

Referências

CARR, E. G.; DURAND, V. M. Reducing behavior problems through functional communication training. *Journal of Applied Behavior Analysis*, v. 18, pp. 111-126, 1985.

CARR, J. E.; LEBLANC, L. A. Noncontingent reinforcement as antecedent behavior support. In: LUISELLI, J. K. (ed.). *Antecedent assessment & intervention: supporting children & adults with developmental disabilities in community settings.* Baltimore: Paul H. Brookes, 2006. pp. 147-164, 2006.

COOPER, J. O.; HERON, T. E.; HEWARD, W. L. *Applied behavior analysis.* Hoboken, NJ: Pearson, 2020.

FREA, W. D.; HUGHES, C. Functional analysis and treatment of social-communicative behavior of adolescents with developmental disabilities. *Journal of Applied Behavior Analysis*, v. 30, n. 4, pp. 701-704, 1997.

FRITZ, J. N. *et al.* Noncontingent reinforcement without extinction plus differential reinforcement of alternative behavior during treatment of problem behavior. *Journal of Applied Behavior Analysis*, v. 50, n. 3, pp. 590-599, 2017.

FYFFE, C. E. *et al.* Functional analysis and treatment of inappropriate sexual behavior. *Journal of Applied Behavior Analysis*, v. 37, n. 3, pp. 401-404, 2004.

GOH, H. L. *et al.* Competition between noncontingent and contingent reinforcement schedules during response acquisition. *Journal of Applied Behavior Analysis*, v. 33, n. 2, pp. 195-205, 2000.

HIGBEE, T. S.; PELLEGRINO, A. J. Estratégias analítico-comportamentais para o tratamento de comportamentos-problemas severos. In: SELLA, A. C.; RIBEIRO, D. M. *Análise do comportamento aplicada ao trastorno do espectro autista*. Curitiba: Appris, 2018.

HORNER, R. H.; DAY, H. M. The effects of response efficiency on functionally equivalent competing behaviors. *Journal of Applied Behavior Analysis*, v. 24, n. 4, pp. 719-732, 1991.

KAHNG, S. *et al.* A comparison of procedures for programming noncontingent reinforcement schedules. *Journal of Applied Behavior Analysis*, v. 33, n. 2, pp. 223-231, 2000.

KENNEDY, C. H. Manipulating antecedent conditions to alter the stimulus control of problem behavior. *Journal of Applied Behavior Analysis*, v. 27, n. 1, pp. 161-170, 1994.

DUNLAP, G. *et al.* Functional assessment, curricular revision, and severe behavior problems. *Journal of Applied Behavior Analysis*, v. 24, n. 2, pp. 387-397, 1991.

MACE, F. C.; LALLI, J. S. Linking descriptive and experimental analyses in the treatment of bizarre speech. *Journal of Applied Behavior Analysis*, v. 24, n. 3, pp. 553-562, 1991.

MILTENBERGER, R. G. *Modificação do comportamento: teoria e prática*. São Paulo: Cengage, 2019.

MITCHELL, S. *et al.* Early language and communication development of infants later diagnosed with autism spectrum disorder. *Journal of Developmental & Behavioral Pediatrics*, v. 27, n. 2, S69-S78, 2006.

SAM, A.; AFIRM TEAM. *Antecedent-based intervention*. Chapel Hill, NC: National Professional Development Center on Autism Spectrum Disorder, FPG Child Development Center, University of North Carolina, 2016. Disponível em: <http://afirm.fpg.unc.edu/antecedent-based-intervention>. Acesso em: 26 abr. de 2022.

STEINBRENNER, J. R. *et al. Evidence-based practices for children, youth, and young adults with autism*. The University of North Carolina at Chapel Hill, Frank Porter Graham Child Development Institute, National Clearinghouse on Autism Evidence and Practice Review Team, 2020.

VOLLMER, T. R.; VORNDRAN, C. M. Assessment of self-injurious behavior maintained by access to self-restraint materials. *Journal of Applied Behavior Analysis*, v. 31, n. 4, pp. 647-650, 1998.

WACKER, D. P. *et al*. A component analysis of functional communication training across three topographies of severe behavior problems. *Journal of Applied Behavior Analysis*, v. 23, n. 4, pp. 417-429, 1990.

WATANABE, M.; STURMEY, P. The effect of choice-making opportunities during activity schedules on task engagement of adults with autism. *Journal of Autism and Developmental Disorders*, v. 33, n. 5, pp. 535-538, 2003.

29

EDUCAÇÃO AO LONGO DA VIDA E A ADOLESCÊNCIA NO AUTISMO

As pessoas com autismo são privadas da educação a partir do fim da adolescência e a Educação ao Longo da Vida, um direito no Brasil, vem de encontro a este "abandono". Este capítulo visa explorar esse conceito e os aspectos técnicos de sua constituição em serviço efetivo de busca de um projeto de vida individualizado.

LUCELMO LACERDA

Lucelmo Lacerda

Contatos
lucelmolacerda@gmail.com
Instagram: @lucelmo.lacerda

Historiador, mestre em História e doutor em Educação pela Pontifícia Universidade Católica de São Paulo (PUC-SP), com estágio de pós-doutoramento no Departamento de Psicologia da Universidade Federal de São Carlos (UFSCar). É professor do ensino básico e superior, lecionando na Especialização em Autismo da Universidade Federal de Tocantins e Coordenador da Especialização em Análise do Comportamento Aplicada (ABA) e Educação Especial do CBI of Miami. Autor do livro *Transtorno do Espectro Autista: uma brevíssima introdução*.

Introdução

A deficiência é um *continuum* de condições únicas, em termos de características, mas também de funcionalidades, o que faz com que tenhamos pessoas que necessitam de pouco apoio, que se casam, têm filhos, trabalho e estudam o quanto lhes interessa, incluindo ensino superior, e, por outro lado, pessoas totalmente dependentes, que não desenvolvem as habilidades necessárias para desempenhar todas essas atividades.

Esta é uma dura realidade e com o Transtorno do Espectro Autista (TEA) não é diferente. Há grande parcela deste contingente que também apresenta deficiência intelectual (DI) e outras condições que tornam improváveis o desenvolvimento intelectual necessário para frequentar um curso superior ou aprender, no ambiente natural, as habilidades para trabalhar em um emprego formal ou outras fundamentais para sua vida.

Esta não é uma realidade tão romântica e ela vem sendo negada, ocultada, para que se realize um discurso sobre as potencialidades das pessoas com TEA. Uma frase como "Autistas não conseguem ir à universidade" é errônea e completamente condenável, enquanto seu oposto "Autistas podem ir à universidade" é dita com ênfase e veemência sem par, ainda que igualmente errônea, pois "autista" não é uma categoria homogênea, mas agrega um espectro em que alguns podem ir à universidade e outros não, queiramos ou não (ao menos até o presente momento).

E por que isso é importante? Porque a negação da diversidade no TEA é a base para a negação de direitos às pessoas com condições mais severas. O fato é que as pessoas com autismo nas faixas moderada e severa tendem a abandonar a escola comum ou terminam, ao fim da adolescência, a idade de escolarização (na escola comum ou especial) e são excluídos da educação, o único serviço universal de estimulação e depois disso, normalmente, tornam prisioneiras de suas casas, diante de telas anestesiantes.

Um grande movimento mundial passou a propor políticas públicas que avancem da adolescência à vida adulta, a Educação ao Longo da Vida, adotada pela Unesco como tema prioritário e incorporada à legislação brasileira pela Convenção de Direitos das Pessoas com Deficiência, Lei Brasileira de Inclusão, Lei de Diretrizes e Bases (LDB), em 2018 e Constituição, em 2020.

No campo do movimento de defesa de direitos das pessoas com deficiência, essa discussão se enveda para o enfrentamento do abandono desta população pelas políticas públicas após a etapa escolar e na elaboração de um conceito mais amplo de Educação Especial e é neste sentido que aponta uma das inserções do conceito na LDB: "Art. 58. [...] § 3º A oferta de educação especial, nos termos do caput deste artigo, tem início na educação infantil e estende-se ao longo da vida [...]".

E é nesta toada que se pode pensar em políticas de uma Educação ao Longo da Vida que abarque não somente os que estudam e conseguem boas notas no Exame Nacional do Ensino Médio (Enem), mas todos os brasileiros, independentemente do nível de *expertise* e perícia em habilidades verbais.

Educação ao longo da vida e educação especial

A educação ao longo da vida na esfera da Educação Especial não é uma extensão de idade para as escolas, para que as pessoas com deficiência lá frequentem indefinidamente, continuando sua escolarização; é um conceito distinto, com outro serviço e foco de atuação.

Pode-se haver divergências quanto a sua natureza, mas tomo como referência o relatório publicado pela Federação das APAEs do Estado de Minas Gerais com o Instituto Darci Barbosa, *Educação & Aprendizagem ao Longo da Vida para a Pessoa com Deficiência Intelectual* (FEAPAES-MG/IDB, 2020), que embora se destine a um público diferente, também contempla o processo utilizado em pessoas com TEA com maior comprometimento, nos níveis 2 ou 3 de suporte (APA, 2014), em que a DI está comumente presente. O relatório descreve a implementação da Educação Especial ao Longo da Vida no estado de Minas Gerais, com resultados animadores.

Apesar de utilizar o caso mineiro como referência e seu processo fundamental, utilizo também da perspectiva da Análise do Comportamento Aplicada para descrever os processos de implementação, por ser uma ciência com farta evidência empírica de efetividade com este público e com recursos descritivos mais avançados.

O mais fundamental sobre o tema é o seguinte: a proposta de Educação ao Longo da Vida vai perseguir um projeto de vida do indivíduo, determinado por ele, que pode ser um objetivo relacionado a uma habilidade artística, uma habilidade laboral ou funcional específica do contexto doméstico, entre outros.

No caso mineiro, no primeiro ano de implementação, entre os objetivos determinados pelas pessoas atendidas, podemos encontrar, por exemplo:

aprender a dançar zumba; aprender a desenvolver hábitos saudáveis de vida (emagrecer); aprender a manusear equipamentos tecnológicos (celular, computador, impressora) e organizar arquivos pessoais; aprender a cozinhar; aprender a tocar bateria; aprender a lavar carros e motos.

Tudo o que a sociedade deseja e consubstanciou nos principais diplomas legais em vigor é que a pessoa com deficiência possa atingir seu máximo potencial, construindo seu próprio projeto de vida e sendo apoiada pelo Estado e pela produção social de conhecimento científico, daí que não seja suficiente o reconhecimento desses projetos fundamentais de vida que cada uma das pessoas com deficiência elabora para si mesma, mas é também imprescindível que adotemos estratégias cientificamente validadas para persegui-los e que os projetos sejam, de fato, alcançados.

Acolhimento

O primeiro passo é o acolhimento do indivíduo e sua escuta atenta e respeitosa, para a elaboração apoiada, pelos profissionais e família, de seu projeto de vida, ou seja, seu objetivo, e a contribuição dos profissionais para que seja atingido.

Há duas grandes contradições nesse processo que precisam ser observadas e que impõem desafios à oferta desse serviço:

a. Pode haver um desencontro entre o respeito à autonomia e os recursos disponíveis para implementação dos apoios, pois os projetos de vida são de variedade infinita, enquanto os recursos são quase sempre exíguos. Imagine, por exemplo, o objetivo de "aprender a tocar bateria": ele exige a existência de uma bateria, que pode ser da instituição ou de algum parceiro na comunidade. Mas suponhamos que não se possua uma bateria; então este indivíduo ficará sem apoio? Seu projeto de vida terá de ser mudado para outro mais convencional? Um projeto que pretendesse apoiar essa habilidade sem uma bateria seria um embuste, portanto sequer vou considerar essa hipótese. Não tenho a resposta para a pergunta; ela é um desafio da luta por políticas públicas.

b. A outra contradição diz respeito ao discurso de romantização da deficiência. Imagine uma pessoa cujos pais são idosos e muito pobres e que não possua outro parente próximo responsável. Ela tem TEA nível 2, com DI, aprendeu somente os rudimentos de alfabetização e que diz que "Meu projeto de vida é ser médico!". O profissional não pode negar seu projeto, seu horizonte, ainda que seja um objetivo irreal, como todos temos em nossas vidas e dos quais somos tolhidos. Qual é a saída? Dialogar para encontrar um objetivo intermediário, anterior à medicina, como o desenvolvimento de habilidades laborais básicas para seu sustento autônomo. Não é garantido que sempre consigamos encontrar esse ponto intermediário e há possibilidade de conflitos éticos à vista.

Avaliação

Imaginemos a hipótese de que o projeto de vida de um indivíduo seja "trabalhar profissionalmente como repositor em um supermercado". O primeiro passo é a realização de uma *análise da tarefa*, que é a "quebra" do que sejam os comportamentos encadeados que, somados, chamamos de "trabalhar como repositor", que podem ser, superficialmente:

1. Vestir-se adequadamente com o uniforme da empresa para ir trabalhar.
2. Manter seu uniforme com asseio.
3. Chegar todos os dias no horário no trabalho.
4. Pegar seu cartão e bater o ponto na entrada do trabalho.
5. Dirigir-se a seu posto de trabalho.
6. Entender instruções de organização de produtos e segui-las.
7. Entender parâmetros condicionais como: "Quando houver menos do que 50 bolachas de marca X, completar a gôndola".
8. Tomar a decisão a partir desses parâmetros, pegar o produto no depósito e o repor.
9. Não realizar a reposição quando houver clientes na gôndola.
10. Ajudar o cliente quando este assim solicitar.
11. Lidar com flexibilidade, sem crise, quando necessite trabalhar além do horário.

Este é somente um exemplo; para cada objetivo de vida determinado por um indivíduo, deve-se realizar este mesmo processo, que inclui, no caso do violão, trocar as cordas, afiná-las, posicionar o violão na perna, dedilhar e tantas outras coisas; no caso de aprender a cozinhar, envolve acender o fogo, escolher a panela, os ingredientes, reconhecer o ponto de cada processo, entre outras muitas pequenas coisas.

Após esse processo, é preciso avaliar as habilidades do indivíduo para saber quais ele já possui e quais ainda não. A forma mais usual de avaliação – o relato verbal – é uma péssima forma de avaliação, pois muitas vezes está em desconformidade com a realidade. O ideal é combinar formas, questionando pessoas do entorno, como pais, amigos e professores, ouvindo o próprio indivíduo, observá-lo em seus contextos naturais de vida (quando fizer sentido, obviamente) e expô-lo às situações de emissão do comportamento, realizando a testagem de sua execução.

Quando há concordância entre observadores e o próprio sujeito sobre uma habilidade ou quando ela for observada no cotidiano natural, então pode-se considerar como desenvolvida, no entanto, quando não for o caso, é preciso que essa habilidade seja, mais uma vez, "quebrada" em partes e testada, para que se possa localizar as lacunas a se preencher para a consecução desses objetivos de vida.

Voltemos ao exemplo anterior. Digamos que tenhamos sérias dúvidas sobre a primeira das habilidades, que é "Vestir-se adequadamente com o uniforme da empresa para ir trabalhar". Poderíamos operacionalizar essa habilidade da seguinte forma:

Habilidade	Faz sozinho(a)	Faz com ajuda	Não faz
Discriminar o que são as peças de roupa e como usá-las.			
Usar uma peça de roupa, de diferentes texturas, durante todo o dia.			
Discriminar se uma roupa está limpa ou suja.			
Discriminar se uma roupa está cheirosa ou não.			
Discriminar se uma roupa está amassada ou não.			
Lavar sua roupa.			
Discriminar os componentes "sabão", "amaciante" e "alvejante" na lavagem de roupa, quando e quanto usar.			
Colocar para secar, recolher, passar, dobrar e guardar sua roupa.			
Comportar-se de modo a preservar a limpeza da roupa durante as refeições no trabalho.			

Com a exposição do indivíduo ao contexto de emissão dos comportamentos da tarefa, conseguimos identificar quais habilidades o indivíduo já desenvolveu autonomamente, quais ainda faz com ajuda e precisamos desenvolver melhor, e quais ainda devem ser ensinadas para quando, somadas ao que já domina, componha a linha de chegada a seu objetivo.

Lembrando que isso deve ser feito com todos os passos que compõem o objetivo final, produzindo um roteiro educacional abrangente e normalmente intensivo, como se fez na experiência mineira, com um total de 16 horas semanais.

Ensino

Cada um desses pequenos comportamentos ainda não desenvolvidos constitui objetivos de curto e médio prazo, organizados conforme sua complexidade e dispostos na rotina de estudos oferecidos.

Seguindo a interpretação dos "saberes" apresentada no relatório da Unesco *Educação: um Tesouro a Descobrir* (DELORS *et al.*, 1996), a Feapaes-MG e o IDB (2020, p. 36) propuseram o seguinte mapa de aprendizagem da Educação ao Longo da Vida:

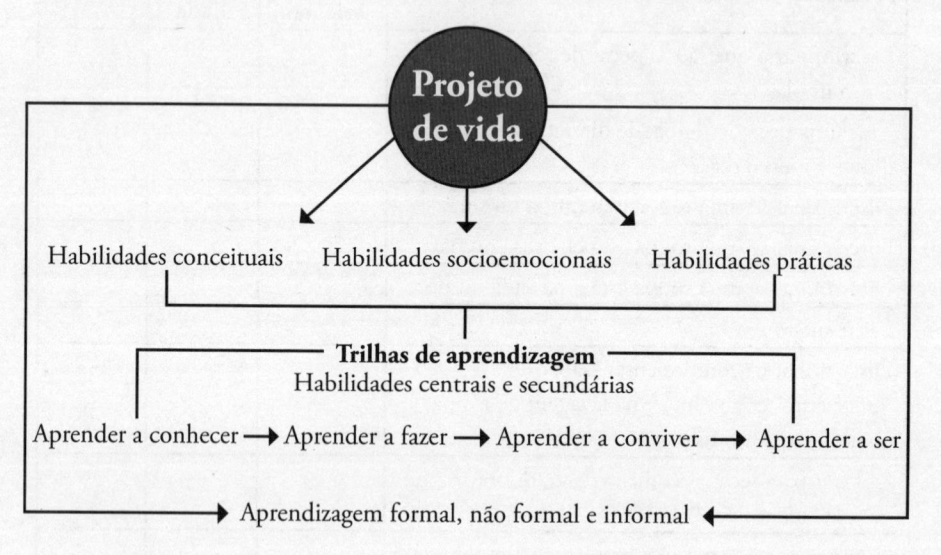

```
                    ┌─────────────┐
                    │   Projeto   │
                    │   de vida   │
                    └─────────────┘
          ↙              ↓              ↘
Habilidades conceituais  Habilidades socioemocionais  Habilidades práticas

            ─────── Trilhas de aprendizagem ───────
                 Habilidades centrais e secundárias

Aprender a conhecer → Aprender a fazer → Aprender a conviver → Aprender a ser

        → Aprendizagem formal, não formal e informal ←
```

O ideal é que os objetivos sejam organizados em termos de complexidade e implementados os processos de ensino de cada um deles, planejados na forma de procedimentos baseados em evidências científicas e formulados como programas de ensino, que tornam o ensino mais sistemático e replicável por outros agentes (lembremos a rotatividade de pessoal no serviço público) e a incorporação da família na generalização para outros ambientes.

Conclusões

A Educação ao Longo da Vida é um conceito difundido pela Unesco nas últimas décadas e que adentrou no ordenamento jurídico do Brasil como um direito universal e, especificamente, também para as pessoas com deficiência na Educação Especial.

Na forma desenvolvida pela Feapaes-MG e IDB, a Educação ao Longo da Vida persegue o projeto de vida determinado pelo próprio indivíduo, constituindo um programa distinto de uma extensão escolar formal. Neste caminho, necessita-se de um acolhimento, com a definição de um projeto de vida e uma avaliação de aspectos relevantes para o alcance do objetivo, bem como a avaliação de repertório para um planejamento do percurso a ser trilhado e o ensino em si, com apoio da comunidade e da família, perseguindo, passo a passo, o desenvolvimento das habilidades fundamentais para seu objetivo.

Referências

AMERICAN PSYCHIATRIC ASSOCIATION (APA). *Manual diagnóstico e estatístico de transtornos mentais*: DSM-5. Porto Alegre: Artmed, 2014.

DELORS, J. *et al. Educação: um tesouro a descobrir.* Relatório para a UNESCO da Comissão Internacional sobre Educação para o século XXI. São Paulo: Cortez, 1996.

FEDERAÇÃO DAS APAES DO ESTADO DE MINAS GERAIS/INSTITUTO DE ENSINO E PESQUISA DARCI BARCOSA (FEAPAES-MG/IDB). *Educação & aprendizagem ao longo da vida para a pessoa com deficiência intelectual.* FEAPAES-MG/IDB, 2020. Disponível em: <https://www.uniapaemg.org.br/wp-content/uploads/2020/06/elv-final.pdf>. Acesso em: 4 mar. de 2022.

30

HABILIDADES PRÉ-ACADÊMICAS
COMO E QUANDO DESENVOLVÊ-LAS

As habilidades pré-acadêmicas são habilidades fulcrais para o aprendizado formal da leitura, da escrita e da matemática. E é na educação infantil que as crianças têm a oportunidade de conhecer, experienciar e desenvolver diversas habilidades que servirão de base para suas interações com o mundo que as cerca e com as aprendizagens acadêmicas. Ao pensarmos nos alunos com autismo, será fundamental criar uma estrutura para que o desenvolvimento, principalmente das habilidades pré-acadêmicas, seja adquirido e assim garantida sua passagem para a etapa a seguir

MARIANA FENTA

Mariana Fenta

Contatos
fentamarianamail.com
Facebook: Mariana Fenta
Instagram: mari_fenta_elias

Mestre em Ciências da Educação – Educação Especial no domínio Cognitivo e Motor pela Universidade Lusófona em Portugal; graduada em Pedagogia pela Universidade do Estado do Rio de Janeiro; pós-graduada em Psicopedagogia pelo Ceperj; extensão em Terapia Cognitivo-comportamental pela Santa Casa de Misericórdia do Rio de Janeiro; extensão em Psicopatologia das Funções Psíquicas Superiores em Crianças e Adolescentes pela Universidadade Federal Fluminense; curso de Aprimoramento em Análise do Comportamento Aplicada. Formação em Introdução do Modelo Denver pela UC DAVIS Mind Institute; certificação nível 1 na aplicação e treinamento profissional PRT (Pivotal Response Treatment) com Kenneth Larsen, pesquisador e supervisor do Oslo University Hospital; intervenção precoce nos primeiros anos de vida – Fundação Maria Ulrich – Portugal; formação em *Introduction to Non-directive Play Therapy* – Portugal. Professora convidada do curso de pós-graduação em Nutrição e Pediatria da Universidade Gama Filho. Atuou como professora de educação infantil no município do Rio de Janeiro, desenvolve um trabalho psicopedagógico com crianças e adolescentes que apresentam dificuldades de aprendizagem. Atualmente trabalha na Associação VilacomVida (Lisboa, Portugal) como professora do Ensino Especial; é professora e coordenadora de cursos de extensão e pós-graduação da plataforma de cursos do CBI of Miami e cofundadora do Compartilhando Ideias. Tem experiência nas áreas de Educação e Psicologia, atuando principalmente nos seguintes temas: educação, desenvolvimento infantil, dificuldades de aprendizagem, autismo e inserção laboral de pessoas com deficiência.

Introdução

> *Tenha orgulho de seu filho, aceite-o como ele é e não dê ouvidos às palavras e aos olhares daqueles que nada sabem. O seu filho tem um significado para você e para todas as crianças. Você encontrará uma alegria da qual não suspeita agora enquanto preenche a vida dele ao seu lado. Levante a cabeça e siga o caminho indicado.*
> PEARL S. BUCK

A educação infantil é um período de grandes descobertas, de curiosidade e de aquisição de habilidades fundamentais para o desenvolvimento de aprendizagens acadêmicas no período seguinte, o ensino fundamental. Contudo, ao pensarmos em crianças com o diagnóstico de Transtorno do Espectro Autista (TEA), destacamos a importância do ensino de tais habilidades de forma mais assertiva e estruturada na medida em que vão necessitar de uma avaliação e plano específicos para o desenvolvimento de tais habilidades.

Entretanto, como professores, famílias e equipes terapêuticas podem e devem criar uma estrutura de currículo e ambiente favoráveis ao desenvolvimento de habilidades fundamentais para o desenvolvimento de aprendizagens mais formais?

O desafio proposto neste capítulo tem como objetivo desvelar o que são habilidades pré-acadêmicas e como podemos/devemos desenvolvê-las na escola.

A aprendizagem de habilidades pré-acadêmicas

A educação infantil é, por excelência, a fase na qual as crianças podem desenvolver diferentes habilidades, construir relações sociais com seus pares, descobrir diferentes formas de estar e de interagir com o mundo. Nesse sentido, os educadores responsáveis pelos alunos são figuras essenciais para promover momentos diversificados que propiciem a eles o desenvolvimento de novas aprendizagens.

Segundo a Base Nacional Comum Curricular (BNCC), a educação infantil "tem o objetivo de ampliar o universo de experiências, conhecimentos e habilidades dessas crianças, diversificando e consolidando novas aprendizagens, atuando de maneira complementar à educação familiar" (BRASIL, 2018, p. 36).

É nos diferentes momentos da rotina escolar – hora da história, da roda de conversa, das atividades pedagógicas, das brincadeiras no parque ou até mesmo nos momentos de higiene e alimentação – que podemos propiciar o desenvolvimento de habilidades de comunicação, do apontar, de trocar olhares, apresentar e despertar nos alunos a curiosidade para o novo, para o diferente.

É nesses momentos que a criança começa a perceber o sentido das coisas. É uma música cantada repetidas vezes que indica o momento de ir lanchar ou o se sentar em roda, indicando que uma nova história será lida. Ou no apontar para as letras do nome de um aluno na hora da chamadinha. São momentos ricos e fundamentais para o desenvolvimento de habilidades pré-acadêmicas, ou seja, aquelas que servirão de base para a aquisição da leitura, escrita e habilidades matemáticas.

Dentre as habilidades desenvolvidas nessa etapa da educação, podemos destacar:

- coordenar habilidades manuais;
- expressar ideias, desejos e sentimentos em distintas situações de interação;
- argumentar e relatar fatos oralmente, em sequência temporal e causal;
- conhecer diferentes gêneros e portadores textuais, demonstrando compreensão da função social da escrita e reconhecendo a leitura como fonte de prazer e informação;
- identificar, nomear adequadamente e comparar as propriedades dos objetos, estabelecendo relações entre eles;
- noções de tempo;
- consciência fonológica;

Essas habilidades, como perceberemos no próximo item, são fundamentais para o desenvolvimento das habilidades de leitura, escrita e matemática.

O efeito da educação infantil no desenvolvimento de crianças está diretamente relacionado ao seu desempenho posterior, já que acabam por apresentar níveis de evolução maiores do que aquelas que não frequentam a escola, propiciando o desenvolvimento de habilidades importantes para os anos seguintes.

O ensino de habilidades pré-acadêmicas para alunos com autismo na educação infantil

Desde a pré-escola, o aluno começa a desenvolver algumas habilidades que serão de fundamental importância para as aprendizagens acadêmicas mais formais.

Ao pensar em crianças com desenvolvimento atípico, como o caso dos alunos com o diagnóstico de autismo, é importante termos uma condução dessas aprendizagens mais direcionada e assertiva, para que o aluno com autismo consiga desenvolver suas aprendizagens como os outros alunos.

A entrada de uma criança com autismo na escola é um grande desafio, não só na parte acadêmica, mas também na questão social (VOLKMAR; WIESNER, 2019). A criança pode apresentar isolamento ou comportamentos inesperados para a idade, além de questões consideráveis na fala. Entretanto, a escola é um espaço de excelência para a aprendizagem e a interação social e, por esse motivo, devem ser criadas estratégias com o intuito de incluir a criança com TEA e zelar por seu pleno desenvolvimento.

Entretanto, que habilidades são essas e como podemos desenvolvê-las?

As habilidades pré-acadêmicas são um conjunto de competências necessárias para o desenvolvimento formal nas áreas da leitura, escrita e matemática. São a base para as aprendizagens *a posteriori* que podem garantir o sucesso acadêmico dos alunos.

A revisão da literatura desenvolvida por Cabral e Marin (2017) sobre a inclusão escolar de crianças com TEA apresentou como principais resultados "a dificuldade de comunicação, desconhecimento das características da criança com TEA no ambiente escolar e carência de estratégias pedagógicas que impactam no processo de aprendizagem..." (p.14). Denota-se a importância de se pensar nas necessidades do aluno, nas suas dificuldades, para só então criar e aplicar estratégias.

Algumas estratégias são propostas por diferentes estudos, que vão desde uma adequação da fala dos profissionais da sala, na constituição de um discurso mais objetivo, pausado, no uso recorrente de imagens, painéis de rotina expostos nas paredes, até o uso de recursos de tecnologia assistiva[1], comunicação aumentativa, PECS[2] ou *softwares* específicos.

No entanto, Esteves, Reis e Teixeira (2014) afirmam que "incluir os alunos com TEA na sala de aula leva-os a um maior desenvolvimento trazendo, também, vantagens significativas para o restante do grupo" (p. 247).

Assim, o professor pode, com a ajuda da equipe terapêutica que acompanha a criança (quando for o caso), avaliar as habilidades que o aluno já possui, os seus interesses, motivações e dificuldades para assim criar um plano de ensino individual para o aluno com autismo.

---

1 Tecnologia assistiva: "um termo ainda novo, utilizado para identificar todo o arsenal de Recursos e Serviços que contribuem para proporcionar ou ampliar habilidades funcionais de pessoas com deficiência e consequentemente promover Vida Independente e Inclusão" (BERSCH, 2013, p. 1).

2 PECs: "termo que deriva da nomenclatura em inglês Picture Exchange Communication System que significa Sistema de Comunicação através da troca de figuras" (RODRIGUES, 2018, p. 108).

Um artigo publicado por Watkins e colaboradores (2019) apresenta 28 estudos que mostram a validade de estratégias como os suportes visuais, automonitoramento e mediação entre pares como práticas que podem facilitar as aprendizagens de crianças com autismo em sala. Contudo, os autores são assertivos na importância do diagnóstico e intervenção precoce para o aumento dos comportamentos adequados e desenvolvimento de habilidades sociais, comunicacionais e de independência, tendo em conta que não só os terapeutas, mas a família e a escola são fundamentais para otimização dos resultados.

Alguns autores (MESSIOU et al., 2016) reforçam a importância de compreender o aluno na sua individualidade, conhecê-lo e avaliá-lo com um ensejo de mudar a realidade e criar formas de ensinar, de abordar o currículo, de escolher os materiais. Vamos conhecer alguns instrumentos que podem facilitar sua avaliação:

- PEAK – *Promoting the Emergence of Advanced Knowledge Relational Training System* – refere-se à avaliação e ao currículo elaborados por Mark R. Dixon, com o objetivo de promover habilidades cognitivas e de linguagem, usando abordagens de comportamento verbal;
- VB-MAPP (do inglês *Verbal Behavior Milestones Assessment and Placement Program*) – Avaliação de Marcos do Comportamento Verbal e Programa de Nivelamento, tem como objetivo avaliar habilidades e barreiras determinantes para as dificuldades de aprendizado daquela criança;
- ABLLS-R – Avaliação da Linguagem Básica e Habilidades de Aprendizagem Revisada é um protocolo de avaliação de indivíduos com atraso no desenvolvimento que rastreia e monitora a aquisição de 544 habilidades básicas e verbais, divididas em 25 áreas de prioridades educacionais, incluindo imitação, habilidades motoras, de falante e de ouvinte, acadêmicas, autoajuda, interação social, entre outras.

Após a avaliação detalhada das potencialidades e dificuldades dos alunos, é possível construir um Plano de Ensino Individualizado, que é, segundo Tannús-Valadão (2014), um registro das acomodações individualizadas que são necessárias para ajudar o estudante em particular, tomando como base uma avaliação aprofundada dos pontos fortes e de suas necessidades que afetam a habilidade dele para aprender e demonstrar a aprendizagem (p.55).

O professor, em sala, precisa criar um espaço de diálogo e interação com seus alunos, a fim de ouvir as necessidades, desejos, questões e sugestões sobre as práticas de ensino (MEYER, 2002). Só dessa forma é viável a execução de uma aula mais dinâmica e adaptada aos contextos e diferenças de cada turma.

Sendo assim, a partir de uma avaliação das habilidades já adquiridas, das dificuldades e das estratégias mais profícuas para a criança em questão, podemos criar um plano de ensino que facilite o desenvolvimento acadêmico deste aluno, como ilustrado na figura a seguir.

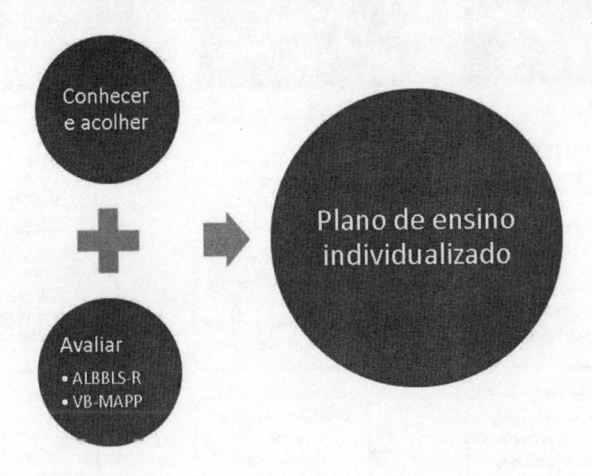

```
    Conhecer
    e acolher

       +    →    Plano de ensino
                 individualizado
    Avaliar
    • ALBBLS-R
    • VB-MAPP
```

Consubstanciar estratégias que visem ao acolhimento, à compreensão e à valorização dos discentes é fundamental para a promoção de uma mudança não só da estrutura, mas também dos currículos, das formas de administrar os conteúdos em sala de aula, de relações interpessoais mais sadias e da participação efetiva de todos os alunos.

Algumas estratégias simples podem ser de grande valia para os alunos com ou sem dificuldades/deficiências, como:

- fornecer níveis ajustáveis de desafio;
- oferecer oportunidade de interagir em diferentes contextos de aprendizagem;
- proporcionar opções de incentivos e recompensas na aprendizagem.

A partir disso, podemos verificar, de acordo com a literatura, um conjunto de boas práticas para o professor em sala ser capaz de criar um ambiente e um conjunto de atividades pedagógicas que levem a criança a desenvolver suas aprendizagens.

Boas práticas

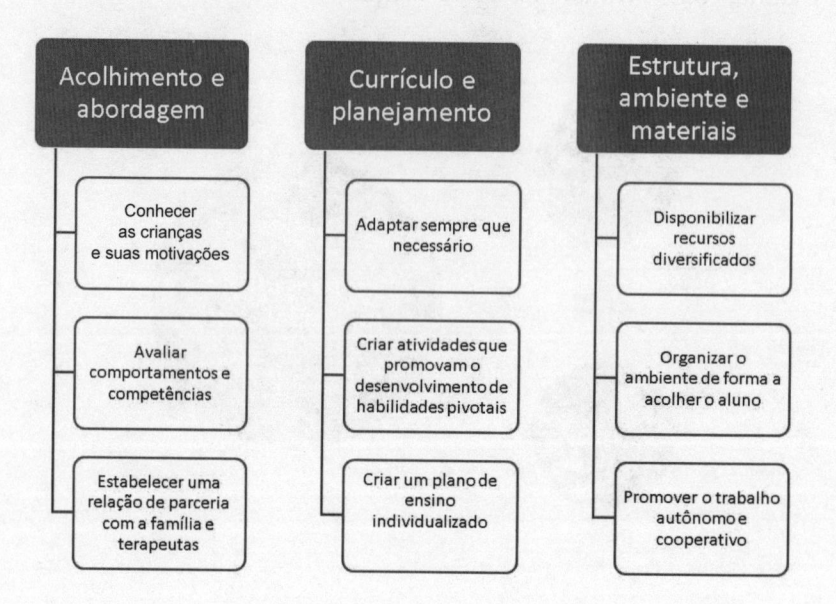

Acolhimento e abordagem
- Conhecer as crianças e suas motivações
- Avaliar comportamentos e competências
- Estabelecer uma relação de parceria com a família e terapeutas

Currículo e planejamento
- Adaptar sempre que necessário
- Criar atividades que promovam o desenvolvimento de habilidades pivotais
- Criar um plano de ensino individualizado

Estrutura, ambiente e materiais
- Disponibilizar recursos diversificados
- Organizar o ambiente de forma a acolher o aluno
- Promover o trabalho autônomo e cooperativo

Conclusões

Neste capítulo, buscamos partilhar a importância do desenvolvimento de habilidades pré-acadêmicas para facilitar a aprendizagem da leitura, escrita e matemática. Vimos que a educação infantil é o momento profícuo para iniciarmos essas aprendizagens e para melhor alcançá-las.

Destaques:

- as habilidades pré-acadêmicas são fulcrais para embasar a aprendizagem da leitura, escrita e matemática;
- para propiciar uma aprendizagem mais proveitosa, é importante avaliar a criança com TEA e construir um plano de ensino individualizado;
- a avaliação deve ser feita com o envolvimento de todos os intervenientes que atuam com a criança, como professores, equipe terapêutica e pais;
- a educação infantil é o momento ideal para, de forma lúdica e diversificada, desenvolver habilidades como a consciência fonológica, rima, habilidades motoras, auditivas e visuais etc.

Muitos desses aspectos passam por uma reorganização da escola, um pensamento mais global e cooperativo em que todas as formas de aprendizagem são incorporadas nos planejamentos.

O aluno com TEA pode, deve e tem o direito de desenvolver suas aprendizagens com vistas ao seu desenvolvimento global e felicidade no espaço escolar. Nós, como terapeutas, professores, familiares e sociedade, temos o dever de criar condições para que esse processo seja feito de forma profícua, assertiva e de qualidade para esse aluno.

Referências

BERSCH, R. *Introdução à tecnologia assistiva*. Porto Alegre: Centro Especializado em Desenvolvimento Infantil, 2013.

BRASIL. Ministério da Educação. *Base Nacional Comum Curricular*. Brasília: MEC, 2018.

CABRAL, C. S.; MARIN, A. H. *Inclusão escolar de crianças com Transtorno do Espectro Autista: uma revisão sistemática da literatura*. Educação em Revista, v. 33, 2017.

ESTEVES, A.; REIS, A. C.; TEIXEIRA, L. A Aprendizagem e o Ensino Cooperativos como práticas inclusivas na educação de alunos com Perturbações do Espectro do Autismo: comparação entre escolas dos 2os e 3os ciclos com e sem Unidades de Ensino Estruturado para crianças com PEA. *Revista de Psicologia da Criança e do Adolescente*, v. 5, n. 1, 2014.

MARQUETTI, I.; GONÇALVES, Y. R.; AMARAL, A. R. Q. PEAK: Revisão de literatura das intervenções baseadas em equivalência de estímulos e RFT para pessoas com desenvolvimento atípico. *Perspectivas em Análise do Comportamento*, v. 12, n. 1, pp. 155-167, 16 set. de 2021.

MESSIOU, K. *et al*. Learning from differences: a strategy for teacher development in respect to student diversity. *School Effectiveness and School Improvement*, v. 27, n. 1, pp. 45-61, 2016.

MEYER, D. R. *Teaching every student in the digital age: universal design for learning*. MA: Brookline, 2002.

PEREIRA, M. T. *et al*. Possíveis contribuições da educação infantil para o desempenho e a competência social de escolares. *Revista Semestral da Associação Brasileira de Psicologia Escolar e Educacional*, São Paulo. v. 15, n. 1, pp. 101-109, jan./jun. 2011.

RODRIGUES, D. Os desafios da Equidade e da Inclusão na formação de professores. *Revista Nacional e Internacional de Educación Inclusiva*, v. 7, n. 2, pp. 5-21, 2014.

RODRIGUES, E. S. G. O protocolo PECS como intervenção alternativa para facilitar a dificuldades de comunicação e de desenvolvimento de crianças com autismo. *Humanidades & Inovação*, v. 5, n. 7, 2018.

TANNÚS-VALADÃO, G. *Inclusão escolar e planejamento educacional individualizado: avaliação de um programa de formação continuada para educadores*. 2014. 245f. Tese (Doutorado em Educação) – Universidade Federal de São Carlos, São Carlos, 2014.

VOLKMAR, F. R.; WIESNER, L. A. *Autismo: guia essencial para compreensão e tratamento*. Porto Alegre: Artmed, 2019.

WATKINS, L. *et al*. Interventions for students with autism in inclusive settings: a best-evidence synthesis and meta-analysis. *Psychological Bulletin*, v. 145, n. 5, pp. 490-507, 2019.

31

ACOMPANHANTE TERAPÊUTICO ESCOLAR E AS CONTRIBUIÇÕES DA ANÁLISE DO COMPORTAMENTO APLICADA

Neste capítulo, você vai compreender a importância desse profissional para uma inclusão pautada em ações, potencializando os ganhos na aprendizagem, proporcionando bem-estar e qualidade de vida, ressaltando a importância de práticas baseadas em evidências científicas na Educação. Inclusão não é favor; é direito.

ELAINE MIRANDA

Elaine Miranda

Contatos
www.elainemiranda.com.br
Instagram: elainemirandaautismo
Facebook: www.facebook.com/elainemiranda

Pedagoga, graduanda em psicologia, pós-graduada em Psicopedagogia Clínica e Institucional, Neuropsicopedagogia, Gestão Escolar, Educação Especial e Inclusiva, Autismo, Deficiência Intelectual, Análise do Comportamento Aplicada (ABA), Intervenção Precoce, Treinamento Profissional. Terapeuta do modelo Denver de intervenção precoce (Instituto Farol de Autismo e Inovação e certificação Internacional. Terapeuta ESDM (MIND Institute), acompanhante terapêutica, supervisora. Ministra treinamento parental. Idealizadora do Grupo de Apoio às Mães de Crianças com Autismo. Coordenadora editorial do livro *Educação inclusiva e a parceria da família: uma dimensão terapêutica*, coautoria em livros sobre temas como saúde mental e emocional da mulher, inclusão social e dependência química.

Introdução

O acompanhante terapêutico (AT) é conhecido por uma atuação clínica nascida dos movimentos da antipsiquiatria, passado por um modelo ligado à reforma psiquiátrica e à luta antimanicomial. É um profissional qualificado para intervir no ambiente do paciente, buscando proporcionar melhor qualidade de vida ao oferecer um atendimento diferenciado, pois trabalha no local em que as contingências se estabelecem, criando relações com o meio. O acompanhamento terapêutico é uma modalidade de intervenção psicossocial realizada em ambiente extraconsultório.

Ciência e amor devem andar juntos. É comprovado pela neurociência que, o quanto antes iniciar uma intervenção, mais cedo recuperam-se os atrasos, pois é na primeira infância que há maior neuroplasticidade cerebral; assim, a intervenção precoce intensiva melhora o prognóstico. Devemos iniciar o trabalho nas creches, onde já podemos perceber os sinais de atrasos no desenvolvimento, treinar os professores e todos os profissionais da escola para empregar as técnicas que a Análise do Comportamento Aplicada (ABA, do inglês *Applied Behavior Analysis*) e a metodologia do modelo Denver de intervenção precoce nos proporcionam.

É importante ressaltar que AT não é cuidador e ABA não é método; é ciência.

Existe uma ampla atuação em diversas áreas da saúde, contemplando todas as faixas etárias, deixando claro que o AT não atua apenas em casos de Transtorno do Espectro Autista (TEA), mas atende outras demandas em casos de transtornos psiquiátricos como transtorno de ansiedade, transtorno obsessivo-compulsivo, pânico, fobias, depressão, transtorno bipolar, esquizofrenia, psicose, dependência química, entre outros. O trabalho do AT surgiu como uma necessidade para pacientes que obtiveram pouco sucesso só com as intervenções clínicas tradicionais em consultório. Essa prática é cada dia mais utilizada no processo de inclusão de crianças e adolescentes com autismo, pois é um trabalho complementar ao realizado em consultório.

Supervisão de etapas para o encaminhamento ao acompanhante terapêutico:
- avaliação funcional;
- formulação do caso;
- intervenção;
- avaliação constante dos resultados.

O acompanhante terapêutico na escola

Nesse âmbito, o AT tem a oportunidade de fazer parte do cenário aluno/ambiente natural. Sua presença torna as possibilidades de interações mais ricas e variadas, pois as consequências que selecionam o comportamento do aluno estão dispostas em um contexto natural com o qual ele deverá interagir. O AT tem como **propósito realizar um *link* da inclusão escolar com uma prática facilitadora na inserção do aluno em uma sala regular**, oferecendo suporte necessário para esse educando no ambiente natural onde as contingências acontecem. A escola é o principal ambiente social da criança; lá ela passa várias horas do dia e com uma quantidade de amigos que não consegue ter em outro lugar. A escola deve ser vista pelo AT como uma clínica aberta, pois temos inúmeras oportunidades de aprendizagem; muitas vezes vemos nossos pequenos isolados em um canto da sala, usando objetos de forma disfuncional. Os professores mostram muito interesse em como fazer para ensinar as crianças com autismo, mas sabemos que muitas vezes isso não é simples e é necessário técnica. Por isso, o trabalho em equipe é essencial e toda equipe gestora, coordenação e direção, deve estar alinhada com os objetivos referentes à demanda do aluno e deve estar em comunicação com os profissionais que o atendem, possibilitando que a parceria escola x família x terapeutas dê certo.

Análise do Comportamento Aplicada na escola

É necessário estimular para que o aluno adquira independência nas demandas escolares. O aluno com TEA, tal como qualquer aluno, tem objetivos para alcançar na escola. O AT vai, então, mediar o processo de como esses objetivos serão apresentados ao educando e desenvolvê-los para que ele compreenda o que está realizando e consiga produzir o que estão solicitando da forma mais independente possível. É necessário ensinar a criança a brincar de maneira funcional; o ensino envolve o bloqueio do comportamento sem função e o reforço diferencial de comportamentos mais adequados. É preciso comunicação com o professor, mas jamais se deve tomar sua frente, uma vez que é necessário respeitar a hierarquia. O trabalho na escola ajuda a promover a autonomia do indivíduo, proporcionando melhoria na qualidade de vida, organização e planejamento mental, permitindo aquisições e ampliação das habilidades e interações sociais das crianças, auxiliando nas rotinas diárias em ambientes como escolas, clubes e na própria casa, gerando autoconhecimento e maior autonomia, oferecendo possibilidades de desenvolver o potencial do indivíduo.

É papel do AT ajudar o paciente compreender as regras sociais e oferecer ferramentas para expressar de forma adequada seus sentimentos e emoções. Também é necessário que o AT ofereça um trabalho piscoeducacional orientando professores e familiares para que eles saibam acolher e oferecer às crianças e adolescentes um ambiente saudável.

Dessa forma, os alunos que apresentam alguma dificuldade de aprendizagem tornam o trabalho do AT imprescindível no âmbito escolar, tendo **o papel de estimular a capacidade e a autonomia do aluno**, promover ações e aquisição de conhecimentos, habilidades e atitudes que possam desenvolver a aprendizagem. Com ajuda do AT, o cliente é encorajado a iniciar um contato com o mundo, fazer amigos e participar de atividades sociais.

A prática do AT é uma atividade que pode propiciar maior mobilidade, uma aproximação do universo do cliente com o das demais pessoas. Essa prática pretende oferecer ao indivíduo a possibilidade de transitar por diferentes dimensões da vida, em um movimento de transformação e crescimento. Ele vai auxiliar no processo da coleta de dados, na aplicação de técnicas e no manejo de contingências de acordo com a necessidade observada pelos responsáveis do atendimento com foco comportamental, além de enfatizar que o processo de generalização dos comportamentos funcionais e desejáveis seja intensificado, para que ocorra em casa, na escola ou em qualquer outro ambiente, lembrando que todo AT precisa de supervisão de um analista do comportamento responsável pelo plano de intervenção. É ele quem determina a quantidade de horas de que o aluno precisará, pois a avaliação e o plano terapêutico são individuais.

Práticas baseadas em evidências científicas na educação

Análise do Comportamento Aplicada

Análise do Comportamento Aplicada (ABA) é uma ciência com quase um século de estudos. É a ciência do aprendizado e vem obtendo inúmeros resultados nas intervenções em casos de crianças com desenvolvimento atípico, seja autismo, sejam outros tipos de problemas que possam gerar atrasos no desenvolvimento. Nos Estados Unidos, a intervenção em ABA chega a atingir a média de 40 horas semanais de trabalho. Inseridos nesse contexto, o desenvolvimento das intervenções se estabelece em casa, mas também em ambiente natural, como a escola. O Brasil, no entanto, está um passo atrás quando equiparado a outros países. Não tendo o modelo ABA de trabalho tão atuante, muitas vezes o AT é visto com "outros olhos", o que faz com que a inserção desse profissional gere desconforto e estranhamento pelos gestores escolares. A ideia é que o AT seja um coadjuvante, dando suporte necessário para que os objetivos escolares sejam alcançados, ou seja, que os alunos inseridos dentro do espectro autista possam desenvolver a independência dentro da sala de aula e em todo o ambiente que a escola compõe. O foco principal é que essa habilidade seja realizada em qualquer contexto; para isso, é necessário treinar o AT na aplicação de procedimentos de controle comportamental. As variações comportamentais devem estar em equilíbrio, ou seja, comportamentos-problema devem ser reduzidos ou extintos e os comportamentos socialmente aceitos devem ser aumentados.

É papel do AT ajudar o paciente compreender as regras sociais e oferecer ferramentas para expressar de forma adequada seus sentimentos e emoções. Também é necessário que o AT ofereça um trabalho piscoeducacional orientando professores e familiares para que eles saibam acolher e oferecer às crianças e adolescentes um ambiente saudável. Sabemos que nem todos os alunos que precisam de um AT podem se beneficiar desse atendimento prestado no contexto escolar, mas por meio de políticas públicas isso é possível. Nossas crianças vão à escola para aprender e não somente para se socializar, como muitos ainda pensam. Para isso, é importante que os municípios proporcionem aos profissionais da educação capacitação com práticas baseadas em evidência científica, como formação em Análise do Comportamento Aplicada, pois as prefeituras contam com o auxiliar de desenvolvimento infantil (ADI), profissional que fica oito horas no trabalho e, se bem treinado e supervisionado pela equipe de atendimento educacional especializado (AEE), com certeza vai fazer a diferença na vida do aluno.

Além disso, nossas prefeituras levam palestras motivacionais aos nossos professores. O professor precisa estar motivado para enfrentar a sala de aula, além é claro do reconhecimento, valorização, amor e empatia, que são essenciais; mas quando o assunto é sobre inclusão, o primordial é a técnica. Temos excelentes professores, mas precisamos sair do discurso bonito e avançar para que nossas crianças possam se desenvolver em seu pleno potencial. É importante criar políticas públicas para que assim inicie o trabalho com base científica, proporcionando melhor qualidade de vida. É ilusão pensar que o aluno vai à escola somente para socializar, vai para aprender e, assim, é claro que trabalha as habilidades sociais que o próprio contexto em que está inserido oferece a ele.

A família no processo terapêutico é primordial; nada acontece sem a figura dos pais. Empoderá-los com a técnica e manejo de comportamento é uma necessidade. Nós, terapeutas, somos transitórios na vida dos pacientes; já os pais o são por toda a vida. Os pais são coterapeutas de seus filhos, assim é de extrema importância e urgência o treinamento parental, ou seja, empoderar os pais com as técnicas que a ciência ABA nos proporciona.

Saber como estimular seus filhos em casa é um dos recursos mais importantes para o progresso de uma criança e da parceria que se estabelece com os pais. Como eles ficam a maior parte do tempo com as crianças, é necessário orientação para assim dar continuidade ao processo de estimulação direcionada, comportamento, comunicação, linguagem e o brincar, proporcionando, assim, a aprendizagem.

O suporte social é um importante recurso para a família e tem sido visto como um dos fatores-chave para o amortecimento do estresse nas famílias. A troca de informações no nível interpessoal fornece suporte emocional e um senso de pertencimento a uma rede social em que operam a comunicação e a compreensão mútua. Os profissionais que trabalham com essas famílias podem auxiliá-las a avaliar tanto os fatores de estresse quanto os recursos para solucionar problemas.

O treinamento tem esse nome por ser um processo que ajuda os pais em sua vivência e desafios diários, utilizando estratégias diferentes e mais assertivas para sua demanda. Mudança requer treino, por isso o treinamento, são estratégias de ensino que podem ser aplicadas no cotidiano em casa, trabalhando o desenvolvimento não somente das habilidades da criança, mas também as habilidades enquanto pais, oportunidades de aprendizagem, manejo de comportamentos, comunicação verbal e não verbal, treino de atividades de vida diária, organização da rotina, escala de apoio e habilidades sociais. Tudo isso contribui para o processo de generalização, sendo de extrema importância para um relacionamento significativo e, principalmente, essencial para melhor qualidade de vida da família.

Desenvolvo esse trabalho com os pais e o que mais ouço deles é: "vejo vídeos, leio nos livros e até aprendo em cursos, mas a teoria é fácil". Quando vamos à prática com a criança, é totalmente diferente: existem a técnica e a ciência, mas não tem receita mágica na hora da intervenção, pois cada criança é única e com demandas diferentes.

Referências

BARRETTO, K. D. *Ética e técnica no acompanhamento terapêutico. As andanças com Dom Quixote e Sancho Pança*. São Paulo: Unimarco, 1998.

LONDERO, I. et al. (org.). *Acompanhamento terapêutico: teoria e técnica na terapia comportamental e cognitivo-comportamental*. São Paulo: Santos, 2010.

MIRANDA, E. (coord.). *Educação inclusiva e a parceria da família: uma dimensão terapêutica*. São Paulo: Literare Books, 2021.

ROGERS, S. J.; DAWSON, G.; VISMARA, L. A. *Autismo: compreender e agir em família*. Lisboa: Lidel, 2014.

ZAMIGNANI, D. R.; KOVAC, R.; VERMES J. S. *A clínica de portas abertas: experiências e fundamentação do acompanhamento terapêutico e da prática clínica em ambiente extraconsultório*. São Paulo: Paradigma/ESETec, 2007.

COMO VIABILIZAR UM TRATAMENTO DE QUALIDADE A BAIXO CUSTO

Embora haja consenso mundial de que a intervenção que apresenta melhores resultados para o autismo é ABA, a maioria das famílias não têm acesso a esse tratamento. O presente capítulo tem como objetivo demonstrar formas de viabilizar um tratamento de qualidade a baixo custo. Salienta também a necessidade do envolvimento total da família, e resume questões básicas que os pais de crianças com autismo precisam aprender.

KAKÁ DO AUTISTÓLOGOS (KARINE KOERICH)

Kaká do Autistólogos (Karine Koerich)

Contatos
www.autistologos.com
Instagram: @autistologos_kaka

Kaká do Autistólogos, mãe do Pedro e do Matheus, é escritora, ativista, palestrante e recentemente também recebeu o diagnóstico de autismo. Suas publicações são baseadas nas evidências disponíveis na literatura científica padrão ouro. É autora do livro *Propósito Azul*, cuja renda é 100% revertida para a causa, com prefácio de Marcos Mion e colaborações de alguns dos maiores especialistas da área – Dr. Carlos Gadia, Mayra Gaiato, Fatima de Kwant, Lucelmo Lacerda, Dr. Alysson Muotri, Autismo Legal, Dr. Rodrigo Silveira e outros. O livro aborda sintomas, diagnóstico, causas, tratamento, medicação, direitos e tudo o que é necessário saber sobre autismo. Kaká também escreveu um capítulo do livro *SOS Autismo*, e foi uma das fundadoras e organizadoras do #desafioautismo, projeto que mobiliza milhares de famílias a estimular as crianças com autismo em casa.

Em 2014, com 1 ano e 9 meses, Matheus foi diagnosticado com autismo e tinha muitos atrasos. Após 2 anos de tratamento ABA intensivo, recuperou esses atrasos e os sintomas tornaram-se muito leves. Atualmente, com 9 anos, graças à intervenção intensiva, tornou-se uma criança muito social, comunicativa e foi diagnosticado com transtorno do déficit de atenção e hiperatividade (TDAH) em 2021 pelo brilhante neuropediatra Dr. Paulo Liberalesso. Já Pedro, com 14 anos, no mesmo ano, foi diagnosticado com Asperger, que é uma forma de autismo leve, com características determinadas, como a ausência de atraso na linguagem e QI preservado ou acima da média. No final do mesmo ano foi a minha vez de receber o mesmo diagnóstico de minha querida amiga neuropediatra Dra. Deborah Kerches.

Por volta de setembro de 2014, assim que Matheus recebeu o diagnóstico de autismo, seguindo a orientação do primeiro médico, o matriculamos na escola e começamos terapias com fonoaudióloga, musicalização e psicopedagoga, 40 minutos cada. Eu tinha uma visão ultrapassada do autismo, por isso não me conformava com esse diagnóstico, então fui atrás de uma segunda opinião. Nos indicaram o Dr. Erasmo Barbante Casella, também um dos mais ilustres e renomados neuropediatras do país, do Hospital Albert Einstein, mas precisamos esperar 6 meses para a consulta. Na ocasião, Dr. Erasmo confirmou o diagnóstico, mas nos explicou que o tratamento que apresentava melhores resultados para autismo era a terapia ABA, e que era preciso intervir todos os dias, de forma intensiva. Embora as terapias que ele estivesse fazendo fossem importantes, faltava o principal – a intervenção ABA. Então, foi por falta dessa informação preciosa que praticamente "jogamos fora" o período mais valioso de seu desenvolvimento, pois quanto menor a criança, melhores são os resultados. Mas o segredo foi não perder mais tempo.

Além de ABA, é preciso uma equipe multidisciplinar, que é determinada de acordo com as comorbidades específicas de cada criança, ou seja, com questões eventualmente associadas ao autismo, que são diferentes em cada caso. Os sintomas do Transtorno do Espectro Autista (TEA) em si são, basicamente: "socializar menos e se comunicar menos que as crianças da mesma idade, além de comportamentos repetitivos e/ou interesses restritos". Já as questões orofaciais, motoras etc. não são características do autismo em si, mas de suas comorbidades, que são diferentes em cada indivíduo. Foi por isso que nesse início praticamente não tivemos resultados, porque não estávamos atingindo a raiz do problema, e sem ABA até então, os prejuízos continuavam se acumulando dia após dia.

Eu não tinha ideia do que era ABA, mas se era aquilo o que havia de melhor, nem questionei e mergulhei de cabeça nesse tratamento. Para aplicar essa terapia, Dr. Erasmo nos indicou quem se tornou minha mestra maravilhosa, Mayra Gaiato (Instagram @mayragaiato e YouTube Mayra Gaiato), hoje um dos maiores nomes no tratamento do autismo no Brasil e no mundo, que foi quem me ensinou tudo sobre ABA e fez com que Matheus desse um salto em seu desenvolvimento. Assim que começou, sua evolução foi gritante e, após cerca de 2 anos de intervenção, não apresentava mais atrasos, e seus sintomas de autismo não prejudicavam mais seu desenvolvimento.

Além de ser um tratamento caro, como morava longe, íamos a São Paulo cerca de uma vez por mês, depois a cada dois meses. Eu assistia ao final das terapias da Mayra e sua equipe para aprender, depois as reproduzia em casa, colocando-as em prática todos os dias, de acordo com o programa que ela montou, que ia mudando ao longo do tempo. No início eu mesma aplicava, depois contratei um estagiário para aplicar. Diante de tudo isso, me dei conta de que o maior problema no Brasil em relação ao TEA não é financeiro, mas sim de falta de informação, e foi aí que nasceu o Autistólogos e o sonho de levar informação baseada na ciência, de mãe para mãe, de forma gratuita.

ABA é a sigla em inglês para Applied Behavior Analysis, que é a Análise do Comportamento Aplicada, uma ciência que visa aumentar comportamentos desejados, como interação social, fala funcional, habilidades acadêmicas, independência etc., e diminuir comportamentos inapropriados, como birras, choros, gritos, agressividade e outros. Já é consenso mundial que ABA é o tratamento que apresenta melhores resultados para autismo, por isso é a recomendação da Organização Mundial de Saúde (OMS), Sociedade Brasileira de Neurologia Infantil (SBNI), Sociedade Brasileira de Pediatria (SBP), Autism Speaks (maior organização dos Estados Unidos em defesa do autismo), e muitas outras. A prevalência da ABA em relação aos demais tratamentos foi confirmada mais uma vez em 2020, na última revisão sistemática da literatura científica mundial, pelo projeto The National Clearinghouse on Autism Evidence and Practice (NCAEP), dos Estados Unidos da América.

Acontece que, mesmo em uma comunidade na qual lutamos tanto contra o preconceito, ou seja contra ideias preconcebidas distorcidas, a maioria das pessoas em geral e até alguns profissionais desinformados, sem terem conhecimento nenhum, dizem: "ABA é chata, ABA robotiza, ABA é cara, não tem

ABA na minha cidade, o plano não cobre ABA". Acontece que nada disso é verdade. Primeiro, porque essa ciência evoluiu muito ao longo dos anos e não pode mais ser chata. Aliás, de acordo com a ABA naturalista, fazemos só o que deixa a criança feliz. Não robotiza porque seu objetivo é precisamente melhorar as habilidades sociais e comunicativas da criança. Terceiro, porque ABA pode ser até de graça, basta seguir o guia gratuito lá do site www.autistologos.com (clique em Faça Seu Roteiro). Quarto, porque você pode contratar um especialista ABA de outra cidade, que cria o programa e monitora on-line. E quinto, porque é possível reivindicar que o plano cubra todo o tratamento prescrito pelo médico (para saber como reivindicar esse e outros direitos, acesse o site e o perfil do Instagram @autismolegal).

Não podemos arriscar nosso tempo, dinheiro e, principalmente, não podemos arriscar a capacidade de aprender que uma criança tem, principalmente nos primeiros anos de vida, com algo que não sabemos se vai funcionar. Como o futuro do seu filho depende de um tratamento eficaz, que pode ser determinante para toda sua vida, é essencial intervir com algo que tenha comprovação de eficácia, para que atinja seu potencial máximo e, se possível, torne-se um adulto funcional e independente. Aliás, é importante ter em mente que perder alguns meses com um tratamento não eficaz pode comprometer todo o futuro dessa criança.

Você mesmo(a) pode aprender e aplicar o programa ABA, mas digo por experiência própria que é melhor se contratar um estagiário que venha na sua casa todos os dias, no mínimo 10 horas por semana, pois assim você não fica tão sobrecarregado(a) e estará mais disposto(a) para estimular na hora do banho, das refeições, de lazer etc., aumentando ainda mais a intensidade do tratamento, o que é primordial para melhores resultados. O ideal é que os cuidadores façam um curso de treinamento de pais, e o estagiário, de acompanhante terapêutico (AT). Sempre indico os cursos da minha mestre Mayra, disponíveis no site www.institutosingular.org, pois já fiz e garanto que são incríveis, acessíveis, fáceis e prazerosos e que qualquer pessoa pode fazer, de qualquer lugar do Brasil e do mundo.

O estagiário pode ser um estudante de Psicologia, Fonoaudiologia, Pedagogia, uma professora da escolinha, filha de uma amiga, o irmão mais velho, enfim, qualquer pessoa que tenha vontade de aprender e jeito com criança. Você pode combinar uma remuneração para o estudante do tamanho do seu bolso, talvez até de graça, pois dará a oportunidade para que ele se profissionalize e adquira experiência em um trabalho muito requisitado e valorizado no mercado. Para encontrar essa pessoa, basta anunciar no jornal local, no mural da universidade mais próxima ou perguntar na escola da criança, por exemplo. Melhor ainda se esse estudante for treinado por um especialista

ABA que monte o programa e monitore. Você também pode adequar a carga horária desse profissional de acordo com suas possibilidades financeiras. Essa é uma forma de viabilizar e garantir um tratamento de qualidade, caso não tenha plano de saúde.

No entanto, é preciso ressaltar que, mesmo que a criança receba 40 horas de intervenções baseadas em ABA semanais, por melhor que seja o especialista, a semana tem 168 horas e os pais precisam estimular nessas 128 horas restantes. E se não for para colocar em prática na vida o que é aprendido nas terapias, o tratamento fica sem efeito, porque o objetivo da intervenção sempre deve ser preparar a criança para essas situações, ou seja, para a rotina. Se a criança não usa o que aprendeu nas terapias, além de não servir para nada, aquilo tudo vai acabar indo para o "lixo", porque quando algo é usado em uma só lugar, com somente uma pessoa, o cérebro entende que aquilo não é importante e descarta. É o que geralmente acontece com as aulas de química, por exemplo. Como nosso cérebro entendeu que aquele aprendizado era inútil, não salvou na nossa memória de longo prazo.

Além disso, é primordial que os pais aprendam como reduzir e, se possível, extinguir os comportamentos inapropriados, pois choros, gritos, fuga etc. são barreiras de aprendizagem e, se forem mal conduzidos, sem as técnicas adequadas, a tendência é que fiquem cada vez piores, e podem se tornar até uma agressividade que inviabiliza a vida em sociedade. Enfim, quando os pais não são devidamente treinados, é como se os profissionais remassem para um lado e os pais para o outro, e desse jeito certamente não vão chegar a lugar nenhum.

A ciência demonstra que são necessárias entre 20 e 40 horas de ABA semanais. Mas se os pais estiverem devidamente treinados e estimularem constantemente e, melhor ainda, se a escola também for orientada, acredita-se que cerca de 10 horas semanais de intervenções estruturadas sejam suficientes. Os pais não precisam se tornar especialistas em ABA, mas há um mínimo de coisas que precisam saber, como:

Regra + 1

É preciso falar com a criança usando poucas palavras. Se você fizer um longo discurso e disser: "Filho, já são 21h, está na hora de dormir, e você ainda não colocou o pijama? Puxa, eu tenho que repetir todo dia a mesma coisa...", caso ele não fale ainda, provavelmente também não vai entender nada do que você falou. É preciso conversar com a criança usando poucas palavras e aplicar a Regra do +1: quando a criança não fala nenhuma palavra, converse usando apenas uma palavra por vez. Neste exemplo, fale apenas "pijama". Com crianças que falam usando uma palavra solta, converse juntando duas palavras ("pijama vermelho"), e assim por diante.

Imagens

Sempre que falar com seu filho, além de usar a Regra do +1, é importante associar cada palavra a um objeto ou imagem. Por exemplo, no exemplo anterior, fale "pijama" com um pijama na mão, apontando para ele e mostrando-o para seu filho.

Afinal, as pessoas com autismo geralmente processam com mais facilidade aquilo que veem do que aquilo que ouvem. Aliás, no livro Thinking In Pictures, Temple Grandin, uma autista já idosa, compartilha sua dificuldade em entender conceitos abstratos, explica que seus pensamentos e memórias são formados por associação de imagens, e acrescenta que grande parte das pessoas com autismo pensa dessa forma. Por essa razão, as dicas visuais são primordiais para criar conceitos, explicar fatos e, em especial, instaurar novas rotinas, o que pode ser extremamente difícil para eles, em razão do apego que possuem por padrões restritos e repetitivos de comportamento.

Até mesmo pessoas com compreensão preservada compreendem melhor quando se associam imagens, como um cardápio com fotos, que torna nosso entendimento em relação aos pratos melhor e mais rápido. Por exemplo, é importante ter um mural com a rotina diária, usando imagens para preparar a criança para cada momento do dia, para que ela possa se organizar mentalmente, tanto de forma prática quanto emocional. Antes de ir à casa da vovó, procure uma foto dela no seu telefone e avise: "Estamos indo para a vovó", mostrando a imagem. Se a criança bateu no amigo, deixe a regra clara usando uma imagem "proibido bater", e assim por diante.

Brincar

No tratamento do autismo, brincar é coisa séria. Afinal, como a falta de interesse social é a questão central desse transtorno, quando conseguimos fazer com que a criança se interesse em interagir conosco, por consequência reduzimos todos os sintomas prejudiciais do TEA. E a melhor forma de atrair esse interesse da criança é através das brincadeiras. Existem técnicas importantes que devemos seguir para ter sucesso nesse sentido, de acordo com a ABA naturalista:

1. siga a liderança da criança – entre na brincadeira dela e não apresente outras ideias, pelo menos no início;
2. seja o centro das atenções – torne-se atraente para a criança;
3. elimine distratores durante a brincadeira – desligue a TV, esconda eletrônicos e evite o excesso de brinquedos ou qualquer outra coisa que possa distraí-la;

4. fique frente a frente – à medida que a criança for mudando de posição, mude também, mantendo-se sempre no posicionamento frontal;
5. na altura do olhar – abaixe-se na altura do olhar da criança;
6. distância confortável – se a criança demonstrar que está desconfortável com sua presença, afaste-se um pouco mais até perceber que não se incomoda com sua presença;
7. narre o que a criança estiver fazendo com poucas palavras (Regra +1);
8. faça sons engraçados – acrescente efeitos sonoros à brincadeira (em relação ao que a criança está fazendo);
9. imite o que ela estiver fazendo (se ela está girando uma garrafa, gire também);
10. no início, não dê demandas; primeiro você precisa conquistá-la. Somente quando a criança já estiver o chamando o tempo todo para brincar é que você pode começar a inserir suas ideias, começando a dar demandas (seguindo os objetivos do programa do tratamento);
11. Mesmo quando começar a dar demandas, siga o contexto da brincadeira que ela trouxe e comece a fazer o que ela quer; acrescente uma ideia sua, peça por exemplo uma imitação, dê a AJUDA necessária e REFORCE, voltando a fazer o que ela quer.

Para entender melhor esse passo a passo, acesse www.autistologos.com em Como Brincar.

Ajuda

Um aspecto importante na ABA é a aprendizagem sem erro. Ao contrário do ditado que diz "É errando que se aprende", está comprovado que, quando a criança acerta, o aprendizado é mais efetivo. Se deixarmos a criança errar, ela pode memorizar a resposta errada como certa, e isso pode prejudicar ainda mais seu aprendizado. É por isso que, sempre que fizermos um pedido à criança, devemos dar a ajuda necessária para que ela a execute com sucesso. Por exemplo, se falamos "Me dá a bola", colocamos nossas mãos sobre as dela e garantimos que ela nos entregue a bola com sucesso, então reforçamos.

Reforço

Outro aspecto primordial é garantir que a criança seja recompensada sempre que atingir um objetivo. De acordo com o princípio de Premack, atividades mais desejadas podem servir como reforçadores para atividades menos desejadas.

Mas é preciso ter em mente que, como a questão central do autismo é a falta de habilidades sociais, reforços sociais que são suficientemente recompensadores para outras crianças, como "toca aqui", "parabéns", "muito bem" etc., não produzem os mesmos efeitos nas crianças com TEA, pelo menos no início, é por isso que precisamos trazer recompensas externas, que podem ser um tempo com um brinquedo favorito, cócegas, uma atividade que elas adorem etc. Para que sejam de fato recompensadores, é necessário que você reserve esses objetos ou atividades somente para esses momentos. Com o tempo, os objetos e atividades que eram favoritas podem deixar de ser reforçadores, e pode ser necessário alterar constantemente.

É importante também que você entregue o reforço imediatamente (em menos de 3 segundos), para que a criança associe uma consequência legal àquela ação, e assim aumente a frequência desse comportamento desejado. Concomitantemente ao reforço externo, faça também um reforço social, para que com o tempo ela associe "parabéns", "muito bem", "toca aqui" a algo legal, e então estes passem a ter um efeito suficientemente reforçador também.

Fragmentar objetivos

Não adianta você exigir que seu filho faça algo impossível. É preciso subir um degrau por vez. Para atingir um objetivo final, é importante dividi-lo em diversas etapas e ir avançando aos poucos, sempre dando a ajuda necessária para que tenha sucesso e reforçando para que repita mais vezes.

Fala funcional

Na maioria das vezes, a maior preocupação dos pais é se criança vai ou não falar, e eu também me sentia assim. Acontece que não adianta nada a criança ficar "falando com a parede". Não adianta ela aprender a falar "pão" no consultório e, quando está com fome, não saiba se comunicar pedindo pão. Para que aprenda a pedir algo, a dizer que está com fome ou com sono, precisamos que ela tenha interesse em interagir, e para isso precisamos da terapia ABA. Aquela terapia convencional de fala, em que se mostram imagens e pede-se para criança nomeá-las, pelo menos inicialmente, não funciona para crianças com autismo, porque lhes faltam uma série de pré-requisitos.

Nós aprendemos a falar por observação e imitação, é por isso que falamos a mesma língua dos nossos pais e com o mesmo sotaque. Além disso, para entender o que estão falando, precisamos fazer a discriminação auditiva. Acontece que crianças com autismo geralmente têm prejuízo no contato visual, maior dificuldade de imitar, e não sabem atender muitas demandas, ou seja, não discriminam o que lhe é pedido. É por isso que os principais programas no tratamento do autismo são o contato visual, a imitação e os comandos.

Além disso, é preciso seguir o passo a passo do desenvolvimento da linguagem, de acordo com os 8 Passos do Comportamento Verbal, criado pela mestra Mayra Gaiato:

1. reforce qualquer som. Exemplo: a criança faz um som qualquer (como "ba"), e você imediatamente entrega seu brinquedo favorito, faz festa etc.;
2. quando a criança já emitir muitos sons, comece a exigir que siga seu modelo e reforce sempre que imitar de forma aproximada. Neste passo, damos pista visual e verbal. Exemplo: você fala, mostrando o carrinho favorito: "Quer o carrinho? Então fala car-ri-nho", de forma bem clara, pausada e gesticulada, colocando-o em frente a seus olhos, para que possa fazer a leitura labial e aprender os movimentos da boca necessários para emitir aquele som. Se falar qualquer som aproximado, como por exemplo: "o", você reforça imediatamente, entregando o carrinho e dando parabéns;
3. "coma" uma parte da dica verbal. Nesta etapa, você dá pista visual e parte da verbal. Exemplo: "Quer o carrinho? Então fala car-ri-nh..." e espera a criança completar. Vá diminuindo a ajuda verbal, comendo cada vez mais um pedacinho da palavra, até que a pista verbal seja "c...";
4. no quarto passo, a criança já nomeia os objetos. Nesta etapa, ela tem apenas a pista visual e não tem mais ajuda verbal;
5. ela adivinha o nome do objeto de acordo com suas características. Exemplo: "O que é? O que é que faz piu-piu?". Resposta: "o passarinho";
6. nesta fase, a criança forma uma frase com uma sequência de imagens;
7. inferências. Ela forma uma frase com apenas uma imagem;
8. a criança relata eventos passados sem nenhuma ajuda.

Birras

As birras bloqueiam a aprendizagem e precisam ser reduzidas e, se possível, extintas. É preciso entender qual a função de cada comportamento para saber como agir, não basta só ignorar durante as birras. Basicamente, existem 4 funções do comportamento:

1. Objetos: a criança demonstra fisicamente que quer algo. Durante a birra não dê o objeto nem atenção, nem deixe a criança acessa-lo. Quando se acalmar, reforce. Se o objeto em questão for proibido, reforce de outra forma.
2. Controle: quando a criança não quer apenas um objeto, mas quer do seu jeito e reclama se você encosta ou tenta mudar algo, como por exemplo uma fila de carrinhos. Neste caso, é preciso dessensibilizar, fazendo pequenas mudanças aos poucos, sem desregular a criança. Por exemplo no início tocando por apenas um segundo e, quando ele tolera bem, por 2 segundos, e assim por diante.

3. Atenção: se você sai do cômodo, ela vem atrás de você para se certificar que você está vendo a birra. Neste momento não dê atenção, nem faça contato visual, e não fale nada. Espere a criança se acalmar para, aí sim, reforçar dando atenção.
4. Fuga: a criança faz a birra para evitar alguma tarefa. Não deixe a criança fazer nada até que ela cumpra, ainda que com ajuda, um pequeno fragmento do que lhe foi pedido, para daí reforçar, deixando ela livre para fazer o que quer.

De acordo com a educação do passado, quando a criança fazia tudo certo, os pais diziam "não faz mais que a obrigação", e quando faziam algo errado, recebiam broncas, castigo, etc. Ou seja, essa educação ultrapassado valorizava erros, enquanto ABA valoriza os acertos. Acontece que essas punições podem reforçar o comportamento e aumentar sua frequência, ainda mais quando tudo que a criança queria era receber atenção. Caso o efeito seja inverso, podem tornar sua presença aversiva, que é justamente o contrário do que desejamos com o tratamento do autismo. É por isso que precisamos entender a função de cada comportamento para saber como agir. É preciso também analisar o que aconteceu antes da birra, para evitar que se repita, e ainda ensinar um comportamento adequado de comunicação que a substitua de forma eficiente. Se a criança percebe a birra como uma forma de comunicação que leva ao resultado esperado, dificilmente aprenderá formas adequadas de conseguir aquilo.

Para saber mais, acesse o site www.autistologos.com em Faça Seu Roteiro, o Instagram @autistologos_kaka e adquira o livro *Propósito Azul*, à venda na Amazon e nas melhores livrarias.

33

COMUNICAÇÃO SUPLEMENTAR OU ALTERNATIVA PARA PESSOAS COM A CONDIÇÃO DO ESPECTRO AUTISTA

Neste capítulo, os pais encontrarão informações sobre como é dado o diagnóstico e especificadores do diagnóstico de Transtorno do Espectro Autista (TEA), quais são as principais dificuldades de comunicação de pessoas com a condição do espectro autista, o que é comunicação suplementar ou alternativa (CSA), quais são seus tipos, em quais situações é indicada, quem são seus aplicadores, a importância do engajamento da família e a difusão da CSA no Brasil.

LETÍCIA DA SILVA SENA

Letícia da Silva Sena

Contatos
www.indigoinstituto.com.br
silva.leticiasena@gmail.com
Instagram: @fga_leticiasena
Facebook: fonoaudiologaleticia.sena/
11 98670 7701

Fonoaudióloga e especializanda em Análise do Comportamento Aplicada ao Transtorno do Espectro Autista (TEA) e desenvolvimento atípico, pelo Paradigma Centro de Ciências e Tecnologia do Comportamento. Doutoranda pela Universidade Federal de São Paulo e terapeuta certificada para a realização dos métodos de terapia baseados nos métodos Prompt e PECS. Sócia-fundadora do Instituto Índigo, clínica que realiza avaliação e intervenção de crianças e adolescentes com TEA e outros transtornos do neurodesenvolvimento, da linguagem e da fala. Além disso, realiza supervisões a outros terapeutas e orientações parentais. Seu diferencial é o engajamento intenso e precoce nessas intervenções e seu amor pelo desenvolvimento da comunicação infantojuvenil.

O Transtorno do Espectro Autista (TEA) é atualmente classificado como um transtorno do neurodesenvolvimento, de acordo com o *Manual Diagnóstico e Estatístico de Transtornos Mentais* (AMERICAN PSYCHIATRIC ASSOCIATION, 2015, p. 135). As características diagnósticas estão compreendidas em critérios que consideram como sintomas fundamentais o prejuízo persistente à comunicação social recíproca e à interação social, padrões restritos e repetitivos de comportamento, interesse ou atividades, e, por fim, estes sintomas precisam estar presentes desde o início da infância e devem limitar ou prejudicar o funcionamento diário da pessoa.

O nível de gravidade do TEA é especificado a partir da exigência de apoio de que a pessoa necessita, sendo o nível 1 exigindo apoio, nível 2 exigindo apoio substancial e nível 3 exigindo apoio muito substancial (AMERICAN PSYCHIATRIC ASSOCIATION, 2014, p. 138). Além disso, ainda é sugerido pelo mesmo manual que alguns especificadores sejam adicionados ao diagnóstico, quando necessário: "com ou sem comprometimento intelectual concomitante"; "com ou sem comprometimento da linguagem concomitante"; "associado a alguma condição médica ou genética conhecida ou a fator ambiental" e "com catatonia comórbida".

De acordo com o último levantamento do Centers for Disease Control and Prevention, do governo dos EUA, sobre a prevalência de autismo, foi encontrado aumento de 10% em 2021, sendo a estatística mais atual a de 1:44 nascidos vivos com o diagnóstico de TEA (MAENNER *et al.*, 2021), dado que torna cada vez mais relevante e essencial a realização de estudos que objetivam melhor compreender, acompanhar e tratar pessoas com TEA.

Um dos repertórios-alvo mais significativos e valorizados em uma sociedade é a linguagem, que se faz essencial nas relações sociais, na aquisição de habilidades acadêmicas, na conversação e em muitos outros contextos, como na política, na ciência, na religião e na independência. Muitos transtornos ou distúrbios do neurodesenvolvimento apresentam como um de seus principais aspectos clínicos constituintes uma dificuldade significativa no desenvolvimento do comportamento verbal, ou seja, no desenvolvimento de comportamentos como a linguagem, a fala e a conversação. Um desses transtornos é a condição do espectro autista (SUNDBERG, 2007).

Cerca de 30% das crianças com TEA apresentam pouca ou nenhuma fala funcional que possa possibilitar a comunicação independente com seus pares e outros adultos (GANZ, 2015), seja em razão de agravantes inatos (alterações motoras e de planejamento motor globais e/ou somente da fala, outras dificuldades de aprendizagem concomitantes ao diagnóstico de TEA, como a deficiência intelectual) e/ou por agravantes ambientais (realização de diagnóstico e/ou engajamento tardio em terapias comportamentais e fonoaudiológicas, frequência e intensidade das intervenções muito aquém do recomendado, baixa adesão e engajamento das famílias às orientações). Todos esses fatores podem ocorrer em concomitância ou isoladamente, de forma que resulte em pior prognóstico para o desenvolvimento da fala como única forma de comunicação.

Essas dificuldades de comunicação na infância podem gerar dificuldades muito expressivas de aprendizagem acadêmica, nas relações sociais com os pares e podem aumentar o engajamento em problemas de comportamento (IACONO; JOHNSON; FORSTER, 2009). Na fase adulta, podem levar à falta de perspectiva de emprego, a problemas de saúde mental, a problemas de comportamento que podem variar de leves a graves e, por fim, podem resultar em maior nível de dependência de outros cuidadores (IACONO; JOHNSON; FORSTER, 2009).

Nesses casos, as formas de comunicação suplementar ou alternativa são recomendadas para substituir ou complementar a comunicação a partir da fala natural e/ou escrita à mão (LLOYD; FULLER; ARVIDSON, 1997), para que seja estabelecida uma forma de comunicação que torne possível a independência em diferentes contextos.

O fundamento da comunicação suplementar ou alternativa é garantir que a comunicação possa ser estabelecida de outras formas além da fala.

Essas formas de comunicação suplementar ou alternativa podem ser compreendidas em métodos de comunicação que podem ser divididos em (MIRENDA, 2003):

- não apoiada: engloba todas as formas de comunicação em que a expressão da comunicação ocorre a partir das expressões próprias da pessoa que a emite, como sinais, gestos, piscar de olhos para indicar "sim" ou "não" etc.;
- apoiada: engloba todas as formas de comunicação em que a expressão existe de forma física, fora do usuário desse tipo de comunicação, como prancha de comunicação, sistema por troca de figuras etc.;
- baixa tecnologia: engloba formas de comunicação que não se utilizam de tecnologia avançada, como pranchas de comunicação, pastas de comunicação, sistemas de comunicação por trocas de figuras, gestos, sinais, pictogramas etc.;
- alta tecnologia: engloba formas de comunicação que se utilizam de tecnologia avançada, como dispositivos geradores de fala sintetizada e/ou digitalizada, com saída de voz baseada na troca e seleção de imagem ou escrita.

Interessantemente, apesar de frequentemente ouvirmos falar do PECS (sistema de comunicação por troca de imagens, do inglês *picture exchange communication system*), que é um sistema único de comunicação suplementar ou alternativa, desenvolvido nos EUA, baseado na obra de de B. F. Skinner, *Comportamento verbal e análise de comportamento aplicada do amplo espectro* (FROST; BONDY, 2002), existem outras modalidades e formas de comunicação suplementar ou alternativa e pode-se e deve-se, sempre que possível, combinar as modalidades de comunicação suplementar ou alternativa (combinar o uso do PECS com expressões faciais, sinais e até com a fala existente), para que a comunicação seja efetiva e de fato compreendida por diferentes grupos sociais e pessoas.

Apesar de famílias de crianças com TEA, terapeutas de diferentes linhas terapêuticas que trabalham com a comunicação nas intervenções para crianças com TEA e outros prestadores de serviços relatarem preocupação em demasia com o uso de comunicação suplementar ou alternativa, por sugerirem que seu uso poderia impedir a produção natural da fala (SCHLOSSER, 2003), vários autores argumentaram e validaram, a partir de suas intervenções com o uso de comunicação suplementar ou alternativa, que na verdade seu uso pode realmente facilitar a produção de fala (BLISCHAK; LOMBARDINO; DYSON, 2003; FROST; BONDY, 2002; SUNDBERG *et al.*, 1996).

Vale ressaltar que é fundamental que os pais possam engajar-se e criar contextos comunicativos em que a criança tenha participação efetiva a partir do uso de formas de comunicação suplementar ou alternativa, como parceiros de comunicação, como seria para o ensino de qualquer outro repertório relacionado à comunicação, linguagem e fala (DREW *et al.*, 2002; MCCONACHIE *et al.*, 2005; TAMANAHA; PERISSINOTO; CHIARI, 2008; MARTELETO *et al.*, 2008; GREEN *et al.*, 2010; CHARMAN, 2010). O sucesso do uso e aprendizagem da forma de comunicação suplementar ou alternativa ocorre quando proporcionadas maiores sincronicidade e contingência comunicativa e social entre a criança e seus interlocutores, dentro e fora do domicílio.

Quanto aos profissionais aplicadores das formas de comunicação suplementar ou alternativa, é imprescindível que ele tenha certificação no método escolhido, podendo ser um fonoaudiólogo ou outro profissional da equipe interdisciplinar. Levando em consideração que o fonoaudiólogo é o profissional que tem como fundamento de sua profissão promover a comunicação humana (CESAR; MAKSUD, 2009), ele seria o profissional mais recomendado para a avaliação da necessidade e o ensino de comunicação suplementar ou alternativa. Por fim, o profissional escolhido deverá avaliar a necessidade do uso de comunicação suplementar ou alternativa, apresentar os tipos existentes e recomendar o mais adequado para cada caso, a partir de sua avaliação.

Apesar de a comunicação suplementar ou alternativa (CSA) ainda não se constituir em prática de amplo conhecimento na atuação clínica, vem se expandindo no Brasil. Ainda não existe, por exemplo, uma versão brasileira, oficial e/ou consagrada de CSA (CHUN, 2009). Concluindo, são fundamentais no Brasil, estudos que objetivem reunir informações sobre quais modelos de

CSA existem na atualidade, quais são os mais utilizados no Brasil, quais são os profissionais que frequentemente realizam o ensino das formas de CSA na atuação clínica, no atendimento a pessoas com TEA, que investiguem a aderência dos cuidadores e o sucesso no uso das formas de CSA, que acompanhem a aplicação e utilização de formas de CSA a longo prazo.

Referências

AMERICAN PSYCHIATRIC ASSOCIATION (APA). *Manual diagnóstico e estatístico de transtornos mentais: DSM-5*. 5. ed. Porto Alegre: Artmed, 2014.

BLISCHAK, D. M.; LOMBARDINO, L. J.; DYSON, A. T. Use of speech-generating devices: In support of natural speech. *Augmentative and Alternative Communication*, v. 19, pp. 29-35, 2003.

CESAR, A. M.; MAKSUD, S. S. *Fundamentos e práticas em fonoaudiologia*. Rio de Janeiro: Revinter, 2009, p. 239.

CHARMAN, T. Developmental approaches to understanding and treating autism. *Folia Phoniatrica et Logopedica*, v. 62, n. 4, pp. 166-177, 2010.

CHUN, R. Comunicação suplementar e/ou alternativa: abrangência e peculiaridades dos termos e conceitos em uso no Brasil. *Pró-Fono Revista de Atualização Científica*, v. 21, n. 1, pp. 69-74, jan-mar 2009.

DREW, A. *et al.* A pilot randomised control trial of a parent training intervention for pre-school children with autism. Preliminary findings and methodological challenges. *European Child & Adolescent Psychiatry*, v. 11, n. 6, pp. 266-272, 2002.

FROST, L.; BONDY, A. Picture Exchange Communication System training manual. 2. ed. Newark, DE: Pyramid Education Products, 2002.

GANZ, J. B. AAC Interventions for individuals with autism spectrum disorders: state of the science and future research directions. *Augmentative Alternative Communication*, v. 31, n. 3, pp. 203-214, 2015.

GREEN, J. *et al.*; PACT Consortium. Parent-mediated communication-focused treatment children with autism (PACT): a randomised controlled trial. *Lancet*, v. 375, n. 9732, pp. 2152-2160, 2010.

IACONO, T.; JOHNSON, H.; FORSTER, S. Supporting the participation of adolescents and adults with complex communication needs. In: MIRENDA, P.; IACONO, T. (ed.). *Autism spectrum disorders and AAC*. Baltimore, MD: Paul H Brookes, 2009. pp. 443-478.

LLOYD, L. L.; FULLER, D. R.; ARVIDSON, H. H. *Augmentative and alternative communication: a handbook of principles and practices*. Needham Heights, MA: Allyn & Bacon, 1997.

MAENNER, M. J. *et al.* Prevalence and Characteristics of Autism Spectrum Disorder Among Children Aged 8 Years – Autism and Developmental Disabilities Monitoring Network, 11 Sites, United States, 2018. *Surveillance Summaries*, v. 70, n. 11, pp. 1-16, 2021. Disponível em:<https://www.cdc.gov/mmwr/volumes/70/ss/ss7011a1.htm>. Acesso em: 13 abr. de 2022.

MARTELETO, M. R. F. *et al.* Administration of the Autism Behavior Checklist: agreement between parents and professionals' observations in two intervention contexts. *Revista Brasileira de Psiquiatria*, v. 30, n. 3, pp. 203-208, 2008.

MCCONACHIE, H. *et al.* A controlled trial of a training course for parents of children with suspected autism spectrum disorder. *The Journal of Pediatrics*, v. 147, n. 3, pp. 335-340, 2005.

MIRENDA, P. Toward functional augmentative and alternative communication for students with autism: manual signs, graphic symbols, and voice output communication aids. *Language, Speech, and Hearing Service in Schools*, v. 34, pp. 203-216, 2003.

SCHLOSSER, R. W. Effects of AAC on natural speech development. In: SCHLOSSER, R. W. (ed.). The efficacy of augmentative and alternative communication: towards evidence-based practice. Nova York: Academic Press, 2003. pp. 403-425.

SUNDBERG, M. *et al.* The role of automatic reinforcement in early language acquisition. *Analysis of Verbal Behavior*, v. 13, pp. 21-37, 1996.

SUNDBERG, M. Verbal behavior. In: J. COOPER, O.; HERON, T. E.; HEWARD, W. L. *Applied behavior analysis* (2nd ed.) (pp. 526-547). Upper Saddle River, NJ: Merrill/Prentice Hall., 2007.

TAMANAHA, A. C.; PERISSINOTO, J.; CHIARI, B. M. Development of autistic children based on maternal responses to the autism behavior checklist. *Pró Fono*, v. 20, n. 3, pp. 165-170, 2008.

34

USO DE PALAVRAS ESSENCIAIS NA COMUNICAÇÃO ALTERNATIVA

O vocabulário essencial refere-se a um pequeno número de palavras que correspondem a cerca de 80% do que dizemos diariamente. Essas palavras são de alta frequência na nossa fala, são relevantes em todos os contextos e podem ter muitos significados, o que pode garantir poder para os usuários de comunicação alternativa.

VALÉRIA GONZAGA SANTOS

Valéria Gonzaga Santos

Contatos
valeriags.fono@gmail.com
Instagram: @fga.valeriasantos
31 97364 9096

Fonoaudióloga, pós-graduada em Transtorno do Espectro Autista (TEA). Especialista em Neurociências. Qualificação profissional em uso terapêutico de tecnologias assistivas: direitos das pessoas com deficiência e ampliação da comunicação, curso de *core words* (*Project Core*) pelo Center for Literacy and Disability Studies na University of North Carolina. Treinamento introdutório e avançado em *Language Acquisition Through Motor Planning* (LAMP). Curso introdutório em *Pragmatic Organisation Dynamic Display* (PODD). Professora de pós-graduação em TEA.

Estima-se que entre 30 e 50% dos indivíduos com Transtorno do Espectro Autista (TEA) não usam a fala funcional (LORD; PAUL, 1997; LORD; RISI; PICKLES, 2004).

Aproximadamente 25 a 30% das crianças com TEA permanecem minimamente verbais, mesmo após anos de intervenção (KASARI *et al.*, 2014).

No entanto, diversas pesquisas mostram que a comunicação aumentativa e alternativa (CAA) pode melhorar a qualidade de vida, a participação e a autonomia de pessoas com necessidades complexas de comunicação.

A CAA refere-se às várias formas de se transmitir uma mensagem, e pode ser feita por meio de gestos, movimentos corporais, vocalizações, expressões faciais, fotos, escrita e símbolos gráficos. É uma área de prática clínica e educacional que tem como objetivo melhorar as habilidades de comunicação de indivíduos com pouca ou nenhuma fala funcional (LLOYD; FULLER; ARVIDSON,1997).

Ainda hoje a CAA é cercada por mitos, os quais por muitas vezes acabam por limitar pessoas com necessidades complexas de comunicação. Alguns desses mitos são que a CAA vai impedir ou inibir o desenvolvimento da linguagem oral, ou que é necessário que as crianças tenham certo conjunto de competências cognitivas ou de linguagem para serem capazes de se beneficiar da CAA, ou ainda que precisam ter certa idade para conseguir se beneficiar de um sistema de comunicação alternativa. Tais crenças não são sustentadas por pesquisas. Não há pré-requisitos para introduzir um sistema de CAA.

Alguns podem usá-la o tempo todo, outros podem dizer algumas palavras, mas usam CAA para frases mais longas ou para funções de comunicação que o usuário não consegue expressar por meio da fala.

A CAA tem como objetivo auxiliar indivíduos com necessidades complexas de comunicação a ter uma comunicação mais eficiente. Dessa forma, o objetivo da comunicação é proporcionar ao indivíduo oportunidade e capacidade para que, por meio de mensagens, possam: interagir na conversação; participar em diferentes ambientes; aprender sua língua nativa; estabelecer e manter seu papel social; e satisfazer suas necessidades pessoais (BEUKELMAN; MIRENDA, 2013). Ou seja, poder comunicar o que quiser, na hora que desejar.

Com o uso de palavras essenciais, é possível comunicar várias funções de comunicação, por exemplo: fazer pedidos, negar coisas que não queremos, fazer protestos, interagir socialmente, dar e trocar informações.

Essas palavras essenciais que compõem o vocabulário básico referem-se ao pequeno número de palavras que correspondem a mais de 70 a 90% do que dizemos diariamente. Essas palavras são relevantes em todos os contextos e podem ter muitos significados.

As palavras essenciais podem ser ensinadas e reforçadas em uma variedade de atividades e permitem combinações de duas palavras de forma rápida e fácil. O vocabulário essencial é poderoso porque permite que os comunicadores expressem uma ampla variedade de conceitos com um número muito pequeno de palavras.

Esse vocabulário consiste em ¾ daquilo que adultos e crianças realmente dizem e costuma ser ignorado na introdução da comunicação alternativa. Estudos mostram que cerca de 85% do que as pessoas falantes dizem todos os dias pode ser expresso com aproximadamente 250 a 350 palavras, como abrir, pegar, parar, mais, acabou. Certamente você já falou essas palavras várias vezes hoje e, por serem palavras que usamos todos os dias, é fundamental que autistas com necessidades complexas de comunicação tenham acesso a elas.

O vocabulário essencial é consistente em populações clínicas, atividades, lugares, tópicos e grupos demográficos. Ele contém poucos produtores de imagens (BAKER, 2005). E aqui entra outro mito limitador da comunicação alternativa, o de que em alguns casos seria necessário fazer uma hierarquia simbólica, ou seja, que os usuários deveriam entender representações mais concretas usando objetos reais ou fotografias, antes de lhes ensinarmos outros tipos de símbolos gráficos, como pictogramas ou palavras escritas.

O que agora entendemos é que essa ideia de uma hierarquia de símbolos não é sustentada por pesquisas. Em vez disso, a pesquisa sugere que os usuários aprendem a usar os símbolos que lhes são ensinados. Portanto, podemos começar com símbolos abstratos e maximizamos as oportunidades de comunicação.

Pare para pensar sobre o uso de fotos na comunicação alternativa. A iconicidade da foto relaciona-se apenas a substantivos representacionais (palavras que produzem imagens), tais como biscoito, chocolate, frutas etc., com pouco poder comunicativo, explorando apenas uma função de comunicação, que é fazer pedidos. Isso leva a uma ênfase exagerada no vocabulário apenas de substantivo. E isso se torna um problema quando você deseja usar a comunicação alternativa para informar diferentes funções de interlocução, pois as palavras essenciais dificilmente são representadas por fotos e são frequentemente usadas em várias situações. Isso significa que você obtém menos comunicação de cada símbolo e menos oportunidade de aprender e usar o mesmo símbolo em vários ambientes e situações.

Como todas as formas de linguagem são aprendidas por modelagem, não existem símbolos "mais difíceis" de aprender. Dessa forma, o uso e a funcionalidade do símbolo são mais importantes do que a iconicidade (NAMY; CAMPBELL; TOMASELLO, 2004).

As crianças que usam os sistemas CAA possuem vocabulários selecionados externamente. Ou seja, outras pessoas estão escolhendo as palavras a serem incluídas nesse sistema. Elas só podem praticar combinações de palavras com base nas palavras que outros forneceram. Se o sistema CAA for baseado em substantivos e/ou fornecer uma gama limitada de palavras de todos os grupos de palavras, a criança pode produzir uma quantidade limitada de linguagem expressiva.

O conceito de vocabulário essencial com sua ênfase em palavras de alta frequência utilizadas em um idioma oferece uma maneira de fornecer a pessoas com necessidades complexas de comunicação um vocabulário expressivo para diferentes funções de comunicação.

E para começar a incorporar esse vocabulário a um sistema de comunicação alternativa, os parceiros de comunicação podem modelar as palavras essenciais muitas vezes ao longo do dia, de forma natural e funcional, por exemplo usando o mais, ao servir mais comida ou bebida, ou durante uma brincadeira com blocos, mostrando o símbolo que representa a palavra "mais" a cada vez que pegar um novo bloco. Durante esse processo, as crianças devem ser incentivadas, mas não deve ser exigido delas o uso dos símbolos para se comunicar. Outra estratégia valiosa é interpretar todos os comportamentos comunicativos que a pessoa apresenta atribuindo significado ao que o indivíduo está tentando comunicar, dizendo e modelando em um sistema CAA.

Outro fator importante, além de modelar em todas as atividades dando ênfase às palavras essenciais, é lembrar que, para a comunicação e a interação social, o fator primordial é a motivação. Essa motivação é fundamental para estabelecer uma comunicação eficaz e tanto influencia a prontidão da pessoa para aprender quanto estimula a atenção conjunta entre o indivíduo e o seu parceiro de comunicação.

Não vejam a comunicação alternativa como "atividades" a serem aprendidas, mas oportunidades que nós, parceiros de comunicação, estamos proporcionando para os indivíduos com necessidades complexas de comunicação terem diferentes motivos para se comunicar com maior intenção.

Nossas interações com esses indivíduos precisam ser significativas e divertidas, tanto para eles quanto para nós, pois as experiências divertidas geram aprendizagem.

E para muitos autistas, que precisam de nossa ajuda para aprender formas simbólicas de comunicação para que possam perceber seu verdadeiro potencial comunicativo, a CAA pode fornecer esse poder.

Referências

BEDWANI, M. A. N.; BRUCK, S.; COSTLEY, D. Augmentative and alternative communication for children with autism spectrum disorder: a evidence-based assessment of the Language Acquisition through Motor Planning program (LAMP). *Cogent Education*, v. 2, n. 1, 1045807, 2015.

BEUKELMAN, D. R.; MIRENDA, P. *Augmentative and alternative communication: supporting children and adults with complex communication needs*. 4. ed. Baltimore: Paul H. Brookes, 2013.

CANNON, B.; EDMOND, G. A few good words: use basic vocabulary to support non-verbal learners. *The ASHA Leader*, v. 14, n. 5, p. 20-22, 2009.

KASARI, C. *et al*. Communication interventions for minimally verbal children with autism: a sequential multiple assignment randomized trial. *Journal of the Academy of Child and Adolescent Psychiatry*, v. 53, n. 6, pp. 635-646, 2014

LLOYD, L. L.; FULLER, D. R.; ARVIDSON, H. H. *Augmentative and alternative communication: a handbook of principles and practices*. Boston: Allyn and Bacon, 1997.

LORD, C.; PAUL, R. Language and communication in autism. In: COHEN, D. J.; VOLKMAR, F. R. (ed.). *Handbook of autism and pervasive development disorders*. 2. ed. New York: John Wiley, 1997.

LORD, C.; RISI, S.; PICKLES, A. Trajectory of language development in autistic spectrum disorders. In: RICE, M. L.; WARREN, S. F. (ed.). *Developmental language disorders: from phenotypes to etiologies*. Mahwah, NJ: Lawrence Erlbaum Associates Publishers, 2004. pp. 7-29.

NAMY, L. L.; CAMPBELL, A. L.; TOMASELLO, M. The changing role of iconicity in non-verbal symbol learning: a U-shaped trajectory in the acquisition of arbitrary gestures, *Journal of Cognition and Development*, v. 5, n. 1, p. 37-57, 2004.

VAN TATENHOVE, G. M. Normal Language acquisition & children using AAC systems. ©Van Tatenhove, 2005, Revised November 2016.

35

A IMPORTÂNCIA DA AMBIENTOTERAPIA NO AUTISMO

Cada vez mais temos jovens com autismo, com dificuldades de se engajar no meio social. E isso nos faz refletir na importância de prepararmos nossos jovens autistas para ter uma melhor qualidade de vida, proporcionando maior autonomia e independência sem retirá-los do convívio com a família e oferecendo condições para serem incluídos no meio social.

SINARA PANIAGUA PINTO

Sinara Paniagua Pinto

Contatos
si_pani_agua@hotmail.com
Instragam @sinarapani
47 99990 5051

Terapeuta Ocupacional formada pelo IPA – RS, sob o registro Crefito 10/2604-TO; especialista em Estimulação Precoce, Autismo e Defasagem no Desenvolvimento; pós-graduação em Neurologia com ênfase em Neuropediatria; Psicomotricidade, Autismo e Atraso do desenvolvimento; Pós-graduada em Psicopedagogia; curso básico PECS (Picture Exchange Communication System) – Comunicação por Treinamento em ABA, Comunicação Alternativa; Método Teacch. Workshop introdutório e avançado; formação em ABA/RBT nível técnico *Growing Piece By Piece*, LLC; terapeuta Denver nível avançado de intervenção precoce (ESDM) com certificação internacional em Montreal no Canadá pelo MIND INSTITUTE; *Certificate in Ayres Sensory Integration* – Integração Sensorial; capacitação do Treinamento da Medida de Fidelidade; formação internacional de Práxis; consultora de clínicas e de terapeutas ocupacionais do Brasil; pós-graduação em Psicomotricidade pelo CBI of Miami; formação internacional no modelo Dir Floortime; formação em Seletividade Alimentar e Desfralde; formação em Raciocínio Clínico em Neurociência Integrada na Teoria de Integração Sensorial de Ayres; apta a aplicar Autism Diagnostic Observational Schedule (aDOS -2) Dra Amaia Hervás Zúñiga, São Paulo/ 2017; Centro de Atendimento Médico Psiquiátrico CAMP – Atuando por 10 anos como supervisora; formação introdutória no modelo Jasper com Conne Kassario/Outubro 2020; certificação *Coaching* Parental Modelo (ESDM) - Sally Rogers.

Vim dividir com vocês minha experiência de mais de 10 anos dentro da área de saúde mental, em que podemos ver que o foco sempre foi tratar a doença. Quando falamos no conceito de ambientoterapia, estamos falando de saúde, de atender às pessoas em sua individualidade e sua relação com o meio social.

O que sempre acontece em casos de internação é a privação do contato com família e amigos, a interrupção de uma vida que vinha se desenvolvendo. Como inserir o indivíduo na sociedade se privamos ele de tudo isso, tratando e olhando somente para a doença? Precisamos olhar o indivíduo por inteiro e valorizar suas potencialidades, levando-o a ter uma qualidade de vida melhor.

Quando falo de ambientoterapia, lembro que muitas de nossas crianças e adolescentes faziam contraturno e outros passam o dia todo no espaço de ambientoterapia, realizando tarefas dentro de um contexto terapêutico.

Éramos uma equipe de terapeutas ocupacionais, psicólogos, psiquiatras e atendente. O ambiente era uma casa com cozinha, sala de jogos, sala de atividades pedagógicas, de atividades manuais, de atividade física e de descanso com acomodações sensoriais. Tínhamos espaço para a horta, onde plantávamos temperos com os pacientes para usar na própria alimentação.

Trabalhávamos com grupos de adultos, jovens e crianças dentro do espectro autista. Dentro desses grupos, o terapeuta ocupacional, junto com os psicólogos e atendentes, ficava responsável pelas atividades que eram escolhidas dentro das assembleias semanais, nas quais todos os membros do grupo eram estimulados a participar com suas ideias; fazíamos cardápio do dia estimulando-os a colocarem suas preferências dentro da alimentação. Um ajudante era escalado e as tarefas eram divididas. Também eram discutidos os passeios do mês.

Um dia nunca era igual ao outro, pois tínhamos atividades diversas tanto dentro como fora da ambientoterapia, e com isso podíamos ver a interação social acontecendo, estabelecendo vínculos com a sociedade como um todo.

A ambientoterapia aumenta o potencial terapêutico e requer um espaço adequado para a socialização e realização das atividades.

Indivíduos com autismo apresentam dificuldades nas ações mais banais da vida cotidiana, por isso os terapeutas precisam listar suas potencialidades e construir caminhos para buscarem suas dificuldades com um tratamento eficaz.

Logo após as assembleias, nas quais trabalhávamos iniciativas, decisões, socialização, democraticidade, controle inibitório e vários conceitos, decidíamos as atividades pedagógicas que desenvolveríamos na semana e quem as desempenharia.

Cada dia era diferente do outro, pois lidávamos com seres humanos que são imprevisíveis em suas vontades, dores, dificuldades, amores, conflitos e motivações. Foi um lugar em que muito aprendi, pois supervisionar pessoas com tantas particularidades faz de nós mais observadores, além de peças importantes desse cenário, no qual muitas vezes nos tornávamos protagonistas da história.

Também escolhíamos a data que faríamos nosso bazar mensal de vendas para os convidados. Lidando com o trabalho de produção e vendas, o grupo aprendia a aceitar melhor seus desejos e angústias. Para os aniversariantes do mês, era realizada uma festa conjunta.

As atividades mais esperadas eram os passeios, nos quais podíamos ver as dificuldades de estar inseridos no mundo e nas relações que dele fazem parte. Pensar que para tantas pessoas sair em um passeio é algo tão normal e ver o quanto era difícil para nosso grupo estar ali naquele cenário, o quanto isso era um grande desafio para eles e, o melhor, poder vivenciar o progresso da construção deles melhorando a cada passeio, participando de forma mais adequada, superando seus desafios e fazendo valer todo nosso trabalho. Nossos passeios eram votados por eles e eram realizados a cada 15 dias. Comprávamos presentes para a família na época de Natal e víamos como algo tão simples para algumas pessoas representava uma grande dificuldade para os membros do nosso grupo, e o melhor de tudo era ver nos olhos de cada um a satisfação quando conseguiam executar essas atividades e o retorno de se sentirem capazes e inseridos no meio. Os passeios eram diversos: parques, cinemas, shoppings, teatros...

Nosso almoço era rico, pois era feito o cardápio da semana e os responsáveis pelas atividades eram divididos pelo grupo. Todos os dias íamos ao supermercado com a lista das compras e algo que para nós parece tão simples, para muitos era muito complexo, e víamos o quanto estar realmente inserido no meio com essas atividades era importante para eles, uma vez que eles tinham tantas dificuldades para executar essas atividades que fazem parte de nossa rotina. Dificuldades de escolher o que já estava na lista, de saber onde encontrar os itens, ir ao caixa pagar, enfim, de fazer parte da interação social, de estar inserido no meio fazendo parte do mundo. Logo na volta fazíamos o almoço em grupo, cada um com sua participação dentro de seus desafios, trabalhando atividades de independência e autonomia, logo o momento esperado de comer sua própria refeição era motivo de muito orgulho, pois o almoço realmente era nosso produto final, e ser capaz de realizar essa tarefa era motivo de muita satisfação para nosso grupo.

Nossa atividade de artes era muito produtiva, pois confeccionávamos produtos como pulseiras, quadros, porta-joias, porta-retratos e os vendíamos na feira que promovíamos uma vez no mês, na qual os familiares eram convidados a prestigiar os trabalhos de seus entes queridos, e era evidente que algumas famílias prestigiavam e outras apresentavam muitas dificuldades em reconhecer a importância desses trabalhos, fruto de muito empenho. Ver seus trabalhos prontos e sendo vendidos os deixavam muito felizes. Nessas atividades manuais, descobríamos muitos talentos e dons artísticos. Diante disso, estimulávamos a sequência dessas atividades, deixando-as cada vez mais elaboradas, e muitos as usavam de forma lucrativa, inclusive vendendo seus produtos fora do nosso espaço.

As atividades pedagógicas eram realizadas de acordo com o plano de tratamento de cada um, dentro de suas dificuldades, e o terapeuta responsável pelo grupo que aplicava sempre trabalhava a autonomia e independência dos membros do grupo na realização das atividades, dando só o suporte de que cada um precisava e oferecendo as atividades dentro do desafio na medida certa para cada um deles. Tudo era feito conforme a avaliação inicial para facilitar a forma de aprendizagem de nossos pacientes. Essas atividades eram aplicadas pelo terapeuta ocupacional responsável pela ambientoterapia e um estagiário de psicologia que fazia o acompanhamento com o paciente específico escolhido para seu estudo de caso.

Nossas atividades de horta também eram muito produtivas, pois sabemos o quanto estar em contato com a terra, plantar e colher e poder usufruir do nosso trabalho na nossa alimentação traz benefícios enormes. Estar em contato com a natureza junto com o grupo, poder ver as verduras e plantinhas crescendo, cuidar delas diariamente e saber que todo esse cuidado é necessário para elas poderem crescer e logo podermos usufruir desses alimentos, tão benéficos para nossa saúde. Também tínhamos um espaço para plantar temperos e chás para nossos cafés. Sempre trabalhávamos nessa linha, e eles inclusive escreviam sobre isso no nosso jornal do mês. Na atividade de horta, muitos ajudavam; era perceptível a dificuldade de alguns em mexer na terra, porém outros se deliciavam em seu manuseio.

Nas atividades de ginástica, nossa atividade física e de expressão corporal sempre foi um desafio, pois havia muitos adolescentes que não coordenavam o corpo, outros com dificuldades de se olhar no espelho e outros com dificuldades de respiração por apresentar muita ansiedade, então tínhamos nossa sala com colchonete, espelho, bolas, pesos, fitas e objetos sensoriais para relaxarem, também conforme a necessidades de cada um. Dentro dessa atividade, era visível a dificuldade de lidar com o corpo e de se expressar através dele.

Tudo começava com uma boa música para relaxar, todos de frente para o espelho, possibilitando olhar para seu corpo e se reconhecer, em seguida a respiração, e íamos acrescentando brincadeiras em duplas para incentivar a interação de um com o outro. No final, fazíamos relaxamento e conversávamos sobre tudo o que sentiam com a atividade. Era muito bom ver a evolução deles, que se refletia nas suas atividades diárias.

Trabalhávamos nas atividades de vida diária (AVD), pois nossos pacientes apresentavam muitas dificuldades em se cuidar, e nas atividades mais simples, como escovar os dentes, lavar as mãos, pentear os cabelos etc. Então tínhamos nossa rotina e nosso *checklist* de AVD individual conforme suas necessidades.

Tínhamos atividade de teatro uma vez na semana. Essa atividade era maravilhosa, pois proporcionava muitas expressões, os participantes tinham várias ideias, muitas fora do contexto, e era divertido, pois traziam seus sentimentos, vontades, medos, angústias, felicidade, ansiedades e muitos sentimentos; era realmente uma explosão de sentimentos. O mais difícil era realmente que nossa peça saísse com início, meio e fim. Levávamos muito tempo nessa atividade, mas, quando conseguíamos, era verdadeira vitória e vou dizer que tivemos algumas boas apresentações.

E em meio a tantas atividades não podemos deixar de falar das atividades do fim do mês: a festa dos aniversariantes e o bazar para venda dos trabalhos manuais confeccionados durante as atividades com o terapeuta ocupacional. Era nessa festa que eram feitas as apresentações de teatro, quando conseguíamos ir até o final das peças com roteiro. O grupo vendia seu trabalho, festejava os aniversariantes do mês, lá confeccionávamos o bolo e cada um trazia um prato de casa com sua família, dividíamos doces, salgados e bebidas para não ficarem repetitivos.

Nessa festa entregávamos o jornal que era confeccionado por nossos pacientes. Nele, escreviam sobre eles próprios, seus interesses, suas vidas, sentimentos e assuntos diversos. Cada um trazia uma assunto e trabalhávamos para eles escreverem em dupla e grupo. Não era uma atividade fácil, como muitas para eles, mas quando nosso jornal estava impresso, era incrível o orgulho que tinham em mostrar para todos o que tinham escrito e andavam com seus escritos de um lado para outro. Ver a satisfação deles era o maior presente para nós, que estávamos ali diariamente com essas pessoas lutando para eles se sentirem pessoas dentro de um contexto e ampliar sua potencialidade sem se afastar de sua família, trabalhando mais sua autonomia e independência.

E assim eram nossos dias na nossa ambientoterapia, lugar esse que possibilita muitos contextos e ajuda pessoas a se inserirem na sociedade de forma mais tranquila, levando nossos jovens para o campo do trabalho e da produtividade, ensinando a respeitar suas próprias dificuldades e a do outro. Saber que precisamos da interação social para sobrevivermos nesse mundo não é suficiente; precisamos compartilhar nosso saber e viver no contexto social.

Quando pensamos em ambientoterapia, é importante pensarmos que hoje é o que nos faz falta, pois trabalhamos muito com nossos pequenos na intervenção precoce, que nos possibilita muitas altas e crianças que conseguem seguir em ritmo normal, mas temos de pensar em autismo moderado a severo e em outros diagnósticos de saúde mental e como é de grande importância sabermos como precisamos inserir esses indivíduos na sociedade, oferecendo possibilidades e qualidade de vida para eles, até porque as famílias por vezes precisam pensar em dar capacidade para seus filhos serem o mais independente possível e conseguirem viver suas vidas com produtividade e zelo.

Nossas crianças crescem e quando recebem intervenção mais cedo, apresentam um prognóstico melhor. No entanto, temos casos que já apresentam muitas dificuldades e, com isso, surge a necessidade de nós, como profissionais da área da saúde, pensarmos em um contexto de tratamento para trabalhar as potencialidades desses indivíduos, inseri-los no contexto social, dar oportunidades de aprendizagem e inseri-los na vida profissional sem retirá-los do contexto da família, pois quando falamos em inserir estamos falando em inclusão, contexto esse que hoje nos deixa muito pensativos, pois sabemos o quanto é difícil para o mundo em que vivemos manter essa inclusão para nossos pacientes. Começando pelas escolas, que não estão preparadas para receber de forma inclusiva nossas crianças e adolescentes. Não podemos esquecer que nossas crianças crescem e precisam estar inseridas no meio social, precisam adquirir a maior independência possível para dar sequência a suas vidas com mais autonomia.

Diante disso, concluímos que hoje vivemos em um mundo em que a frequência dos transtornos mentais e transtornos de desenvolvimento, incluindo o autismo, vem crescendo, com impactos significativos sobre a saúde, além de impactos econômicos, impactos de consequência social e de direitos humanos. Com isso, precisamos pensar em programas educativos, em desenvolver habilidades, em buscar nos nossos indivíduos suas potencialidades, inserindo-os na sociedade para que se tornem indivíduos com a maior autonomia e independência possível e com melhor qualidade de vida para si mesmos e para suas famílias.

Acredito muito em ambientoterapia, atividade que supervisionei durante dez anos e cuja experiência compartilhei um pouquinho aqui. Quero agradecer a oportunidade de passar um pouco das minhas vivências e espero motivar pessoas a buscarem esse trabalho tão gratificante e ao mesmo tempo desafiador para nós como profissionais, sempre tendo a certeza de que o que fazemos com amor e profissionalismo faz a diferença na vida das crianças e de suas famílias.

36

MUSICOTERAPIA, UMA INTERVENÇÃO BASEADA EM EVIDÊNCIAS PARA O TRANSTORNO DO ESPECTRO AUTISTA

Este capítulo objetiva ampliar a visão da musicoterapia como uma intervenção terapêutica baseada em evidências para o autismo, fundamentando-se na neurociência, na música e seus elementos, e no processamento auditivo musical no autismo. Outrossim, o capítulo traz uma abordagem histórica para fundamentar tal conceito.

ULISSES LOPES

Ulisses Lopes

Contatos
www.espacocapacitando.com.br
ulisseslopesmlg@hotmail.com
Instagram: @ulissesmusicoterapeuta
21 96421 8233

Musicoterapeuta, formado no Conservatório Brasileiro de Música (CBM) e pós-graduando em Psicomotricidade. Atualmente é musicoterapeuta e responsável por um espaço terapêutico e de desenvolvimento humano, o Espaço Capacitando, no estado do Rio de Janeiro, onde atua principalmente com pacientes com Transtorno do Espectro Autista. Com sua experiência, tornou-se, também, palestrante em seminários e treinamentos escolares, levantando a bandeira da inclusão e do autismo.

A musicoterapia aplicada ao autismo

Discursar sobre autismo vai além de simplesmente falar sobre um diagnóstico, características ou comportamentos. Tem relação com a minha missão, sobre uma temática à qual dedico meu tempo de estudo, bem como minhas maiores reflexões de trabalho e de vida.

Segundo o National Clearinghouse on Autism Evidence & Practice (NCAEP), a musicoterapia hoje é considerada uma das 28 práticas baseadas em evidência para intervenção no autismo, caracterizada como Intervenção mediada por música.

Então, com toda propriedade, baseada não apenas na ciência, mas também na experiência, declaro que a musicoterapia é uma ferramenta que melhora o desenvolvimento global e a qualidade de vida da pessoa com autismo.

Partindo desse pensamento, abordaremos a relação entre a musicoterapia, as neurociências e o autismo, convidando você, querido leitor, para pensar em novas possibilidades e a interagir conosco.

As cinco áreas disciplinares da Neurociência (Molecular, Celular, Sistêmica, Comportamental e Cognitiva) são entrelaçadas ao aspecto sensorial. Assim, o musicoterapeuta encontra possibilidades de atuação que interferem diretamente na qualidade de vida e nos aspectos sensorial, social, comportamental, comunicativo, cognitivo e global do indivíduo.

Você já ouviu falar em neuroplasticidade?

Devemos destacar que a neuroplasticidade se desenvolve de forma gradativa e que é por meio dela que o cérebro encontra novas possibilidades, pois torna-se flexível e mutável, apto a novas experiências e aprendizados.

Pessoas com autismo apresentam anormalidades nas conexões entre as regiões frontal e temporal, o que provoca atrasos no desenvolvimento da maturação do sistema límbico, responsável pelo controle do comportamento emocional do sistema nervoso.

Pessoas com autismo também podem apresentar um número diminuído dos neurônios de Purkinje no cerebelo, que têm funções inibidoras, assim como o aumento do volume do córtex frontal, responsável pela elaboração do pensamento e planejamento, além da programação de necessidades individuais e emoções.

A Musicoterapia vai utilizar-se da música, seus elementos e de outros recursos para fortalecer as conexões entre as regiões frontal e temporal, bem como do sistema límbico e de outras áreas e sistemas neurológicos.

De acordo com Schullian e Schoen, *apud* Oliver (2011):

A música contorna completamente os centros que envolvem a razão e a consciência, não depende do cérebro mestre para adentrar pelo corpo (ou seja, a música não depende das funções superiores do cérebro para entrar no organismo), ainda pode excitar por meio do tálamo – o posto de intercomunicação de todas as emoções, sensações e sentimentos.

Entendemos, então, que a música invade o cérebro de forma simples, não exigindo as funções neurológicas superiores para que se faça uma leitura do som. De forma rápida, o cérebro recolhe os estímulos, emoções e sentimentos, não necessitando das habilidades de razão ou de inteligência para esse desenrolar musical.

Aqui, temos maior clareza do motivo de a musicoterapia ser uma prática relevante e eficaz na vida de pessoas dentro do espectro autista, pois lhes permite maiores possibilidades de sentirem-se felizes, reguladas e equilibradas, confirmando o que defende Bréscia, ao afirmar que no ato de musicalizar possibilita-se:

> O desenvolvimento da sensibilidade, criatividade, senso rítmico, do prazer de ouvir música, da imaginação, memória, concentração, atenção, autodisciplina, do respeito ao próximo, da socialização e afetividade, também contribuindo para uma efetiva consciência corporal e de movimentação.
> (BRÉSCIA, 2003, p. 38)

Muitas pessoas com autismo enfrentam barreiras no processamento auditivo. Isso se dá em razão da suspeita do crescimento precoce do cérebro, que, de acordo com Gattino, "afeta tanto a massa cinzenta quanto a substância branca" (GATTINO, 2015, p. 17), áreas responsáveis pela comunicação cerebral. Assim, a transmissão de informações cerebrais e a comunicação social tornam-se complexas.

A música é processada, em grande escala, no córtex auditivo primário, região que não apresenta prejuízos em pessoas com autismo. Assim, temos um meio de comunicação mais eficaz para este público e, por isso, há casos de crianças que não falam palavras com intenção comunicativa, mas conseguem cantar ou desenvolver algum tipo de discurso, diálogo ou expressividade musical, mesmo que seja por meio de instrumentos.

A música vem, na sua simplicidade, consolar a alma, acolhendo e confortando a audição. Para tanto, torna-se de suma importância entendermos que cada indivíduo com Transtorno do Espectro Autista (TEA) tem seu tempo, ritmo biológico e limitações auditivas. O ato da aplicação musicoterapêutica não se propõe a simplesmente colocar uma música para tocar e esperar que surjam resultados. Ao contrário, algumas pessoas não toleram determinados instrumentos, timbres, volumes, ritmos, formações ou sequências harmônicas, cabendo ao profissional da musicoterapia fazer um levantamento histórico sonoro (familiar), bem como de preferências e expectativas deste indivíduo, validando-o acima de tudo.

A música por si só já é um elemento sensorial acolhido pela audição. Porém, a musicoterapia apresenta outras possibilidades de acomodação e ajustes, não apenas do sistema auditivo, mas também dos sistemas visual, tátil, proprioceptivo e vestibular, que estão diretamente conectados.

Entendemos que, por meio do uso de instrumentos musicais, técnicas, estratégias e abordagens científicas, a pessoa pode ser conduzida à "revitalização da sensibilidade e da curiosidade, [terá a] possibilidade de alteração da consciência, e [a] intensificação da concentração" (SEKEFF, 2007, p. 11).

É possível entender que as regiões responsáveis pelas habilidades musicais são preservadas em pessoas com TEA, o que nos abre a possibilidade de atuar na reabilitação neurológica por meio da música, possibilitando ganhos que se evidenciam na melhora do comportamento, percepção de mundo, sociabilidade e comunicação. Sendo assim, faz-se um partilhar de possibilidades de atividades e de possíveis ganhos que se podem proporcionar para o desenvolvimento da pessoa com TEA.

As atividades práticas promovidas na musicoterapia que envolvem imitação arbitrária ou sincronização de movimentos, por exemplo, conduzem o indivíduo à ativação de áreas com neurônios-espelho, proporcionando a maturação da cognição social, que comumente é uma limitação em indivíduos autistas.

Neurônios-espelho são neurônios que disparam quando uma pessoa observa outra realizando determinada ação. Por exemplo: quando uma pessoa boceja, geralmente a pessoa que está perto boceja também.

Precisamos entender e fazer uso desses neurônios tão importantes que, por meio da música, são ainda mais facilmente ativados, até mesmo por meio de uma simples proposta como cantar uma canção que promove e/ou sugestiona gestos realizando a ativação desses neurônios.

As funções de imitar e espelhar gestos ou expressões faciais são deficitárias no autismo. O mau funcionamento dos neurônios-espelho provoca uma diminuição e, em alguns casos, ausência da atenção compartilhada, que é um dos grandes vilões no TEA. Todavia, essa região do cérebro do autista funciona de modo mais estruturado se for atrelada ao processamento musical.

De modo geral, todo ser humano reage diante de ações musicais, de forma positiva ou não. É possível perceber que, ao longo da história da Humanidade, a música tem o papel de registrar períodos.

Podemos fazer referência às músicas dos anos 60, 70, 80, ou do período ditatorial. A música marca o tempo, ela não envelhece e, incrivelmente, "ela fala" com todo e qualquer indivíduo, e este, em contrapartida vai responder, de forma receptiva ou negativa, seja ele neurologicamente típico, seja atípico.

Toda essa resposta que estamos buscando tem uma intenção comunicativa e de expressividade. Temos convicção de que a musicoterapia auxilia na liberação de conteúdos internos que promovem a ação comunicativa por meio da organização do pensamento, pois a música tem começo, meio e fim; ela pode ter uma história; uma provocação de emoção intencional; pode promover conforto ou desconforto; solicitar movimentos intencionais, como bater palmas ou pés; pode acelerar ou desacelerar; relaxar ou agitar; entristecer ou alegrar, dentre outras ações que a musicoterapia pode promover.

A música divide-se em: ritmo, melodia e harmonia.

O ritmo

É o primeiro e mais direto aspecto da música, pois é um elemento pré-musical que conseguimos perceber em nós mesmos.

Uma pessoa com deficiência evolui e consegue se expressar ritmicamente com facilidade. Isso aumenta a autoestima e a própria percepção rítmica, conduzindo-a à autorregulação.

> *Sua pulsação (ritmo expressado) estava, pois, ligada ao seu próprio ritmo interno. Tudo nos faz pensar em um relógio biológico. O ritmo está na respiração, na circulação do sangue, no caminhar. Quando comemos, dormimos, andamos, estamos vivendo o ritmo.*
> (NISENBAUM, 1990, p. 30).

Há de se ter cuidado e atenção especiais para o tempo biológico do indivíduo com TEA e, de igual forma, a seu estado psicológico e emocional, percebendo e valorizando seu ritmo individual, validando o que ele traz consigo, fazendo com que ele se perceba e se sinta parte desse processo de evolução pessoal. Tal ação é perceptível por meio das manifestações motoras com a dança, as batidas rítmicas espontâneas e até mesmo as estereotipias e ecolalias, movimentos que na maioria das vezes são bem rítmicos e exclusivos de cada pessoa.

Melodia

Apresenta-se na representatividade emotiva e torna-se o centro da afetividade. Partindo dela, podemos estabelecer as relações humanas, pois é uma ação pré-consciente que possibilita a expressão de sentimentos que não serão ditos de modo concreto por um paciente com TEA, que apresenta distúrbio na comunicação e na interação social.

Voltamos ao sistema límbico, pois é ele quem processa os sentimentos, as emoções e é o responsável pelo comportamento social.

A musicoterapia aplicada ao autismo promove inferências diretas no aspecto auditivo e na percepção de si no espaço e em relação aos outros. Isso ganha mais sentido quando esse indivíduo expressa sua intensidade e força ao usar, por exemplo, as baquetas em um tambor e assim sente as vibrações que essa força provoca. Não nos atemos apenas à força e pressão das baquetas sobre o tambor, mas também ao ritmo proposto pela pessoa com autismo, convidando-o para sentir e vivenciar o que está sentindo naquele momento de expressividade.

Harmonia

É a compreensão da simultaneidade dos sons, uma fusão de notas combinadas ao ritmo e à melodia. Ela exige maior maturidade musical tanto do executor quanto do ouvinte e "possivelmente esses estímulos obtidos através dos instrumentos proporcionam a empatia com [a] musicoterapeuta" (NISENBAUM, 1990, p. 32).

Isso também vai exigir, além da interação entre as partes, um envolvimento emocional, expressivo, intencional, significativo, de acordo com o contexto musical proposto pelo musicoterapeuta, ocorrendo uma ativação neurológica.

O indivíduo com TEA entra em uma ação complexa de desenvolvimento global, em que a ação do musicoterapeuta sobre ele ampliará suas percepções de si, dos outros e do meio, por intermédio de seus sensores ativados e regulados, trazendo organização do mapeamento cerebral e auxiliando-o em sua expressão, comunicação, comportamento social, autorregulação e controle.

Há, então, um movimento de autoconhecimento e acolhimento sensorial em que "o ritmo possibilita ao indivíduo conscientizar-se de seu corpo, a melodia pode estimular estados afetivos e a harmonia favorece particularmente atividades intelectuais" (TANGARIFE, 2010, p. 6).

A musicoterapia define-se como:

> A utilização da música e/ou seus elementos (som, ritmo, melodia e harmonia) por um musicoterapeuta qualificado, com um cliente ou grupo, num processo para facilitar e promover a comunicação, relação, aprendizagem, mobilização, expressão, organização e outros objetivos terapêuticos relevantes, no sentido de alcançar necessidades físicas, emocionais, mentais, sociais e cognitivas.
> (DEFINIÇÃO DE MUSICOTERAPIA, 1996, p. 4)

Salientamos que as abordagens musicoterapêuticas devem ser conduzidas por um musicoterapeuta formado, pois assim como existem inúmeros fundamentos dos efeitos positivos da música em pessoas com TEA, em alguns casos a musicoterapia pode se transformar em um elemento iatrogênico (que faz mal à saúde do indivíduo).

Conclusão

A musicoterapia tem sido uma prática fundamental para melhorar o desenvolvimento da pessoa com TEA. Entender como acontece o processamento auditivo musical no indivíduo com autismo e saber os efeitos da música em seu cérebro foram algumas exposições iniciais. Apresentamos a atuação dos elementos musicais para a conscientização corporal, as conexões afetivas e a aquisição da empatia. Também tratamos da evolução constante do cérebro e o movimento que a neuroplasticidade proporciona ao indivíduo em ampliar suas funções de regenerar-se e de expandir sua compreensão e intelectualidade.

Por fim, cabe salientar que a musicoterapia aplicada ao autismo tem sua importância científica e prática, evidenciando sua valência e, assim, devemos encorajar novas pesquisas sobre o tema.

Referências

BRÉSCIA, V. *Educação musical: bases psicológicas e ação preventiva*. Campinas: Átomo, 2003.

DEFINIÇÃO DE MUSICOTERAPIA. *Revista Brasileira de Musicoterapia*, Rio de Janeiro, UBAM, ano 1, n. 2, p. 4, 1996. Disponível em: <https://www.revistademusicoterapia.mus.br/ano-i-numero-2-1996/>. Acesso em: 15 fev. de 2022.

GATTINO, G. S. *Musicoterapia e autismo: teoria e prática*. São Paulo: Memnon, 2015.

NISENBAUM, E. *Prática da musicoterapia*. Rio de Janeiro: Enelivros, 1990.

OLIVER, L. *Psicopedagogia e arteterapia: teoria e prática na aplicação em clínicas e escolas*. Rio de Janeiro: Wak, 2011.

SEKEFF, M. *Da música, seus usos e recursos*. São Paulo: Editora Unesp, 2007.

TANGARIFE, S. *A pessoa com necessidades especiais, a música e a musicoterapia*. Rio de Janeiro: 2010. Disponível em: <https://docplayer.com.br/17681045-A--pessoa-com-necessidades-especiais-a-musica-e-a-musicoterapia.html>. Acesso em: 16 jun. de 2019.

37

O PEDIATRA E O AUTISMO

Neste capítulo, trago um relato diário do que muitas mães não deveriam passar. Faremos uma reflexão sobre qual é, de fato, o papel do pediatra, a dificuldade do diagnóstico e o que esperar nessa abordagem inicial. Falarei não só como pediatra, mas também como pai que viveu as deficiências, angústias e dificuldades desse processo chamado diagnóstico.

THIAGO CASTRO

Thiago Castro

Contatos
www.drthiagocastro.com.br
Instagram: @dr.thiagocastro

Médico pediatra, pós-graduado em Emergências e Urgências e pós-graduando em Desenvolvimento Infantil e Tratamento do Transtorno do Espectro Autista. Viver o autismo como pai e pediatra foi a maior graduação que pude ter sobre o assunto. Na teoria muito se fala, porém na prática é diferente. Falar de desenvolvimento infantil tornou-se algo diário e cada vez mais comum na rotina dos atendimentos realizados. E, desde então, venho me especializando no assunto e trabalhando com foco no desenvolvimento da criança.

Quando convidado para escrever este capítulo sobre o papel do pediatra e o diagnóstico no consultório, pensei muito na história do meu filho e das dores das muitas famílias que atendo. Mudam-se os nomes e as cidades, mas a história se repete.

Arrisco por vezes dizer que nem sempre é o profissional que faz o diagnóstico da criança autista, e sim os pais. Esses pais que já cansaram de não ser ouvidos ou de ouvir que tudo está bem e que "cada criança tem seu tempo". E são esses mesmos pais que notam diariamente seu filho com cada vez mais atrasos.

Então, vem o tempo para mostrar que a intuição do coração deles estava correta e às pessoas que sempre negaram resta apenas dizer: "De fato, seu(sua) filho(a) é autista".

Nesse momento, eles não procuram mais ajuda profissional para um diagnóstico. Agora, eles precisam saber o que fazer diante dele, quais caminhos a serem seguidos, terapias e perspectivas futuras. E isso é realmente triste, pois por vezes no processo até essa conclusão já se passaram meses (ou até anos) e perde-se uma janela importantíssima de aprendizado que poderia ter sido preenchida.

A dificuldade nesse processo se dá principalmente pela falta de domínio do assunto na atenção primária à criança. E quando um profissional diz para um pai ou mãe que é normal seu filho com dois anos ainda não falar, eles confiarão. Há vários motivos para isso acontecer e isso não é uma exclusividade do Brasil. A maioria dos profissionais não sai pronta para atender às condições adversas do neurodesenvolvimento.

Assim também foi comigo. Após terminar a residência de Pediatria, sabia muito pouco sobre atrasos de desenvolvimento e esse é o retrato de boa parte dos pediatras que se formam. Não sabemos verdadeiramente sobre o autismo, não entendemos sobre a Análise do Comportamento Aplicada (ABA, do inglês *Applied Behavior Analysis*), ainda que seja o tratamento padrão-ouro, e a maior parte dos profissionais sequer sabe sobre o Modelo Denver de Intervenção Precoce, intervenções naturalistas, estimulação sensorial ou comorbidades dentro do Transtorno do Espectro Autista (TEA). Além disso, há um desconhecimento das escalas de avaliação, como: VB-MAPP, CARS, ADOS, ADIR, entre outras.

Até mesmo os que dominam um pouco mais sobre o assunto ainda passam a mesma receita de bolo para todos: fonoaudiologia, terapia ocupacional e psicologia duas vezes por semana. E não se fala da rotina da criança, da importância da participação da família como coadjuvantes terapêuticos, retirada das telas e terapia comportamental com ABA.

A residência médica nos capacita a salvar vidas, saber o nome de todos os antibióticos e as respectivas bactérias nos quais agem. Decoramos dezenas de vírus diferentes, o nome de tumores com os quais talvez nunca lidemos, síndromes raras de poucos pacientes no mundo, mas afirmo veemente que o desenvolvimento infantil deveria ter uma parcela maior na formação da Pediatria.

De fato, eu não estaria aqui ou teria atendido centenas de crianças autistas se não fosse pelo fato de o meu filho ser um deles. O autismo na minha vida foi um despertar para saber sobre o assunto e aprender na teoria e na prática o que ele de fato é.

Pude, por meio de meu filho, perceber seu pouco interesse em crianças e falha em compartilhar interesses. Vi ele crescer e suas expressões faciais se tornarem cada vez mais frias e apáticas. Vivemos na pele a poda neural, em que uma semana ele estava realizando várias coisas e, na outra, várias habilidades existentes desapareciam. Por um período, tive a sensação de que havia um oco e meu filho havia caído ali e não conseguia voltar. A fala não vinha, a seletividade alimentar se tornou extrema e, infelizmente, vimos a autoagressão acontecer. Nosso Noah não respondia ao chamado, gostava de girar rodinhas, preferia nos levar até seu interesse em vez de apontar. O DSM-5 (APA, 2014) o descreveria perfeitamente em todas as suas esferas.

E foi durante nossas férias de outono, Noah com seus 15 meses, que minha sogra foi incisiva ao afirmar que algo não estava certo. Ela mesma marcou uma consulta com uma fonoaudióloga e fez a primeira avaliação do Noah. Dali veio a confirmação que nós, como pais, nos negávamos a ver.

Já fica aqui uma informação importante: uma avaliação inicial pode ser feita por vários especialistas na iminência de atraso. Além do fonoaudiólogo, podem ser consultados: terapeuta ocupacional, psicólogo, neuropedagogo, fisioterapeuta neurofuncional, entre outros.

Na época, os dois pediatras que o acompanhavam diziam estar tudo bem e que seu desenvolvimento era normal (muito provável que hoje tivessem uma abordagem diferente, afinal muita coisa mudou em cinco anos). E mesmo tendo dois pediatras, foi a avó quem encorajou a investigação inicial.

Como diz Andressa Ducosta: "Há pessoas que são sal, luz e fermento em nossas vidas", iluminando nosso caminho, dando sabor à vida e nos fazendo crescer. Assim são muitos familiares, como foi minha sogra. Estávamos mergulhados em negação quando ela nos puxou para fora.

Da mesma forma que atendo crianças cujas consultas são marcadas pelos pais, homens presentes que puxam a fila, há avós que prontamente se mostram presentes e querem saber qual o papel deles nessa nova jornada. É ótimo poder contar com uma rede de apoio nessa caminhada.

Mas o contrário é infelizmente o mais comum; por vezes, pessoas próximas atrapalham o processo. Quando uma mãe relata os atrasos para seus familiares, eles dizem que ela está exagerando, procurando coisa onde não há, e aquela mãe que havia criado coragem para falar de suas dores recebe um balde de água fria e se sente silenciada.

Em muitos casos, quando a mãe comenta sobre as dúvidas dos atrasos da criança com seu marido, ele, além de não ouvir, ainda retruca que ela está procurando doenças no seu filho. E quando aceita marcar uma consulta com o especialista, é muito mais para comprovar que a mãe está insana do que acreditando no atraso de seus filhos. Precisamos ouvir mais as mães.

Essas atitudes atrapalham o diagnóstico precoce. Seja a falta de perícia profissional da rede primária, seja a rede de apoio, ou a negação.

Em nosso caso, quando veio o diagnóstico, mesmo com plano de saúde, acesso à informação, contatos médicos e uma rede de apoio sólida, ainda demorou para encontrarmos o caminho. Saíamos das consultas com mais dúvidas do que entrávamos.

Longos 14 meses se passaram até estarmos no caminho adequado. Receber o diagnóstico é o primeiro passo, porém ter a certeza de que está tudo certo é outra. Diante disso, acredito no papel fundamental do pediatra no autismo.

Precisamos urgentemente dizer aos nossos pediatras que estão presentes na vida da criança desde o primeiro dia de vida poderiam perceber sinais de maneira verdadeiramente precoce na criança autista.

Digo isso, pois o pediatra é o médico do desenvolvimento infantil e deve estar atento aos marcos que devem ser atingidos. O profissional precisa saber todas as habilidades cognitivas adquiridas e saber exatamente quantas palavras a criança deve falar aos 12, 24 e 36 meses. Além disso, deve guiar, cuidar, suplementar e proteger esse pequeno. E quando digo que os médicos deveriam se preocupar menos com doenças e mais com esse olhar aguçado aos detalhes do desenvolvimento, por vezes sou considerado antiquado.

Claro que o autismo recebe o nome de espectro por ser uma soma de sintomas e sinais tão amplos e complexos que seria difícil colocar todos nos parâmetros. Porém, quando temos estatísticas que mostram que a cada quarenta crianças, uma será autista, não é possível não se alarmar diante disso e notar a importância do diagnóstico com o profissional que acompanha essa criança desde cedo.

Em um mundo ideal, seria perfeito se tivéssemos neuropediatras e psiquiatras infantis para cada criança autista que precisa de avaliação, mas vemos que por vezes essas crianças ficam meses em filas de espera para uma consulta, ou pior, em razão da amplitude geográfica do Brasil, ter um especialista próximo é algo que talvez nunca aconteça.

Quando uma família procura um especialista, é provável que muitos sintomas já estejam acentuados. E se nós, pediatras, pudermos avaliar antes, iniciaremos uma estimulação precoce ideal.

Tenho vários pacientes em tratamento antes mesmo do primeiro ano de vida. Não se trata necessariamente de ter um diagnóstico fechado nessa etapa inicial da vida, mas sim iniciar o tratamento antes mesmo de qualquer avaliação. Tendo atrasos, é necessário estimulação. E as terapias e mudanças de hábitos servem para os sintomas e não requerem que se tenha um laudo em mãos.

A verdade é que essas mães carregam duas toneladas em suas costas. Levam a cobrança de ser uma melhor mãe, mulher, esposa. E essa cobrança corrói, esfacela e machuca. A mãe sofre suas dores e as de sua família. E quando chega um diagnóstico, tudo se intensifica.

Estar diante ao autismo não é tarefa fácil para o profissional e muito menos para a família. Nesse momento, são necessários muita paciência, respeito e empatia. Ser duro quando necessário e amável quase sempre.

Para o êxito do tratamento, é necessário que o profissional entenda detalhes da vida diária dessa criança e de sua família. Conseguimos melhorar comportamentos exacerbados com medidas simples, como: ajustar horário de dormir e acordar, cultivar hábitos saudáveis durante o dia, retirar dispositivos que são deletérios ao comportamento e, mesmo diante da seletividade alimentar, buscar alternativas e suplementações que ajudem esse corpo a ter mais em equilíbrio. Para nada disso precisa-se de terapias, apenas boa vontade do profissional e da família.

Para o autismo, é preciso mostrar com clareza a importância das terapias com intensidade, quantidade e continuidade. Sair da consulta médica com um diagnóstico e um papel com algumas terapias é muito pouco diante do que essa família terá pela frente. É importante que ela saiba sobre seus direitos, sobre a possibilidade de contar com um tutor em sala de aula e coisas básicas do dia a dia que podem fazer uma enorme diferença.

É necessário pegar na mão dessa família e dizer que pediatra e família estarão juntos e que dará certo. E fazendo o tratamento adequado, não há por que não termos resultados positivos.

Eu acredito em um papel muito maior do pediatra no autismo. Podemos fazer muita diferença na vida diária dessa criança, olhar para ela como um todo, cuidar de sua família, entender aspectos sociais, cuidar do sono, rotina, alimentação, suplementações, sua saúde física e mental. Ser seu PEDIATRA.

Termino com um questionamento muito comum no consultório. Quando uma família me pergunta sobre o futuro de seu filho e o porquê de tudo isso, digo sempre: "Há coisas que estão além da minha ou sua compreensão. Filhos são bênçãos e permissão de Deus, e cabe ofertarmos todo nosso possível, pois isso é ser pai".

E é diante o autismo que me tornei um pai e profissional melhor.

Que Deus abençoe a vida de cada um de nós.

Referência

AMERICAN PSYCHIATRIC ASSOCIATION (APA). *Manual diagnóstico e estatístico de transtornos mentais*: DSM-5. 5. ed. Porto Alegre: Artmed, 2014.

38

TELEATENDIMENTO NO AUTISMO

O intuito deste capítulo é informar aos pais a possibilidade de orientação parental e supervisão de terapeutas a distância e, além disso, como o atendimento on-line também é capaz de promover o desenvolvimento e sanar os atrasos da criança. Por meio da dedicação e da disposição, aliadas ao comprometimento dos pais, somos capazes de colher muitos frutos, atuando no nosso principal objetivo de alcançar a autonomia e independência da criança, eliminando os atrasos em seu desenvolvimento.

PALOMA URCIA PRAT SACOLITO

Paloma Urcia Prat Sacolito

Contatos
palomaups@hotmail.com
11 97400 1525

Psicóloga graduada pela Universidade Presbiteriana Mackenzie, com pós-graduação em Análise do Comportamento Aplicada (Faculdade Inspirar). Experiência com crianças com desenvolvimento atípico em escolas, residências e clínicas. Experiência com supervisões e *coaching* parental presenciais e on-line a pais e profissionais na abordagem da Análise do Comportamento Aplicada (ABA). Realizou cursos de capacitação em Transtorno do Espectro Autista , ABA e Estratégias Naturalistas no Autismo e Neurociências do Autismo.

> Em 2011, a agência federal que avalia a base de dados para os tratamentos (Agency for Healthcare Research and Quality) publicou uma revisão sistemática da intervenção precoce intensiva para as PEA. Concluiu 34 ensaios clínicos de intervenção precoce na sua revisão. A agência concluiu que as evidências mostram que uma intervenção comportamental intensiva e precoce conduz a melhores resultados cognitivos e de linguagem. Uma descoberta proveniente de muitos destes estudos é que as crianças tinham melhores resultados se os pais aprendessem a utilizar em casa estratégias de intervenção precoce semelhantes às que os terapeutas usavam nas terapias.
> (SALLY ROGERS, GERALDINE DAWSON E LAURIE VISMARA, *Autismo – Compreender e Agir em Família*)

Introdução

Vocês devem estar se perguntando: "Certo, mas como eu consigo aprender as melhores estratégias para estimular meu filho com um atendimento a distância?". Pode deixar que vou mostrar como isso pode e dá certo.

A pandemia da covid-19 trouxe perdas irreparáveis para todos nós, e foi nela que foi preciso que nos reinventássemos em diversas situações, principalmente no trabalho. Com isso, fomos afetados nos atendimentos das crianças, que não podiam mais ser presenciais. A maioria dos psicólogos que não tinha demandas específicas, como Transtorno do Espectro Autista (TEA), migrou para o atendimento on-line, mas ficou a indagação: como fazer isso funcionar no nosso caso?

A primeira informação importante aparece na citação do início do capítulo: a literatura científica já reconhece a importância dos pais no tratamento. Quando falamos sobre aprendizagem, um dos principais fatores a ser considerado é o da generalização. Existem alguns critérios adotados para sabermos se de fato aprendemos aquilo, por exemplo: um método de estudo de decorar respostas para uma prova é capaz de gerar aprendizado ou somente fazer com que você se lembre de responder às questões da prova e, após dois dias, se esqueça do conteúdo estudado?

Assim é que se dá o funcionamento do nosso cérebro: podemos dizer que aprendemos aquilo quando absorvemos o conteúdo de fato, quando repetidas vezes eu consigo inserir o conteúdo aprendido, seja explicando a algumas pessoas, seja executando na prática por alguns dias consecutivamente. O critério de generalização mais comum que adotamos nos planos de intervenção é que a criança execute aquele comportamento-alvo com pelo menos três pessoas diferentes, em dois ambientes diferentes. Mas o que isso significa e aonde eu quero chegar com essas explicações?

Muitos pais, quando iniciam o tratamento da criança dentro do espectro, não têm informação suficiente sobre a importância da continuidade e da participação ativa deles no tratamento, e acreditam que somente com a terapia feita pelo(a) psicólogo(a) na clínica o filho conseguirá ter os resultados necessários. Mas como a criança vai absorver o conteúdo aprendido na terapia com o(a) psicólogo(a) se ela não tiver oportunidades para aplicar isso em outros contextos, como escola e casa, e com pessoas diferentes, como pais e professores?

Foi aí que entendemos que mesmo os pais dos pacientes que passavam conosco no atendimento presencial precisavam de ao menos uma hora semanal de orientação sobre Análise do Comportamento Aplicada (ABA, do inglês *Applied Behavior Analysis*) e, principalmente, sobre como poderiam acessar e interagir com seus filhos agora que (no caso da pandemia) eles ficariam sem as terapias dos(as) psicólogos(as).

Antes, o tempo que tínhamos de troca com estes pais eram os dez últimos minutos da sessão com a criança, em que dávamos o *feedback* (aliás, algo de extrema importância a se fazer e ficarem de olho se fazem – pais, cobrem os(as) terapeutas que não o fazem, vocês precisam saber o que está sendo trabalhado com seu filho, quais comportamentos disruptivos teve na sessão e qual foi a conduta do(a) terapeuta para vocês poderem aplicar a mesma estratégia em casa. E terapeutas, se vocês não estão fazendo, é de extrema importância tornar os pais nossos aliados, assim podemos alcançar resultados incríveis e satisfatórios para ambos).

Não adianta falarmos em ABA sem entender o papel fundamental dos pais no tratamento, principalmente pensando nos famosos comportamentos disruptivos. É de extrema importância que os pais anotem todos estes comportamentos e passem para o(a) psicólogo(a) coordenador(a) do caso, e que este(a) crie um Protocolo de Manejo de Comportamentos Disruptivos; como vocês já devem saber, quando se trata de ABA, é preciso constância e repetição. E, sim, conseguimos fazer tudo isso no atendimento on-line; vou contar um pouco da estrutura dos atendimentos que faço.

As primeiras sessões

Como de praxe, a primeira sessão é a anamnese, a coleta dos dados de desenvolvimento e da rotina, quando eu vou conhecer mais as demandas da criança. Porém, diferentemente da maior parte dos outros profissionais, deixo os últimos 15 minutos da sessão para perguntar aos pais e explicar de forma rápida o que é ABA e o que é o autismo, sendo um momento de acolhimento, já que eles estão cheios de dúvidas e angústias com diagnósticos recém-fechados (ou suspeitas) e não sabem onde encontrar esperanças e onde buscar informações a respeito. Nas próximas sessões, aplicamos uma avaliação que checa todas as competências do desenvolvimento e que é respondida pelos pais em sua maioria (quando estes não sabem alguma das respostas, peço e, se necessário, ensino como eles podem aplicar a demanda com a criança e testar) e coleto todos os dados, principalmente para identificarmos os atrasos no desenvolvimento da criança e, posteriormente, montarmos o plano de intervenção. Na quarta sessão ocorre a devolutiva, em que os pais conseguem compreender o quanto os filhos estão atrasados e falamos sobre a importância da intervenção precoce e de iniciar as estimulações o quanto antes. Também aproveito o momento para passar para vocês que estão lendo algumas das orientações que dou para os pais, e que podem ser bem valiosas.

Usamos algumas escalas de desenvolvimento infantil para avaliar se as crianças estão atingindo os marcos de desenvolvimento esperados para sua idade. Esses marcos foram pesquisados mundialmente por especialistas e, assim, conseguimos estimar quais são os atrasos daquela determinada criança e o quão atrasada ela está proporcionalmente a sua idade. Exemplo: se uma criança de quatro anos não responde a itens da avaliação esperados para crianças de dois anos, ela está metade da sua vida atrasada. E, diferentemente do que alguns pais pensam, não são bons sinais quando a criança possui muitos atrasos, pois além de isso afetar diretamente na interação dela com o meio e as pessoas com as quais convive, se eles não forem tratados precocemente, o mais provável é que se acumulem, ou seja, se os atrasos de uma criança de quatro anos avaliada não forem tratados, provavelmente quando ela estiver com 20 anos, não estará dois anos atrasada, e sim 10, o equivalente a metade da vida dela.

Por isso, hoje já temos muitas informações vindas de estudos dos maiores centros de desenvolvimento infantil sobre a importância da intervenção precoce, também encontramos informação de fácil acesso na internet, em fontes seguras e confiáveis (busquem verificar isso sempre), sobre marcos do desenvolvimento e sinais que podem ser observados desde cedo na criança.

Caso esses sinais sejam constatados, se faz necessária a procura de estimulação imediata em virtude da famosa neuroplasticidade, outro tema abordado com os pais nessa sessão de devolutiva.

A importância da intervenção precoce e a quantidade de horas de Análise do Comportamento Aplicada

A neuroplasticidade é a capacidade que o cérebro tem de criar conexões, ou seja, de aprender coisas novas, e quanto mais novos somos, mais neuroplasticidade temos. Isso significa que o quanto antes os pais conseguirem observar os atrasos nas crianças e começarem as estimulações, mais chances as crianças têm de sanar esses atrasos, proporcionando para o cérebro que estava arquitetado de determinada maneira, que ele tenha novas conexões e estas sejam funcionais e adequadas.

Com isso, falo para os pais sobre a quantidade de horas de terapia ABA que os artigos científicos nos mostram para que novas redes neurais sejam formadas. Atualmente, sabe-se que o mínimo ideal são 15 horas semanais. E é nessa hora que os pais nos questionam muito: "Mas como conseguir dar conta de tantas horas?". Geralmente indico (em casos que há esta possibilidade) que haja um(a) acompanhante terapêutico(a) para aplicar pelo menos 10 horas semanais, que dão duas horas por dia, e as cinco horas restantes sejam divididas entre pai e mãe estimulando. Neste caso, os pais conseguem combinar de formas variadas e de acordo com o melhor para a rotina deles. Exemplo: segunda-feira e quarta-feira, a mãe faz uma hora depois do jantar; terça-feira, quinta-feira e sexta-feira, o pai realiza.

Dessa forma, os pais finalizam a quarta sessão de atendimento on-line já bastante orientados sobre o autismo, sobre ABA, sobre a quantidade de horas e, principalmente, sobre o poder que eles podem ter sobre o desenvolvimento de seus filhos, quando orientados com base na ciência da Análise do Comportamento Aplicada.

Treinamento para os pais

Com o término da sessão de devolutiva, o próximo passo é dar início ao treinamento para os pais e, aqui, é importante que todas as pessoas que têm contato frequente com a criança na maior parte dos dias dediquem-se a participar deste treinamento (eu já tive oportunidade de treinar pais, avós, tios, irmãos, primos, babá e o(a) acompanhante terapêutico(a)). Neste momento, se inicia a jornada de organizar uma rotina nova não somente para a criança, mas para família inteira.

A procura do(a) acompanhante terapêutico(a) geralmente é um dos momentos mais difíceis para os pais, em que há frustrações por não encontrar ninguém e um sentimento de impotência por acharem que, se não encontrarem, não teremos esperanças de evolução para a criança. Além disso, há uma questão relacionada com a intimidade da casa, que precisará ser exposta a uma nova pessoa (na maioria das vezes), que passará a frequentar a casa todos os dias e a cuidar de um tema tão importante como a estimulação do seu filho, o que por si só já conta com algumas pitadas de expectativas depositadas em cima dessa pessoa.

Por isso e para não precisarmos depositar uma carga grande em cima de uma pessoa só e conseguirmos estimular o máximo que pudermos, é que propomos o treinamento para os pais.

O treinamento tem por base principalmente os capítulos 4, 5 e 6 do livro *Autismo: compreender e agir em família*, de Sally Rogers, Geraldine Dawson e Laurie A. Vismara. Este livro conta com estratégias naturalistas para a aplicação da terapia comportamental com foco na Análise do Comportamento Aplicada e é voltado para o público familiar, portanto, além de conter uma linguagem de fácil entendimento para os pais, também descreve situações parecidas com as que os pais estão passando ou já passaram com seus filhos.

E agora? O treinamento acabou, e os próximos passos?

Estão enganados se acham que, ao finalizarem este treinamento, vocês já conseguem seguir sozinhos, até porque na teoria parece tudo muito bonito e fácil, mas na prática é natural que haja bastantes dificuldades e surgirão muitas dúvidas. Por isso, sim, é de extrema importância que vocês, pais (cuidadores no geral), que passam a maior parte do tempo com essa criança, permaneçam em constante orientação semanal (no mínimo, uma hora na semana). Mas por que no mínimo? O que seria necessário realizar em outras horas de orientação? Pais, em meio a todo este processo de aprender as melhores técnicas para acessá-lo, finalizamos o treinamento entregando o Programa de Intervenção Comportamental com os objetivos a serem trabalhados na terapia. Agora, juntando as técnicas aprendidas na teoria e prática dos vídeos, também precisaremos acrescentar os objetivos e mensurá-los com frequência para poder acompanhar devidamente a evolução da criança.

Neste momento, começo a mostrar para os pais como o complemento de estimularem em cada momento que conseguirem se faz necessário para cumprirmos o critério de generalização, explicado no início do capítulo. É quando eles entendem na prática a necessidade de que todos que têm contato com a criança estejam alinhados, seguindo para os mesmos objetivos, lembrando que conquistaremos nossas metas com constância e repetição.

Relatos dos pais

"Somos uma família brasileira que mora na Alemanha, viemos para cá quando nosso filho tinha cinco meses, eu mãe de primeira viagem, completamente perdida em relação a desenvolvimento infantil, estava em um país que não falava a língua e não tinha parentes nem amigos como rede de apoio.

Por volta de 16 meses dele, comecei a me preocupar, pois ele começou a perder algumas habilidades como dar tchau, mandar beijo e amava o abrir e fechar das portas. Decidimos então procurar ajuda médica.

Em todos os médicos que levávamos, a resposta era sempre a mesma: ele está bem, você só precisa colocá-lo na escolinha, mas eu sempre saía frustrada e sabia que as coisas não ficariam bem.

Passados alguns meses, decidimos procurar ajuda no Brasil, e aí entra o atendimento on-line. Sou grata a Deus por ter nos dado a oportunidade de conhecer a Paloma, uma pessoa incrível que conseguiu nos ajudar ultrapassando a fronteira com atendimento on-line e que esteve de mãos dadas conosco nessa caminhada que foi árdua, mas que trouxe um resultado excelente no desenvolvimento do nosso filho.

Hoje Benjamin não apresenta mais atrasos, fala português e alemão, frequenta a escolinha, tem muitos amigos, ama fazer manobras na rampa de bicicleta, arrisca no violão com o papai e é dono do sorriso mais maravilhoso deste mundo.

Ainda continuamos com os atendimentos on-line em forma de manutenção, mas posso afirmar com propriedade que esse formato de atendimento, com o empenho da família, pode gerar resultados incríveis".

Gabrielle e Gabriel Marchini

Referência

ROGERS, S. J.; DAWSON, G.; VISMARA, L. A. *Autismo: compreender e agir em família*. Lisboa: Lidel, 2015.

39

DIREITOS DO AUTISTA

Neste capítulo, falaremos sobre os direitos da pessoa com Transtorno do Espectro Autista na área da educação, saúde, transporte, lazer, trabalho, previdência, benefícios assistenciais, moradia, capacidade civil, documentos, deveres legais e discriminação, para que a pessoa com autismo possa exercer seus direitos em igualdade de condições com as demais pessoas.

CARLA BERTIN

Carla Bertin

Contatos
www.autismolegal.com.br
www.app.autismolegal.com.br
contato@autismolegal.com.br

Contabilista, advogada, especialista em: intervenções precoces no autismo; inclusão e direitos da pessoa com deficiência. Blogueira, palestrante, *advocacy*, divulgadora dos direitos da pessoa com deficiência, em especial da pessoa com autismo, e autora do *e-book Direitos do autista*, já distribuído para mais de 60 mil pessoas. É mãe de um pré-adolescente com 11 anos, Gabriel, diagnosticado no Transtorno do Espectro Autista aos 3 anos de idade. Desde que recebeu o diagnóstico de seu filho, se apaixonou pelo autismo e por tudo o que envolve o espectro e, com seu marido, José Carlos, iniciaram o projeto Autismo Legal™, maior projeto de divulgação dos direitos do autista do Brasil.

> *Se um pode, todo mundo pode.*
> *Se um não pode, ninguém pode.*
> GABRIEL BERTIN, autista, 10 anos

Introdução

Em dezembro de 2021, o Centro de Controle e Prevenção de Doenças dos Estados Unidos (Centers for Disease Control and Prevention – CDC), referência em saúde no mundo, publicou um novo estudo estatístico de prevalência de autismo.

Baseados em dados coletados em 2018, a estimativa foi de que 1 a cada 44 crianças de 8 anos de idade nos EUA é diagnosticada com autismo.

Sempre ouvimos falar em 2 milhões de autistas no Brasil. De acordo com o IBGE, somos 213 milhões de brasileiros. Se usarmos o índice do CDC, concluímos que temos mais de 4 milhões de autistas no Brasil.

Nos arts. 5º e 6º da Constituição da República Federativa do Brasil, está claro que:

Art. 5º Todos são iguais perante a lei, sem distinção de qualquer natureza, garantindo-se aos brasileiros e aos estrangeiros residentes no País a inviolabilidade do direito à vida, à liberdade, à igualdade, à segurança e à propriedade...

Art. 6º São Direitos sociais a educação, a saúde, a alimentação, o trabalho, a moradia, o transporte, o lazer, a segurança, a previdência social, a proteção à maternidade e à infância, a assistência aos desamparados, na forma desta constituição.

Apesar da nossa constituição ser muito clara em relação ao direito de igualdade de todas as pessoas, as com o Transtorno do Espectro Autista (TEA) ainda eram mantidas à margem da sociedade.

Muitas legislações e tratados internacionais foram criados para proteção dos direitos humanos e da pessoa com deficiência, entretanto as pessoas com autismo ainda permaneciam no limbo da sociedade.

No final de 2012, após muito trabalho, em especial de famílias de pessoas com autismo, foi publicada a Lei n. 12.764/2012, que instituiu a Política Nacional de Proteção dos Direitos da Pessoa com Transtorno do Espectro Autista, também conhecida como Lei Berenice Piana.

Esta lei foi um divisor de águas para os direitos da pessoa com Transtorno do Espectro Autista, porque, a partir dessa Lei, a pessoa com Transtorno do Espectro Autista foi considerada pessoa com deficiência, para todos os efeitos legais.

Entre vários direitos reconhecidos nesta Lei, destacamos alguns que estão em seu art. 3º:

I. a vida digna, a integridade física e moral, o livre desenvolvimento da personalidade, a segurança e o lazer;
II. a proteção contra qualquer forma de abuso e exploração;
III. o acesso a ações e serviços de saúde, com vistas à atenção integral às suas necessidades de saúde, incluindo:
   a. o diagnóstico precoce, ainda que não definitivo;
   b. o atendimento multiprofissional;
   c. a nutrição adequada e a terapia nutricional;
   d. os medicamentos;
   e. informações que auxiliem no diagnóstico e no tratamento;
IV. o acesso:
   a. à educação e ao ensino profissionalizante;
   b. à moradia, inclusive à residência protegida;
   c. ao mercado de trabalho;
   d. à previdência social e à assistência social.

Parágrafo Único: Em casos de comprovada necessidade, a pessoa com Transtorno do Espectro Autista incluída nas classes comuns de ensino regular... terá direito a acompanhante especializado.

Antes de falarmos sobre os direitos, é importante entendermos quem é a pessoa com deficiência. A Lei Brasileira de Inclusão, no art. 2º, define:

> Considera-se pessoa com deficiência aquela que tem impedimento de longo prazo de natureza física, mental, intelectual ou sensorial, o qual, em interação com uma ou mais barreiras, pode obstruir sua participação plena e efetiva na sociedade em igualdade de condições com as demais pessoas.

O ponto principal está em garantir a participação de forma plena e efetiva da pessoa com deficiência, em igualdade de condições com as demais pessoas. Portanto, não estamos falando em "um pouquinho de direitos" ou o que quiserem oferecer.

A lei é clara e fala em igualdade de condições. Mas, afinal de contas, quais são estes direitos?

Vou dividir os direitos em categorias para facilitar a compreensão de todos, lembrando que cada direito tem seus requisitos, formulários, documentos e detalhes específicos e todos estão no *site* do projeto Autismo Legal™.

Educação

As pessoas com autismo têm o direito de estarem matriculadas, preferencialmente em escola regular, e quem define se será na escola regular ou especial é a pessoa com autismo ou seus responsáveis.

Não existe limite de alunos de inclusão por turma, portanto, se houver vaga para a turma e horário pretendido, negar por qualquer motivo que não seja a falta de vaga é considerado discriminação.

A adaptação é direito em qualquer grau de instrução, podendo ser adaptação de currículo, material e avaliação, desde que necessárias para que proporcione ao aluno com autismo as melhores oportunidades de aprendizado.

O aluno com autismo tem direito ao profissional de apoio escolar, desde que seja necessário, lembrando que essa necessidade deve ser comprovada por laudo médico e relatórios dos profissionais e não pode ser cobrado absolutamente nada a mais por esse profissional. Vale lembrar que, apesar de muitas pessoas divulgarem, de acordo com a lei, não existe isenção na mensalidade para autistas.

Esses direitos são garantidos tanto em escolas públicas quanto em escolas particulares.

O autista tem direito de concorrer a vagas para pessoas com deficiência (PCD) em vestibulares, além de correção, tempo e local de provas adaptadas às suas necessidades devidamente comprovadas.

Transporte

O transporte municipal pode ser gratuito para todos ou para pessoas de baixa renda, devendo ser solicitado na Secretaria de Transporte do município.

Para as pessoas que não conseguem andar com transporte coletivo, é possível ter o direito ao transporte individual municipal, desde que justificada a necessidade por laudos.

O transporte interestadual é gratuito para autistas de baixa renda e seus acompanhantes (desde que necessário) por meio do Passe Livre (de acordo com as regras).

É possível desconto de 80% da passagem aérea para o acompanhante do autista que necessita de assistente pessoal (de acordo com as regras).

Vaga especial de estacionamento pode ser um direito, desde que tenha o cartão DEFIS, emitido pela Secretaria de Transporte do município.

Isenção de Imposto sobre Produtos Industrializados (IPI) para compra de veículo novo (de acordo com as regras) deve ser solicitada, on-line, diretamente no site da Receita Federal.

Isenção de Imposto sobre Circulação de Mercadorias e Serviços (ICMS) para compra de veículo novo e de Imposto sobre a Propriedade de Veículos Automotores (IPVA) para veículo novo ou usado (de acordo com as regras) deve ser solicitada on-line, diretamente no site da Secretaria da Fazenda Estadual.

Isenção do rodízio na capital de São Paulo deve ser solicitada, on-line, no site da Prefeitura.

Trabalho

Empresas com mais de 100 empregados devem oferecer vagas para PCD. Deixando claro que a pessoa não precisa, mas pode concorrer à vaga PCD.

Deve haver adaptação no ambiente, horário, treinamentos e oportunidades para que a pessoa com autismo possa participar em igualdade de condições no mercado de trabalho, lembrando que a pessoa com autismo não pode ter salário inferior em razão de sua deficiência.

A pessoa com autismo tem direito de concorrer a vagas PCD em concursos, além de correção, tempo e local de provas adaptadas às suas necessidades devidamente comprovadas.

Lazer

Meia-entrada para a pessoa com autismo e seu acompanhante (desde que necessite) em eventos culturais, esportivos, artísticos e de lazer, para qualquer local que cobre ingresso.

Alguns locais concedem gratuidade para o autista, mas lembramos que isso é uma liberalidade do estabelecimento, pois a lei não obriga a gratuidade.

Nenhuma pessoa pode ser impedida de ingressar ou participar em razão de sua deficiência. Caso isso aconteça, denuncie: é discriminação.

Prioridade

O atendimento prioritário/fila preferencial é um direito federal, que vale em todo a Brasil, em locais públicos ou privados (tenha como comprovar o autismo, por meio de documento ou laudo).

Em estabelecimentos de saúde, somente as urgências e emergências passam na frente.

A prioridade existe em processos judiciais, administrativos e inclusive na restituição do Imposto de Renda Pessoa Física (IRPF) (veja detalhes sobre IRPF).

Benefícios sociais

Cadastro Único é essencial para os benefícios sociais e deve ser atualizado em no máximo 2 anos. É a porta de entrada para vários benefícios como o Auxílio Brasil, tarifa social de energia elétrica etc.

O Cadastro Único é feito no Centro de Referência e Assistência Social (CRAS).

A pessoa com autismo de baixa renda pode receber o Benefício de Prestação Continuada (BPC), também conhecido como LOAS, um benefício social mensal de 1 salário mínimo. Solicite no site MEU INSS ou pelo telefone 135 (as regras devem ser observadas com atenção).

O autista que recebe o BPC/Loas que retornar ao mercado de trabalho pode ter direito ao valor mensal de meio salário mínimo de Auxílio Inclusão (é necessário observar todas as regras). A solicitação é feita ao INSS.

Vida civil

A pessoa com autismo a partir dos 18 anos é absolutamente capaz para todos os atos da vida civil e somente poderá ter alguns direitos de natureza patrimonial limitados por meio do processo de curatela, desde que seja necessário.

Existe a possibilidade da tomada de decisão apoiada em juízo, para autistas adultos (é necessário observar as regras).

O RG com identificação da deficiência é obrigatório em todos os estados. A informação pode ser incluída ou retirada a pedido da pessoa com autismo ou seu responsável (as regras podem ser diferentes em cada estado).

Título de eleitor é obrigatório para todos acima de 18 anos.

Alistamento militar é obrigatório para homens com mais de 18 anos.

A carteira de identificação do autismo ou CIPTEA é um documento opcional e gratuito para as pessoas com autismo. Deve-se verificar as regras para emissão em cada município ou estado.

Sobre a Carteira Nacional de Habilitação (CNH), desde que a pessoa com autismo passe nas avaliações, será habilitada como qualquer outra pessoa, lembrando que não existe CNH diferente em razão do autismo.

Aposentadoria

Para quem trabalha e contribui para o INSS, é possível se aposentar com regras diferenciadas, que variam de acordo com o sexo, idade e grau do autismo (verificar as regras específicas).

Pensão por morte

O autista pode receber a pensão por morte de seus pais, em 100% do valor, de acordo com a lei. É necessário comprovar a deficiência e a dependência financeira (verificar as regras).

Moradia

Autistas jovens e adultos em situação de dependência e com vínculos familiares fragilizados têm direito à residência inclusiva, com cuidados terapêuticos e sociais constantes.

Essas residências têm caráter assistencial e são oferecidas pela iniciativa privada ou pelo Sistema Único de Assistência Social (SUAS).

Jovens e adultos com maior autonomia podem ter direito à moradia para vida independente, com apoios para aumentar sua autonomia e independência.

Esse tipo de residência, infelizmente, apesar de previsto em lei, ainda não foi implementado pelo governo, sendo encontrado somente na iniciativa privada.

Saúde

Saúde é um direito de todos e a medicação ou alimentação especial pode ser concedida gratuitamente (de acordo com regras específicas). Deve ser solicitada nas unidades básicas de saúde.

Autismo não é doença preexistente, portanto carência estendida é totalmente ilegal. Todas as terapias prescritas e justificadas pelo profissional da área médica devem ser cobertas pelo plano de saúde ou pelo Sistema Único de Saúde por intermédio de profissionais qualificados e na quantidade de horas prescritas.

Caso o plano de saúde ou a prefeitura não tenham profissionais de acordo com o prescrito, ou para caso o plano de saúde não atenda dentro do prazo limite, estes podem ser obrigados a reembolsar os serviços realizados em clínicas particulares (devem ser vistos todas as regras e prazos).

Deve-se abrir uma reclamação na ouvidoria do plano e anotar o número do protocolo. Logo em seguida, deve ser feita uma reclamação na Agência Nacional de Saúde Suplementar (ANS) pelo site ou telefone 0800-701-9656. Também pode ser feita uma reclamação no Procon do respectivo estado.

Se nada acontecer, deve-se buscar a Defensoria Pública ou um advogado de confiança, pois em juízo a conduta muda totalmente.

Para pais

Funcionário público com estabilidade pode ter redução de até 50% do horário sem redução da remuneração (de acordo com as regras).

Pais podem sacar o Fundo de Garantia por Tempo de Serviço (FGTS) para pagamento de terapias (de acordo com as regras).

Pais de quem recebe BPC/Loas podem contribuir para o INSS em 5% do salário mínimo e ter direito à aposentadoria (de acordo com as regras).

Crime de discriminação

Toda forma de distinção, restrição ou exclusão; fazer ou deixar de fazer com intenção ou sem intenção, que tenha como resultado prejudicar, impedir anular direitos ou liberdades fundamentais é considerado discriminação, portanto, crime, que deve ser denunciado aos órgãos competentes.

As denúncias devem ser feitas junto aos órgãos fiscalizadores, como Ministério Público, Secretaria de Saúde, Secretaria de Educação, Defensoria Pública, OAB e registre o BO por discriminação, art. 4º e 88 da LBI.

Todos os detalhes, regras específicas, formulários e links estão no nosso site, www.autismolegal.com.br ou no QR code abaixo.

Referências

BRASIL. Presidência da República. Casa Civil. Subchefia para Assuntos Jurídicos. Constituição da República Federativa do Brasil de 1988. Brasília, 1988. Disponível em: <http://www.planalto.gov.br/ccivil_03/constituicao/constituicao.htm>. Acesso em: 26 fev. de 2022.

BRASIL. Presidência da República. Casa Civil. Subchefia para Assuntos Jurídicos. Decreto n. 6.949, de 25 de agosto de 2009. Promulga a Convenção Internacional sobre os Direitos das Pessoas com Deficiência e seu Protocolo Facultativo, assinados em Nova York, em 30 de março de 2007. Disponível em: <http://www.planalto.gov.br/ccivil_03/_ato2007-2010/2009/decreto/d6949.htm>. Acesso em: 26 fev. de 2022.

BRASIL. Presidência da República. Casa Civil. Subchefia para Assuntos Jurídicos. Lei n. 12.764, de 27 de dezembro de 2012. Institui a Política Nacional de Proteção dos Direitos da Pessoa com Transtorno do Espectro Autista; e altera o § 3º do art. 98 da Lei nº 8.112, de 11 de dezembro de 1990. Disponível em: <http://www.planalto.gov.br/ccivil_03/_ato2011-2014/2012/lei/l12764.htm>. Acesso em: 26 fev. de 2022.

BRASIL. Presidência da República. Secretaria-Geral. Subchefia para Assuntos Jurídicos. Lei n. 13.146, de 6 de julho de 2015. Institui a Lei Brasileira de Inclusão da Pessoa com Deficiência (Estatuto da Pessoa com Deficiência). Disponível em: <http://www.planalto.gov.br/ccivil_03/_ato2015-2018/2015/lei/l13146.htm>. Acesso em: 26 fev. de 2022.

40

SONHAR, AGIR E TRANSFORMAR; CAPACITAR PARA CUIDAR

Nas linhas a seguir, vocês testemunharão um sonho se tornando realidade. Eu acreditei que poderia ser uma ferramenta para transformar a vida de muitas famílias, mas na verdade, durante o processo, percebi que eu fui a mais transformada...

INDIHARA HORTA

Indihara Horta

Contatos
Indihara@kuzolamona.com
Instagram: @indiharahorta

Fonoaudióloga (Faculdade Santa Terezinha) CEST 2003-CRFa 9195/Brasil; especialista em Motricidade Orofacial – Hospital do Câncer AC Camargo; especialista em Fonoaudiologia Clínica – Hospital Beneficência Portuguesa – SP; especialista em Autismo e Deficiência Intelectual- CBI of Miami; certificação Internacional em Integração Sensorial de Aires – USC University; certificada no modelo PROMPT (The Prompt Institute) PECS; aplicadora terapeuta ABA – Grupo Gradual; treinamento profissional em Intervenção Precoce Naturalista (Modelo Denver) - Instituto Farol; experiência no tratamento fonoaudiológico do TEA há 8 anos; especializanda em Análise do Comportamento Aplicada ao Autismo e DI – CBI; sócia-proprietária e diretora técnica do Centro de Desenvolvimento Infantil Kuzola Mona, em Angola; diretora-fundadora do projeto social Capacitar para Cuidar, em Angola.

Acredito que tudo nasce de um sonho e de uma convicção. Eu sou Indihara Horta, nasci em uma pequena cidade chamada Arari, no interior do Maranhão, onde passei a minha infância nos corredores de um pequeno hospital e maternidade, propriedade de meu pai, médico obstetra.

Ali eu ouvia o choro das crianças ao nascer e a alegria de seus pais. Cresci com um respeito pela vida e um grande amor pelo universo infantil. Um dia, aos 12 anos, presenciei uma cena que marcou minha vida: um bebê não chorou naquele dia, os pais não sorriram e vi, pela primeira vez, as lágrimas caírem do rosto do meu pai. Percebendo sua dor, disse a ele que, quando crescesse, cuidaria de crianças e providenciaria um lugar só para elas.

Os anos passaram, formei-me em Fonoaudiologia, fui em busca de uma carreira promissora e consegui. Casei-me e tenho duas lindas filhas: Mariana, que tem 12 anos e está dentro do espectro autista, e Maria Fernanda, de 9 anos. Em 2015, nos mudamos do Brasil para Angola. Eu nem imaginava, mas o meu sonho começaria a tomar forma.

Após ser contratada por um Centro Médico em Luanda, capital de Angola, deparei-me com uma realidade completamente diferente de tudo o que havia vivido na minha vida pessoal e profissional. Percebi o valor imensurável de minha profissão, pois havia uma demanda reprimida em todas as áreas que envolvem o desenvolvimento infantil.

Foram três anos de uma experiência fantástica, cada caso clínico era mais desafiador que o outro, além de um adicional no meu trabalho, que era desmistificar muitos tabus presentes na cultura angolana.

Um dia, em um evento na minha igreja, lembrei-me do meu sonho de menina. Foi então que decidi, com minha família, que não mais regressaríamos ao Brasil e que Angola seria nosso lar. Precisava fazer algo relevante. Em 2018, tomamos a decisão de criar o Centro de Desenvolvimento Infantil Kuzola Mona, nome que em dialeto africano significa "amado filho".

No primeiro ano do Kuzola Mona, minha visão foi alargada, no contexto de um país em que há uma escassez de profissionais na área da saúde, principalmente na área de terapeutas especializados. O país não forma psicopedagogos, terapeutas ocupacionais, fonoaudiólogos, entre outras especialidades de fundamental importância para a habilitação e reabilitação de qualquer transtorno do neurodesenvolvimento.

A procura, a lista de espera e a confirmação dos diagnósticos numa crescente diária me fez perceber que a minha missão com o Kuzola Mona ia muito além de ajudar apenas as famílias que conseguiríamos atender.

Com o número limitadíssimo de clínicas privadas e a carência de políticas públicas destinadas especificamente para esta população, seria praticamente impossível mudarmos este cenário, ainda que minimamente, caso não haja um investimento específico no treinamento de pais e professores, como agentes fundamentais na identificação e cuidado com esses indivíduos.

O Kuzola Mona tornou-se rapidamente uma gota no oceano para tentar amenizar os impactos do grande número de casos de Transtorno do Espectro Autista (TEA) em Angola.

Foi assim que criamos um braço social do Kuzola Mona, ao desenvolver o Projeto Capacita Angola, um projeto-piloto de formação para professores da rede pública de uma escola de ensino especial, com 890 crianças e adolescentes, com suas diversas características especiais.

Ao chegarmos à instituição, nos deparamos com uma dura realidade: cerca de 80% dos alunos não tinham nenhum tipo de diagnóstico e havia um completo desconhecimento dos pais e parentes sobre a condição das crianças. Observamos de perto as questões culturais, com crianças completamente excluídas da sociedade e muitas vezes do seio da própria família, abandonadas, sem nenhum tipo de acompanhamento médico ou especializado.

Rapidamente percebemos que, ainda que capacitássemos os professores, coordenadores e diretores, se não chegássemos às casas daquelas crianças, mudaríamos pouco aquele cenário. Além disso, sem diagnóstico médico e avaliação mínima das competências cognitivas das crianças, não ajudaríamos os professores a identificar uma forma eficaz de organização e planejamento em sala de aula e ensino.

As crianças e adolescentes eram divididos por sala com uma classificação – deficiência intelectual, deficiência motora, visual e auditiva, sem diagnóstico clínico. Na maioria dos casos, a seleção era feita com base na deficiência visível e pela experiência dos professores.

Com a ajuda de profissionais brasileiros voluntários, da educação e saúde (psicopedagogos, fonoaudiólogos, psicólogos e médicos), iniciamos um plano de ação que tinha como base identificação das deficiências, avaliação de habilidades cognitivas, visita domiciliar, capacitação de professores, elaboração de protocolos de triagem para avaliação individual e criação de plano de ensino individualizado.

O projeto teve duração de 6 meses, com 120 crianças diagnosticadas, 200 professores alcançados nas formações, 27 crianças selecionadas para o processo de triagem e plano de ensino individualizado, acompanhamento das famílias e aplicação de tarefas individuais, 1 hora por dia, durante 90 dias.

O sucesso foi comprovado por meio dos resultados de habilidades adquiridas, tendo como referência o protocolo de triagem de habilidades, aplicado antes do início dos atendimentos. Após 90 dias, o mesmo protocolo foi reaplicado e todas as 27 crianças apresentaram resultados significativos.

Foi realizada uma pesquisa dirigida às 27 famílias, observando mudanças significativas no ambiente familiar. O mesmo ocorreu com a percepção relatada em relatórios de atendimentos e observação diária dos 22 professores que conduziram o atendimento individualizado desses alunos: todos afirmaram a mudança de comportamento em sala de aula e ganhos de habilidades de aprendiz.

O Capacita Angola tornou-se o Capacitar Para Cuidar, voltado para formação e treinamento de pais e profissionais da área de saúde e educação de Angola.

Com a experiência vivida no projeto-piloto, no qual tivemos dificuldade de encontrar protocolos científicos adaptados para a população africana de língua portuguesa, necessidade de improvisar protocolos adaptados e com o desejo de tornar nosso método mais científico e diminuir o viés de erro metodológico, encontramos na Análise do Comportamento Aplicada (ABA, do inglês *Applied Behavior Analysis*) todas as ferramentas necessárias, não somente para formação acadêmica, mas também para o cuidado e tratamento, com base em evidências científicas.

A ABA utiliza-se de métodos baseados em princípios científicos do comportamento para construir repertórios socialmente relevantes e reduzir repertórios problemáticos.

Frequentemente, a população indicada para receber serviços oferecidos pela educação especial apresenta repertórios "falhos", ou seja, apresenta uma ausência de comportamentos relevantes, sejam eles sociais (como contato visual, habilidade de manter uma conversa, verbalizações espontâneas), acadêmicos (pré-requisitos para leitura, escrita, matemática), sejam de atividades da vida diária (habilidade de manter a higiene pessoal, de utilizar o banheiro etc.).

Além disso, essa mesma população apresenta alguns comportamentos em "excesso", ou seja, emite comportamentos como agressões, estereotipias, autolesões, agressões verbais, fugas. A ABA oferece, portanto, ferramentas valiosas para a educação especial, bem como para as famílias e demais profissionais envolvidos no cuidado desses indivíduos.

Com base nas pesquisas iniciadas no começo da década de 1970, em 1987, Ivar Lovaas publicou um primeiro estudo realizado na Califórnia, Estados Unidos, no qual apresentou resultados validando o uso de princípios comportamentais no ensino de crianças diagnosticadas com autismo: de 19 crianças que receberam tratamento intensivo baseado na ABA, 47% (9 alunos) foram completamente reintegradas à escola regular.

Em Angola, a primeira lei de ensino inclusivo que prevê ao indivíduo com necessidades educativas especiais o direito de ingressar em uma escola regular é recente. A maioria das crianças com necessidades educativas especiais está inserida em escolas especiais e centros comunitários de apoio. É comum e corriqueiro ocorrer rejeição da matrícula em escolas regulares, por motivos muito claros, como a falta de professores e auxiliares de educação especializada, bem como a criação de diretrizes mais específicas sobre os pré-requisitos básicos a serem exigidos no currículo pedagógico para que estes alunos sejam recebidos. Fica claro que novamente deparamos com a maior barreira: a falta de conhecimento e capacitação técnica especializada dos profissionais da educação infantil.

Outra barreira importante à inclusão e adaptação deste aluno em sala de aula é a ausência do mediador escolar. Não existe a formação deste profissional no país e, por sua vez, há uma resistência das escolas privadas em aceitar um mediador externo treinado. Há aqui inúmeros desafios a serem vencidos; antes de pensarmos em uma inclusão eficiente, há barreiras sociais, culturais e científicas a serem ultrapassadas.

Quando analisamos um fenômeno à luz da Ciência do Comportamento, estamos falando de três níveis de variação e seleção do comportamento, que são:

- **filogênese**: variação e seleção de respostas características da espécie e inatas;
- **ontogênese**: variação e seleção de respostas sob controle das consequências que elas mesmas produzem. História única e individual;
- **cultura**: variação e seleção de respostas transmitidas a partir do convívio e da experiência com o outro.

Assim, no momento que é planejado um treinamento aplicado em outro país, necessariamente temos de olhar para a cultura em que os sujeitos estão inseridos. As diferenças podem ser vistas como dificuldades ou facilidades para o ambiente de ensino e aprendizagem.

Por essa razão, penso que para haver uma transformação desse cenário devemos começar pela formação eficiente e científica dos pais, cuidadores e profissionais das áreas de saúde e educação.

Em 2020, em meio à pandemia da Covid-19, buscamos uma parceria com um grupo referenciado no Brasil na prática da ABA e por meio de ensino a distância (EAD), o Capacitar para Cuidar desenvolveu o ABA Angola, primeira formação em ABA realizada em um país africano de língua portuguesa. Foram selecionados para o curso de Aplicador Terapeuta ABA: 12 instituições, entre as quais escolas de ensino público e privado e centros de cuidados a pessoas no espectro autista e seus pais, divididas em sete províncias do país e duas famílias em Moçambique, totalizando 120 pessoas capacitadas. O curso teve duração de seis meses, com aulas semanais e supervisões com analista do comportamento.

Com o treinamento teórico finalizado, foi possível identificar dificuldades e desafios. Os profissionais conseguiram adquirir de forma louvável o repertório de um terapeuta ABA. Em virtude da pandemia, não foi possível realizar o treinamento prático, previsto no escopo do projeto, um desejo tanto dos alunos como do Capacitar para Cuidar.

Pensando nessa necessidade, o Centro de Desenvolvimento Infantil Kuzola Mona está preparando um espaço físico, destinado ao Capacitar para Cuidar, com o objetivo de oferecer atendimento gratuito a crianças angolanas de baixa renda e treinamento prático dos alunos, ao término do curso teórico de Aplicador de Terapia ABA.

Creio de fato que, quando temos convicção do nosso propósito, conseguimos ir além das circunstâncias à nossa frente. Assim, desejo deixar um legado para a nação de Angola, por meio da ciência e da educação.

Agradeço humildemente a Deus; a minha família pelo apoio incondicional, em especial ao meu marido, Cristiano; a minha querida amiga-irmã, Dra. Deborah Kerches, pelo convite e por aceitar ser a madrinha do Capacitar para Cuidar; ao grupo Gradual, Adapte Educação; ao querido casal Dr. Carlos Gadia e Grazi Gadia; ao psicólogo Igor Pinto, pela contribuição neste capítulo; a todos os parceiros do Capacitar para Cuidar.

Convido você que lê esta história para ser um parceiro do Capacitar para Cuidar.

Referências

AMERICAN PSYCHIATRIC ASSOCIATION (APA). *DSM-5 – Manual de diagnóstico e estatística das perturbações mentais*. 5. ed. Lisboa: Climepsi Editores, 2014.

BAER, D. M.; WOLF, M. M.; RISLEY, T. R. Some current dimensions of applied behavior analysis. *Journal of Applied Behavior Analysis*, v. 1, n. 1, pp. 91-97, 1968.

LOVAAS, O. I. et al. *Ensinando indivíduos com atrasos de desenvolvimento: técnicas básicas de intervenção*. Austin: PRO-ED, 2002.

MOORE, J.; COOPER, J. O. Some proposed relations among the domains of behavior analysis. *The Behavior Analyst*, v. 26, n. 1, pp. 69-84, 2003.

SKINNER, B. F. *Ciência e comportamento humano*. Brasília: Ed. UnB/FUNBEC, (1953), 1970.

pessoas no espectro autista e seus pais, divididas em sete províncias do país e duas famílias em Moçambique, totalizando 120 pessoas capacitadas. O curso teve duração de seis meses, com aulas semanais e supervisões com analista do comportamento.

Com o treinamento teórico finalizado, foi possível identificar dificuldades e desafios. Os profissionais conseguiram adquirir de forma louvável o repertório de um terapeuta ABA. Em virtude da pandemia, não foi possível realizar o treinamento prático, previsto no escopo do projeto, um desejo tanto dos alunos como do Capacitar para Cuidar.

Pensando nessa necessidade, o Centro de Desenvolvimento Infantil Kuzola Mona está preparando um espaço físico, destinado ao Capacitar para Cuidar, com o objetivo de oferecer atendimento gratuito a crianças angolanas de baixa renda e treinamento prático dos alunos, ao término do curso teórico de Aplicador de Terapia ABA.

Creio de fato que, quando temos convicção do nosso propósito, conseguimos ir além das circunstâncias à nossa frente. Assim, desejo deixar um legado para a nação de Angola, por meio da ciência e da educação.

Agradeço humildemente a Deus; a minha família pelo apoio incondicional, em especial ao meu marido, Cristiano; a minha querida amiga-irmã, Dra. Deborah Kerches, pelo convite e por aceitar ser a madrinha do Capacitar para Cuidar; ao grupo Gradual, Adapte Educação; ao querido casal Dr. Carlos Gadia e Grazi Gadia; ao psicólogo Igor Pinto, pela contribuição neste capítulo; a todos os parceiros do Capacitar para Cuidar.

Convido você que lê esta história para ser um parceiro do Capacitar para Cuidar.

Referências

AMERICAN PSYCHIATRIC ASSOCIATION (APA). *DSM-5 – Manual de diagnóstico e estatística das perturbações mentais*. 5. ed. Lisboa: Climepsi Editores, 2014.

BAER, D. M.; WOLF, M. M.; RISLEY, T. R. Some current dimensions of applied behavior analysis. *Journal of Applied Behavior Analysis*, v. 1, n. 1, pp. 91-97, 1968.

LOVAAS, O. I. et al. *Ensinando indivíduos com atrasos de desenvolvimento: técnicas básicas de intervenção*. Austin: PRO-ED, 2002.

MOORE, J.; COOPER, J. O. Some proposed relations among the domains of behavior analysis. *The Behavior Analyst*, v. 26, n. 1, pp. 69-84, 2003.

SKINNER, B. F. *Ciência e comportamento humano*. Brasília: Ed. UnB/FUNBEC, (1953), 1970.